Edition Akzente
Herausgegeben von
Michael Krüger

Seamus Heaney
Die Herrschaft der Sprache

Essays und Vorlesungen

Aus dem Englischen von
Alexander Schmitz

Carl Hanser Verlag

Die Originalausgaben erschienen unter den Titeln:
Preoccupations, Selected Prose 1968-1978, London 1980
The Government of the Tongue, The 1986 T. S. Eliot Memorial Lectures
and Other Critical Writings, London 1988,
bei Faber and Faber Ltd.

ISBN 3-446-15334-9
Alle Rechte dieser Ausgabe
© 1992 Carl Hanser Verlag München Wien
Umschlag: Nach einem Entwurf von Klaus Detjen
unter Verwendung eines Fotos von Richard Smith
© The Independent
Gesamtherstellung: Friedrich Pustet Regensburg
Printed in Germany

Inhalt

Vom Fühlen in die Wörter

William Wordsworth sprach in *The Prelude* von den »verborgnen Orte[n]«. Ich möchte hier gern einige der Wege abschreiten, die zu ihnen zurückführen.

> Die verborgnen Orte meiner Macht
> Scheinen geöffnet; komm ich näher, schließen sie sich ab;
> Ich seh nur unklar jetzt; das Alter, wenn es naht,
> Mag kaum noch sehn, und ich würd' geben,
> Solange wir noch dürfen, so weit als Worte geben können,
> Dem, was ich fühle, ein Weisen und ein Leben:
> Den Geist vergangner Tage würd' ich heilig halten
> Für spätre Wiederkunft.

Diesen Zeilen wohnt eine Auffassung von Dichtung ein, die, wie ich glaube, auch den wenigen Gedichten eignet, die ich so geschrieben habe, daß sie mir jedes Recht geben, hier das Wort zu erheben: Dichtung als Weissagung, Dichtung als an das Selbst gerichtete Offenbarung des Selbst, als Wiedereinsetzung von Kultur in sich selber; Gedichte als Elemente von Kontinuität, mit der Aura und der Authentizität archäologischer Funde, wo der vergrabenen Scherbe eine Bedeutung zukommt, die nicht gemindert wird durch die Bedeutung der vergrabenen Stadt; Dichtung also als Spatenstich, ein Spatenstich nach Funden, die sich am Ende als Pflanzen erweisen.

»Spatenstich« oder »Grabung«, so hieß tatsächlich auch der Titel des ersten Gedichtes, von dem ich glaubte, daß es meine Gefühle in Wörter gebracht hätte, oder, genauer: von dem ich meinte, es hätte mein *feel*, meine emotionale Grundsituation, in Wörter gebracht. Seine Rhythmen und Klänge erfreuen mich noch heute, obwohl es einige Zeilen enthält, die mehr haben von der Theatralik des Revolverhelden als von der Selbstversunkenheit des Ausgräbers. Ich schrieb es im Sommer 1964, fast zwei Jahre, nachdem ich begonnen hatte, »so nebenbei Verse zu drechseln«. Dies war das erste Mal, daß ich glaubte, mehr getan zu haben, als nur Wörter auf dem Papier zu arrangieren: Ich hatte das Gefühl, einen Schacht in das wirkliche Leben eingelassen zu haben. Die Fakten und Oberflächen dieses Dinges waren wahr; wichtiger jedoch war, daß die Erregung, die durch ihre Nennung ausgelöst wurde, mir eine Art Unbekümmertheit und Vertrauen gab. Mich interessierte nicht, wer was davon halten mochte. Irgendwie hatte es mich damit überrascht, daß es in einer Haltung und einer Vorstellung herauskam, zu denen ich stehen konnte:

Der kalte Gestank von Kartoffelpilz, der Matsch und Schlag
Von durchgeweichtem Torf, die knappen Hiebe einer
                                              Schneide
Durch lebendes Wurzelwerk erwachen mir im Kopf.
Nur, mir fehlt der Spaten, Männern wie denen zu folgen.

Zwischen Finger und Daumen
Ruht, kauernd, die Feder.
Mit der werd ich graben.

Wie gesagt, ich schrieb das vor Jahren; und doch sollte ich besser sagen, daß ich es ausgegraben hatte, weil mir klar geworden ist, daß es bereits Jahre vorher in mir angelegt war. Die Feder-/ Spaten-Analogie war der einfache Kern der Angelegenheit, und *das* war einfach eine Sache beinahe sprichwörtlich gesunden Menschenverstandes. Als Kind auf dem Weg von und zur Schule wurde man immer wieder von Leuten gefragt, in welcher Klasse man wäre und wieviele Klapse man bekommen hätte an dem und dem Tag, und mit garantierter Sicherheit schlossen sie mit einer Moralpredigt darüber, daß man ja fleißig weiterlernen sollte, weil »Lernen bequem ist« und »die Feder leichter als der Spaten«. Und das Gedicht tut nichts weiter, als daß es dieser Knospe der Weisheit zum Aufbrechen verhilft, obwohl der springende Punkt in diesem Kontext der ist, daß ich mir, als ich es niederschrieb, noch nicht einmal im Hinterkopf der sprichwörtlichen Grundstruktur bewußt gewesen war. Ebensowenig war mir deutlich, daß das Gedicht die Darstellung einer weiteren Grabungsmetapher war, die mir erst Jahre später wieder einfiel. Sie steckte nämlich in dem Reim, den wir immer auf unserem Schulweg sangen, obwohl uns allerdings gar nicht so ganz klar war, womit wir es da eigentlich zu tun hatten:

>»Sind deine Kantüffeln trocken,
Und sind sie zum Ausbuddeln reif?«
»Steck deinen Spaten rein zum Locken«,
Sagt Schmutzgesicht McJive.

Da wird also das Graben zur sexuellen Metapher, ein Initiationsemblem wie die in den Busch gelegte Hand oder die Nesträuberei, eine der vielfältigen Naturanalogien für die Entblößung und Berührung des Verborgenen. Mittlerweile glaube ich, daß das »Grabungs«-Gedicht für mich so etwas wie die Kraft einer Initiation gehabt hat: Das Vertrauen, das ich eben erwähnt habe, erwuchs aus einem Gefühl, daß ich dieses Gedichtemachen auch zustande bekommen könnte, und mit der Erfahrung der Erregung und Freisetzung bei diesem ersten Mal war ich dazu verurteilt, sie immer und immer wieder zu suchen.

Ich möchte »Digging« [Graben] aber nicht überfrachten mit allzuviel Bedeutung. Es ist ein rauher, grober Kanal von einem Gedicht, dennoch mag es als Beispiel von Interesse sein – allerdings nicht nur als Beispiel für das, was ein Rezensent »schlammkrustige Finger auf dem Russell Square« nannte, weil ich nicht glaube, daß der Inhalt irgendeinen besonderen Wert in sich selber hat –; es ist interessant als Beispiel für das, was man »eine Stimme finden« nennt. Eine Stimme zu finden bedeutet, eigene Gefühle in die eigene Wortwahl einbringen zu können, und zwar derart, daß diese Wörter das in sich tragen, was in einem vorgeht; im übrigen glaube ich, daß es sich dabei noch nicht einmal um eine Metapher handelt, weil eine poetische Stimme wahrscheinlich doch auf sehr intime Weise mit der natürlichen Stimme des Dichters verbunden ist, mit der Stimme also, die er als der ideale Sprecher der von ihm erzeugten Zeilen hört.

In seinem Roman *Im ersten Kreis* siedelt Solschenizyn die

Handlung in einem Gefangenenlager am Rande Moskaus an, dessen Insassen allesamt hochbefähigte Techniker sind, die dazu gezwungen werden, an Projekten zu arbeiten, die sich Stalin ausgedacht hatte. Das wichtigste dieser Projekte besteht in dem Versuch, einen Mechanismus zu entwickeln, mit dem sich ein Telephon anzapfen läßt. Was allerdings so besonders an dieser Wanze ist: Sie nimmt nicht einfach nur die Stimme und die Botschaft auf, sondern sie identifiziert auch gleich noch das individuelle Klangmuster der sprechenden Stimme; sie soll »herausfinden, worin das Einzigartige jeder menschlichen Stimme besteht«, so daß völlig unabhängig davon, wie der Sprecher seinen Akzent verstellt oder seine Sprache sonstwie verändert, die grundsätzliche Struktur seiner Stimme dennoch erfaßt werden kann. Die Idee dahinter war die, daß eine Stimme einem Fingerabdruck ähnelt, also daß sie eine immer gleiche und einmalige Signatur besitzt, die, genau wie ein Fingerabdruck, aufgezeichnet und dann der Identifikation dienlich gemacht werden kann.

Nun ist eine der Zielsetzungen der literarischen Erziehung, wie ich sie erlebt habe, die Ausbildung des studentischen Ohres zu einer Abhöreinrichtung, so daß ein von jeglichen Namen und Daten befreiter Gedichttext durch seine Diktion, seine Tropen und Kadenzen identifiziert werden könnte. Und diese geheime Überwachung der englischen Dichtung gründete eben in der Idee eines Stils als einer Signatur. Was ich nun aber zu bedenken geben möchte, ist, daß es einen Zusammenhang gibt zwischen der Seele der Sprechstimme eines Dichters und der Seele seiner poetischen Stimme, also zwischen seinem eigenen Akzent und seinem identifizierbaren Stil. Ich glaube, daß die Entdeckung einer Schreibweise, die natürlich und zugleich der eigenen Sensibilität angemessen ist, unabhängig ist von der Bergung ebendieses Wesentlichen, das Solschenizyns Techniker in den Griff zu bekommen versuchten.

Wie aber soll das zu bewerkstelligen sein? In der Praxis kommt es von jemand anderem, man hört etwas in den Klängen eines anderen Autors, das durch das eigene Ohr hereinkommt, hinein in den Hallraum des Kopfes, und das gesamte Nervensystem derart in Freude versetzt, daß es zu Reaktionen kommt wie: »Ach, ich wünschte, das hätte *ich* gesagt, ganz genauso.« Das heißt, dieser andere Schriftsteller hat zu einem selbst etwas ganz Wesentliches gesprochen, etwas, das man selbst instinktiv erkennt als den wahren Klang bestimmter Aspekte des eigenen Selbst und der eigenen Erfahrung. Und die ersten eigenen Schritte als Schriftsteller werden darin bestehen, bewußt oder unbewußt jene Klänge zu imitieren, die da hereingeflossen waren – diesen Ein-Fluß.

Einer der Autoren, die mich auf diese Weise beeinflußt haben, war Gerard Manley Hopkins. Aus der Lektüre von Hopkins in der Schule entstand der Wunsch zu schreiben, und als ich dann an der Universität tatsächlich damit begann, floß denn auch hinaus, was hereingeflossen war, die holprige alliterierende Musik, die Klänge des Erzählten und die voneinander abprallenden Konsonanten, die so typisch sind für Hopkins' Lyrik. Ich erinnere mich an Zeilen aus einem Stück mit dem Titel »October Thought« [Oktobergedanke], in denen einige zerbrechliche bukolische Bilder unter dem Kettenpanzer der Nachahmerei umherstolperten:

Starling thatch-watches, and sudden swallow
Straight breaks to mud-nest, home-rest rafter
Up past dry dust-drunk cobwebs, like laughter
Ghosting the roof of bog-oak, turf-sod and rods of willow
...*

und dann gab es da noch »heaven-hue, plum-blue and gorse-pricked with gold« und »a trickling tinkle of bells well in the fold«.

Wenn ich heute zurückschaue, dann glaube ich, daß es da eine, zu jener Zeit nicht offensichtliche, im Resultat der Reflexion darüber aber ausreichend reale Verbindung gab zwischen dem

---

* Das Zitat soll aufgrund seines »Klang«-Charakters unübersetzt bleiben. Überhaupt wird auffallen, in welchem Maße Heaney Dichtung als auditive, als musikalische Kunst begreift.

schwer akzentuierten konsonantischen Geräusch der dichterischen Stimme Hopkins' und den besonderen regionalen Charakteristika eines nordirischen Akzents. Der verstorbene W. R.
Rodgers, auch ein kräftig von den Lockungen der Alliteration
heimgesuchter Dichter, sagte in seinem Gedicht »The Character
of Ireland« [Das Wesen Irlands], das Volk seines (und meines)
Teils der Welt sei

> ein schroffes Volk,
> das in der Rede Konsonantenstacheln schätzt
> und das die weichen weibisch findet; das k's und t's
> in Orchester schlägt, Sünde aufspürt
> in der Sinfonie, sich ergötzt an
> Konservendosen, Reibelauten, Hurerei, Stakkatogerede,
> an allem, das Attacken nimmt und liefert,
> wie Micks, Teagues*, nix wert und Vatikan.

Es trifft schon zu, daß der Ulster-Akzent im allgemeinen ein
konsonantischer Stakkato-Akzent ist. Unsere Zunge reißt eher
die Tangente des Konsonanten an, als daß sie die Kreisnatur des
Vokals einzuschließen trachtet – Rodgers sprach ja auch noch
von der »runden Gabe der flinken Zunge in den Mündern des
Südens«: Sie ist voller Energie, spitz, scharfkantig, und es mag
durchaus an dieser Affinität zwischen meiner Mund-Art und
der Hopkinsschen Eigenart liegen, daß jene ersten Verse so
entstanden, wie sie es taten.

Natürlich vermochte ich nicht zu sagen, ich hätte eine Stimme
gefunden; aber ich hatte ein Spiel gefunden. Ich wußte, daß die
Sache nur Wort-Spiel war, und ich hatte noch nicht einmal den
Mumm, das mit meinem eigenen Namen zu unterschreiben. Ich
nannte mich statt dessen *Incertus*, Ungewiß, schüchterne Seele
voller Furcht und all so was. Ich war verliebt in Wörter selbst,
hatte aber keine Idee von einem Gedicht als ganzer Struktur und
ebensowenig Erfahrung damit, inwieweit die erfolgreiche Erar-
beitung eines Gedichtes ein Markstein im Leben sein kann. Jene

---

* Micks, Teagues sind Synonyme für »Iren«.

Verse waren das, was wir »Probierstückchen« nennen könnten, kleine, steife, belanglose Entwürfe in der Imitation der fließenden, ineinander verwobenen Muster, eben: plumpe Schlüssel zum gesamten Handwerk.

Das erste Gefühl für das Handwerk des Findens von Wörtern bekam ich dann doch, und aus irgendwelchen Gründen begannen mich Wörter als Träger von Geschichte und Mysterium einzuladen. Mag sein, daß das schon recht früh einsetzte, als meine Mutter noch ganze Listen von Affixen und Suffixen aufzusagen pflegte, von lateinischen Wurzeln samt deren englischen Bedeutungen, von Reimen, die einen nicht unbeträchtlichen Teil ihrer schulischen Ausbildung zu Anfang des Jahrhunderts ausmachten. Mag auch sein, daß das begann mit den exotischen Namen auf der Skala des Radios: Stuttgart, Leipzig, Oslo, Hilversum. Mag ebensogut sein, daß es angeregt wurde durch die schönen, zersprungenen Rhythmen des alten BBC-Wetterberichts: Dogger, Rockall, Malin, Shetland, Faroes, Finisterre; oder auch durch die prachtvolle und hohle Phraseologie des Katechismus; oder durch die Litanei der Heiligen Jungfrau, die Teil der Vollstreckungspoesie bei uns zuhause war: Turm von Gold, Bundeslade, Himmelstor, Morgenstern, Heilung der Kranken, Zuflucht der Sünder, Tröster der Leidenden. Nichts von alledem wurde zu jener Zeit bewußt genossen; die Tatsache aber, meine ich, daß ich mich an all das noch immer mit einem behaglichen Gefühl erinnere und daran erfreuen kann als an verbaler Musik, bedeutet doch wohl, daß es das Ohr mit einer Art linguistischem Innenfutter ausgestattet hat, auf dem sich eines Tages weiter aufbauen lassen würde.

Das war eine unbewußte Innenfütterung, wogegen Dichtung auch einen ganz bewußten Genuß an Wörtern bedeutet. Und der kam mit der Lektüre selbst und der Aufgabe, ganze Stücke auswendig zu lernen oder sogar nur bestimmte Sequenzen wie diese, aus Keats' »Lamia«:

> dann knirschte sein Schiff
> mit seinem Bronzebug am Stein des Kais,

oder Wordsworths

> Gänzlich mit Stahl beschlagen
> zischten wir das spiegelglatte Eis entlang,

oder Tennysons

> Du alte Eibe, die du der Steine viel umschlingst,
> Die all die drunterruhnden Toten nennen,
> Traumlose Häupter umnetzen deine Fasern,
> Und deine Wurzeln umhüllen das Gebein.*

Diese wurden in meinen letzten Schuljahren aufgeschnappt,
Prüfsteine in gewisser Weise, auf denen die Sprache einem eine
Art auraler Gänsehaut verschaffen konnte. An der Universität
machte es mir während der ersten Wochen Freude, mit den
wetterwendischen Energien eines John Webster Bekanntschaft
zu machen – »I'll make Italian cutworks in their guts / If ever I
return« – und später der pointierten Steinmetzarbeit des angelsächsischen Verses zu begegnen und etwas über die reichen
Schichtungen der englischen Sprache selbst zu erfahren. Wörter, nur als sie selbst, waren unbestreitbar gut. Ich ging sogar so
weit, diese »Zeilen für mich selbst« zu schreiben:

> Beim Dichten, wünschte ich, ihr würdet
> Die flotten Platitüden meiden,
> Gebt uns Gedichte buckelig und stark,
> Eng geschnürt in riemenstarke Lieder,
> Gedichte, die unangestrengt und ohne
> Gewalt in Stille explodieren.
> Deren Musik sei klar und stark und gut,
> Wie eine Säge, die in bejahrtes Holz einschlägt.
> Daß ihr probiertet den konkreten Ausdruck,
> Den halb geahnten, halb gewußten Ausdruck.**

* Reimschema des Originals: abba
** aa bb cc

14

Nun gut. Dahinter standen »Ars Poetica«, MacLeishs und Verlaines, Eliots »objektives Korrelat« (halb begriffen) und eine Reihe kritischer Essays (von mir und anderen) über »konkrete Realisation«. An der Universität hielt ich mir die ganze Sache vom Leibe, las Lyrik ihres Geräusches wegen und verfaßte ein halbes Dutzend Texte für eine literarische Zeitschrift. Aber in mir drinnen tat sich nichts. Keine Erfahrung. Keine Offenbarung. Nur Handwerk – und nicht mal viel davon – und keine Technik.

Ich bin der Meinung, daß Technik etwas anderes ist als Handwerk. Handwerk ist etwas, das sich von anderen Gedichten erlernen läßt. Handwerk ist die Fähigkeit zur Herstellung. Damit lassen sich Wettbewerbe in der *Irish Times* oder im *New Statesman* gewinnen. Es kann entfaltet werden ohne Bezugnahme auf die Gefühle des Selbst. Es weiß, wie man das tüchtige verbale Muskelspiel aufrechterhält; es kann sich damit zufriedengeben, *vox et praeterea nihil* – nur Stimme und sonst gar nichts – zu sein, nicht aber Stimme im Sinne des »Findens einer eigenen Stimme«. Das Erlernen des Handwerks, das ist, die Eimerwinde am Brunnen der Dichtkunst drehen zu lernen. Normalerweise läßt man als Anfänger den Eimer den halben Schacht hinunterfallen und hat beim Hochziehen nichts weiter drin als eine Ladung Luft. Man imitiert das Wahre so lange, bis sich eines Tages die Kette unerwartet strafft und man in Wasser eintaucht, die einen fortan zu sich selber zurücklocken werden. Dann wird man die Haut auf dem Teich des Selbst aufgebrochen haben. Die Kartoffeln werden »reif zum Ausbuddeln« sein.

An diesem Punkt aber muß man von Technik statt von Handwerk sprechen. Technik, wie ich sie definieren würde, meint nicht ausschließlich des Dichters Umgang mit Wörtern, seine Handhabung von Metrum, Rhythmus und sprachlicher Struktur; sie meint auch eine Definition seiner Haltung dem Leben gegenüber, eine Definition seiner eigenen Wirklichkeit. Sie meint das Aufspüren von Wegen hinaus aus seinen normalen kognitiven Bindungen durch einen Sturm auf das Ungesagte: eine dynamische Wachsamkeit, die vermittelt zwischen den Ursprüngen des Fühlens in Erinnerung und Erfahrung und den formalen Betätigungen, die diese in einem Kunstwerk zum Ausdruck bringen. Technik imprägniert das Wasserzeichen mit dem individuellen Muster aus Wahrnehmung, Stimme und Gedanken, mit dem Duktus und der Textur der eigenen Zeilen; sie bedeutet jene umfassende kreative Inanspruchnahme der Reichtümer in Bewußtsein und Körper, durch welche die Bedeutung von Erfahrung in die Jurisdiktion von Form eingebracht wird. Technik ist das, was, mit Yeats zu sprechen, »das Bündel aus Zufall und Inkohärenz, das sich zum Frühstück niedersetzt« in »eine präzise Vorstellung, etwas Beabsichtigtes, Vollständiges« verwandelt.

So ist durchaus vorstellbar, daß ein Dichter über wirkliche Technik, aber nur über eine sehr vage Handwerklichkeit verfügt – ich denke, daß das für Alun Lewis und Patrick Kavanagh zutraf –, häufiger aber findet man ausreichend sichere Handwerklichkeit gepaart mit Versagen in der Technik. Und wenn man mich nach jemandem fragen würde, der Technik in Reinkultur repräsentiert, dann würde ich sagen: ein Wünschelrutengänger. Man kann das Wünschelrutengehen oder die Wahrsagerei nicht wie ein Handwerk erlernen – sie entspringen einer Gabe, in Verbindung zu sein mit dem, was da ist, verborgen und real, einer Gabe der Vermittlung zwischen der latenten Begabung und der Gemeinschaft, die sie allgemein abrufbar und freigesetzt haben will. So bemerkt Sir Philip Sidney in seiner *Apologie for Poetry:* »Bei den Roemern ward ein Poet *vates* geheiszen, welches soviel ist als ein Wahrsager ...«

Das Gedicht wurde einfach geschrieben, um eine Erregung zu lindern und eine Erfahrung zu benennen und um zugleich der Erregung und der Erfahrung ein kleines *perpetuum mobile* in der Sprache selbst zu geben. Ich zitiere es hier nicht wegen seiner eigenen Technik, sondern wegen des in ihm enthaltenen Bildes von der Technik. Der Wahrsager ähnelt dem Dichter insofern, als er Kontakt aufnimmt zum Verborgenen und in seiner Fähigkeit, greifbar zu machen, was erfühlt oder beschworen war.

Der Rutengänger

Schnitt von der grünen Hecke eine Haselgabel
Die er festhielt an den Armen dieses Ypsilons:
In Kreisen sondiert er das Terrain, jagt dem Wasser-
Zucken nach, nervös, jedoch professionell

In aller Ruhe. Der Ruck kam plötzlich wie ein Stich.
Der Stab erbebte in präzisen Konvulsionen,
Quellwasser sandte unvermittelt und durch Haselgrün
Signale seines unsichtbaren Standorts aus.

Zuschauer fragten, ob sie auch mal dürften.
Er gab den Stab hin ohne jedes Wort.
In ihren Händen lag er tot, bis lässig er
Erwartungsvolle Handgelenke griff. Der Hasel rührte sich.

Was ich als junger Mensch für bare Münze genommen hatte,
wandelte sich in der Erinnerung zum Erstaunen. Wenn ich mir
die Sache heute anschaue, dann bin ich froh darüber, daß das
letzte Wort ein Verb ist, »rührte sich«, das Herz des Mysteriums;
ich bin glücklich, daß »rührte sich« harmoniert mit »Wort« und
so die beiden Funktionen des *vates* in einem Klang vereint sind.
   Die Technik ist das, was das Bewußtsein um ein Wort oder ein
Bild oder eine Erinnerung herum zu rühren beginnt, daß es
einer Artikulationsweise zuwachsen kann: Artikulation hier freilich nicht im Sinne eines Arguments oder einer Erläuterung,
sondern verstanden als ihr eigenes Potential zur harmonischen
Eigenproduktion. Dem Keim der Erregung müssen Bedingungen garantiert sein, in denen sie, wie Hopkins schreibt, »selbstet,
geht für sich hin ... in Tränen / Was ich vollbring, ist Ich, dafür
bin ich gekommen«. Technik stellt sicher, daß der erste Schim-
mer zu seinem eigenen Glanz erwächst. Und ich meine nicht
einfach nur die glückliche Wahl von Wörtern, um dem Thema
Gestalt zu geben – das ist zwar auch ein Problem, aber kein ganz
so kritisches. Ein Gedicht kann stilistische Mängel überleben,
aber überleben als Totgeburt kann es nicht. Der Akt, auf den es
ankommt, ist noch vor den Wörtern, und er besteht in der

Fähigkeit, die erste Regung oder Her-Kunft, aufgespürt auf eine noch verschwommene oder unvollständige Weise, sich erweitern und als einen Gedanken oder ein Motiv oder eine Phrase heraufkommen zu lassen. Robert Frost hat das so ausgedrückt: »Ein Gedicht ist zuallererst da als ein Kloß im Hals, ein Heimweh oder eine Liebeskrankheit. Das findet zum Gedanken, und der Gedanke findet sich die Wörter.« Was mich selbst betrifft, so ist Technik vitaler und sensibler verknüpft mit jenem ersten Akt, in dem der »Kloß im Hals« zum »Gedanken« findet, als mit dem »Gedanken«, der »die Wörter« findet. Jenes erste Heraufkommen beinhaltet die rutengängerische, seherische, orakelhafte Funktion, die zweite die schaffende Funktion. Nur zu sagen, wie das Auden tat, daß ein Gedicht ein »verbaler Apparat« sei, bedeutet, noch immer ein, zwei Trümpfe im Ärmel zu behalten.

Nach traditioneller Auffassung spricht ein Orakel in Rätseln, indem es seine Wahrheiten verkleidet anbietet, seine Einsichten listenreich offenbart. In der dichterischen Praxis gibt es einen entsprechenden Ort der Verkleidung, einen proteischen, chamäleonhaften Augenblick, in dem nämlich der Kloß im Hals im neuen Element des Gedachtwerdens eine schützende Farbe anlegt. Einer der bestdokumentierten Fälle im Kanon englischer Dichtung, jedenfalls soweit dieser Prozeß in Rede steht, ist ein Gedicht, das trotz seiner Mangelhaftigkeiten überlebt hat. Tatsächlich haben diese Mangelhaftigkeiten ihm sogar besondere Berühmtheit eingebracht:

Hoch auf des Berges höchstem Kamm,
Wo oft der kalte Wintersturm
Wie eine Sichel geht und durch die Wolken
Fegt durch Tal und Tal;
Keine fünf Schritte von des Berges Pfad
Erspähst du diesen Dornenstrauch zur Linken;
Und weiter links, drei Schritt dahinter,
Schaust du den kleinen schlamm'gen Teich
Von Wasser, das nie ausgeht;
Ich maß ihn aus von jeder Seite:
Die Länge ist drei Fuß und seine Breite zwei.

Mehr Spott als die beiden letzten Zeilen haben wahrscheinlich keine anderen Zeilen aus den *Lyrical Ballads* auf sich gezogen, und dennoch bestand Wordsworth darauf, daß »sie gemocht werden sollten«. Das war 1815, siebzehn Jahre, nachdem das Gedicht komponiert worden war; fünf Jahre später aber schrieb er sie um in: »Obschon von Umfang klein, und bloß / Für dürstne Sonnen und sengendheiße Luft.« Handwerk, in mehr als einem Sinn.

Und doch, weit wichtiger als die Überarbeitung ist für die hier geführte Diskussion Wordsworths Bericht über die Entstehung des Gedichts. »The Thorn« [Der Weißdorn], so schrieb er an Isabella Fenwick im Jahre 1843,

> entstand an einem stürmischen Tag, als ich auf dem Kamm der Quantock Hills einen Weißdorn beobachtete, an dem ich in ruhigem und sonnigem Wetter oft vorübergegangen, ohne ihn je zu bemerken. Ich sagte mir: »Kann ich denn nicht, vermittels irgendeiner Invention, dazu gelangen, diesen Weißdorn unvergänglich zu einem berückenden Objekt zu machen, so wie der Sturm in diesem einen Moment ihn dazu in meinen Augen machte?« Also begab ich mich an das Gedicht und komponierte es in großer Schnelligkeit.

Der Sturm war, in anderen Worten, die Technik der Natur, die dem Dornenbaum zu seiner Epiphanie verhalf, indem sie in Wordsworth jenen schöpferischen, erhobenen Zustand weckte, den er am Anfang von *The Prelude* beschreibt – wiederum in bezug auf den inspirierenden Einfluß des Windes:

> Denn ich, so deucht es mir, derweil der süße Himmelsodem
> Auf meinem Körper blies, empfand in mir
> Ein ebensolches mildes, schöpferisches Wehen,
> Ein Wehn des Lebens, das sanft ein jeglich Ding
> Durchzog, das es geschaffen, um aufzuwachsen
> Zum Orkan, zu überquellnder Kraft, die
> Ihre eigne Schöpfung stört.

Dies ist genau jene Art von Stimmung, in der er »in großer Schnelligkeit« komponiert hätte; wahrscheinlich mildert die wohlabgewogene Erinnerung in diesem Brief, in dem er das Gedicht erklingen läßt, als wäre es direkt zu der dargelegten These – »Kann ich denn nicht, vermittels irgendeiner Invention, dazu gelangen, diesen Weißdorn unvergänglich zu einem berückenden Objekt zu machen?« – in das Vorwort von 1800 hineingeschrieben worden, eine instinktive, momentane Erkenntnis ab zu einer rein rationalen Vorgehensweise. Der technische Triumph bestand in der Entdeckung eines Mittels, seiner leicht abnormen, leicht numinosen Vision des Dornenbaums zu gestatten, »ihr Sein zu entfalten«.

Was er tat, um »das Bündel aus Zufall und Inkohärenz« jenes Augenblicks in »etwas Beabsichtigtes, Vollständiges« zu verwandeln, das war, in Yeats' Sprache, das Finden einer Maske. Das Gedicht, so wie es dasteht, ist eine Ballade, in welcher der Sprecher ein schwatzhafter, abergläubischer Mann ist, ein Kapitän zur See, der, so sieht es Wordsworth, den Weißdorn mit Mord und Leiden verbindet. Denn Wordsworths eigenes Verständnis eines Baumes war, wie er instinktiv erkannte, im Grunde abergläubischer Natur: Es war ein Rest, eine in seiner eigenen Sensibilität lebendig gebliebene magische Möglichkeit, auf die natürliche Welt zu reagieren, Phänomene als Zeichen zu lesen, als Vorkommnisse, die der Prophezeiung bedürfen. Und um dies zu dramatisieren, den erwachten Appetit in seinem Bewußtsein zu transponieren in die Befriedigung eines abgeschlossenen Gegenstandes, benötigte er sein »objektives Korrelat«. Um den Dorn »unvergänglich zu einem berückenden Objekt« zu machen, wurden Bilder und Vorstellungen aus verschiedenen Teilen seines bewußten und unbewußten Geistes durch beinah magische Kraft angezogen. In seinem neuen, sturmgepeitschten Aspekt war der Weißdorn ein Kraftfeld geworden.

In dieses Feld wurden Erinnerungen hineingezogen an das, was die Balladen »die grausame Mutter« nennen, die ihr eigenes Baby umbringt:

She leaned her back against a thorn
All around the loney-o
And there her little babe was born
Down by the greenwood side-o

lautet eine erhaltene Version aus Irland. Aber es hat schon
immer Variationen auf dieses Motiv der Frau gegeben, die ihr
Baby tötet, um es dann zu beerdigen. Und die Balladen sind
genauso voll von Dornbüschen und Rosen und Dornen, die als
symbolische Zeichen für das Leben und Sterben der Begrabenen
stehen. Und ebenso gedieh in Wordsworths Vorstellung der
Weißdorn zu einem Symbol des tragischen, fiebrigen Todes,
und um das zu artikulieren, kam ihm der Balladenmodus genau
recht; er setzte sich die traditionelle Maske des Geschichtener-
zählers auf, den Regeln entsprechend leichtgläubig, um eine
Konvention ebenso zu vertreten wie sie aus- und aufzuführen.
Das Gedicht selbst ist ein schneller und merkwürdiger Raubzug,
auf dem Wordsworth eine Möglichkeit entdeckte, den »Kloß im
Hals« in einen »Gedanken« umzuwandeln, und auf dem er eine
Reihe von Bildern, Kadenzen und Klängen entdeckte, die seine
ursprüngliche visionäre Erregung verstärkten zu »überquelln-
der Kraft, die / Ihre eigne Schöpfung stört«:

Und mancher hatt' geschworn den Eid, daß sie
Dem Richter vorgeführt sollt werden;
Und suchten nach des Kinds Gebein
Mit Spaten überall. Doch dann
Hub an des schönen Hügels Moos
Vor ihnen sich zu regen;
Und fünfzig volle Elln im Kreis
Erschauderte im Grund das Gras.

»Der Weißdorn« ist ein reizvoll dokumentiertes Beispiel dafür,
wie Empfindung in Worte gelangen kann, auf Arten und Weisen, die viele Parallelen in meiner eigenen Erfahrung haben;
andererseits muß ich sagen, daß es nicht einfach ist, zu unter-
scheiden zwischen dem Prozeß, der Empfindungen in Wörter,

und dem, der Wörter in Empfindungen verwandelt; und diese Unterscheidung taucht denn auch nur bei nachmaligen Gelegenheiten wie dieser auf. Darüber hinaus ist es für einen Schriftsteller gefährlich, in bezug auf seine eigenen Prozesse zu befangen zu sein: Sie allzu klar zu benennen, kann den Effekt haben, sie tatsächlich auf das zu reduzieren, was lediglich die Benennung hergibt. Ein Gedicht aber birgt immer auch Zufallselemente, die dann nachträglich zu Themen von Untersuchungen gemacht werden können. Aber auch in der selbst durchgeführten Untersuchung liegt ein Risiko: Man fängt unter Umständen an, eher an den Geschworenen in sich selbst zu glauben, statt dem Mann zu vertrauen, der dem Zufall gewachsen ist. Robert Graves' »Dance of Words« [Tanz der Wörter] drückt das sehr schön aus:

> Fang besser an mit Blitzen, um sie zu bewegen
> Und gib an Rhythmus nichts vor: Vertrau dem Zufall
> Oder dem, was man so nennt, daß er hell aufkommt,
> Wenn das Geblitz den Tanz durchmißt.

> Gönn ihnen ihre eignen altbewährten Schritte, Posen,
> Sieh aber zu, sie auszutanzen, wieder, immer wieder,
> Bis nur der Blitz nachbleibt als letztes Rätsel –
> Die Choreographie klar und das Thema klar.*

Worauf wir hier aufmerksam gemacht werden, ist eine Sichtweise, die aus dem Blitz »die sichtbare Entladung von Elektrizität zwischen Wolke und Wolke oder Wolke und Erde« macht, statt sich mit ihrem eigenen irritierenden, leuchtenden Selbst zu beschäftigen. Der Ursprung eines Gedichtes hat fast immer ein Element des Blitzes aus heiterem Himmel in sich.

Als ich mein zweites Buch *Door into the Dark* [Tür ins Dunkel] genannt habe, bedeutete das für mich eine Geste in Richtung dieser Vorstellung von Dichtung als einem Eintrittsort in das verborgene Leben der Gefühle oder als ein Ausgangsort von

---

* abcb defe

dort. Wörter selbst sind Türen; bis zu einem gewissen Maße heißt ihr Gott Janus, der zurückschaut auf eine Verästelung von Wurzeln und Assoziationen und nach vorn in Richtung einer Aufhellung von Sinn und Bedeutung. Und so wie Wordsworth in dem Weißdorn ein geheimes Bitten um Erlösung aufspürte, so gibt es in *Door into the Dark* eine Reihe von Gedichten, die sich erheben aus den fast unbenennbaren Energien, die, für mich zumindest, über bestimmten Segmenten aus Sprache und Landschaft schwebten.

Das Gedicht »Undine« zum Beispiel. Es war der dunkle Weiher des Wortklangs, der mich zuerst gefangennahm: Wenn unsere auditiven Phantasien gut genug eingestimmt wären, einen Vokal auszuloten und zu artikulieren, um die primitivsten und zivilisiertesten Assoziationen darin zu vereinen, dann müßte das Wort »Undine« wahrscheinlich sogar als ein Gedicht für sich selbst ausreichen. *Unda*, eine Welle, *undine*, eine Wasser-Frau – eine ganze Litanei von Undines müßte dann allein in ihren Rhythmen Ebbe und Flut, Wasser und Weib, Welle und Gezeiten, Erfüllung und Erschöpfung bergen. Aber da das nun eine alte zweigesichtige Vokabel ist, entdeckte ich einmal, durch Zufall, eine präzisere Definition in einem Wörterbuch. Eine Undine ist demnach eine Wasserfee, die, um selbst Mensch werden zu können, ein menschliches Wesen heiraten und von ihm ein Kind bekommen muß. Mit Hilfe dieser Definition wurde der Kloß im Hals oder besser das Pochen *Undine* im Ohr zu einem Gedanken, einem Kraftfeld, das andere Bilder evoziert hat. Eines davon war eine verwaiste Erinnerung, ohne irgendeinen Kontext, offenkundig eine sehr frühe, an einen Mann, der aus einem Abwassergraben zwischen zwei Feldern alten, schwammigen Wildwuchs klaubte und sich besonders darauf konzentrierte, wie das Wasser sich an den gereinigten Stellen, sobald der Modder Schaufel für Schaufel entfernt war, wieder frei voranbewegte, sich dann selbst von dem löslichen Schlamm reinigte und seine eigenen kleinen Kanäle und Strömungen ausbildete. Und dieses Bild wurde eingebracht in eine bewußtere Lesart eben jenes Mythos, der von den befreienden, humanisierenden Auswirkungen sexuellen Miteinanders handelt. Undine

war ein kaltes Mädchen, das bekam, was das Wörterbuch eine
Seele nannte, und zwar durch die Erfahrung der körperlichen
Liebe. So brachte sich das Gedicht aus diesem Nexus hervor –
kurzatmiger als »Der Weißdorn«, mit weniger red-*unda*-nter
Energie, aber dennoch dazu fähig, so hoffe ich wenigstens,
meiner Inkohärenz zu entkommen, hinein in die Stimme der
Undine selbst:

Die Dornenzweige schlitzte er, schaufelte grauen Treibsand
auf,
Um meine eignen Abzugsrinnen mir zu schaffen,
Und ich lief aus für ihn, sehr schnell, trieb meinen Rost aus.

Er unterbrach sich, sah mich schließlich nackt,
Ausgelaufen, offensichtlich davon unberührt.
Dann kam er zu mir her. Ich wiegte mich, schüttelte mich,

Wo Gräben sich durchschnitten nah beim Fluß,
Bis er mir einen Spaten tief in meine Flanke trieb
Und mich zu sich nahm. Ich trank voller Gier seinen
Graben,

Dankbar, löste mich aus Liebe auf,
Seine Wurzeln hinab, erklomm sein rücksichtsloses
Wesen –
Doch dann verstand er mein Willkomm, und ich, nur ich

Vermochte ihm zu feinem Zuwachs und Bedenken zu
verhelfen.
Er erforschte mich vollkommen, jedes Glied
Verlor die eigne kalte Freiheit. Menschlich, wuchs ihm zu.

Ich habe einmal gesagt, das wäre eine Mythe über die Landwirt-
schaft, darüber, wie Wasser gezähmt und humanisiert wird,
wenn Ströme zu Bewässerungskanälen werden, wenn Wasser
mit Samen in Verbindung gebracht wird. Und es mag ja auch
sein, daß diese Erklärung so gut ist wie jede andere auch. Die

paraphrasierbaren Verlängerungen eines Gedichtes können so proteisch sein wie sie wollen, wenn nur seine Elemente nicht angetastet werden. Wörter gestatten einem auch besagte zwiegesichtige Annäherung. Dem Publikum in seiner Art, sie zu lesen, gilt ihr Lächeln, und zugleich zwinkern sie zurück zum Poeten und seiner Weise, sie einzusetzen.

Dahinter verbirgt sich natürlich ein gerüttelt Maß an symbolischer Theorie. Dennoch geht man in der Praxis von der eigenen Erfahrung dessen aus, was es bedeutet, das zu schreiben, was man für ein erfolgreiches Gedicht hält. Man überlebt in seiner Selbstachtung nicht durch die Stärkung von Theorie, sondern durch das Vertrauen in besondere Augenblicke der Befriedigung, die man intuitiv erkennt als Augenblicke des Hinauswachsens über sich selbst. Man findet sich bestätigt durch die Werdung des letzten Gedichts und bedroht durch die Unfaßbarkeit des nächsten, und die besten Momente sind jene, in denen der eigene Geist zu implodieren scheint und Wörter und Bilder wie von selbst in den Vortex einschießen. Was mir einmal widerfahren ist, und zwar, als mir vor dem Einschlafen die Zeile »We have no prairies«, »Uns fehln die Prärien« in den Kopf geriet und eine ganze Lawine von Bildern lostrat, die dann zu dem Gedicht »Marsch«* wurden, dem letzten in *Door into the Dark*.

Schon vorher hatte ich vage den Wunsch verspürt, über die Marsch ein Gedicht zu machen, hauptsächlich deshalb, weil sie eine Landschaft ist, die eine seltsame, besänftigende Wirkung auf mich ausübt, eine Wirkung, die reich ist an Assoziationen, die bis in die frühe Kindheit zurückreichen. Wir pflegten damals von Marschbutter zu hören, von Butter also, die unter Torf eine ganze Reihe von Jahren frisch gehalten wurde. Dann, als ich zur Schule ging, war aus einem Moor ganz in der Nähe das Skelett eines Elchs gezogen worden, und einige unserer Nachbarn waren mit Photographien in der Zeitung vertreten, auf denen sie durch sein Geweih äugten. Damit fing für mich die Vorstellung von der Marsch als dem »Gedächtnis der Landschaft« an oder

---

* »Bogland« ist das Moor-, Sumpf- und Geestland, aber auch ein Synonym für Irland.

einer Landschaft, die sich an alles erinnerte, das ihr und das in ihr geschah. Tatsächlich kann man auf einem Rundgang durch das Dubliner National Museum feststellen, daß ein Großteil des kostbarsten materiellen Erbes Irlands aus »Moorfunden« besteht. Hinzu kam, daß ich, zumal die Erinnerung die Fähigkeit war, die mich mit der ersten Anregung zu meiner eigenen Lyrik ausgestattet hatte, ein eher zaghaftes, jedenfalls noch gar nicht wirklich verstandenes Bedürfnis verspürte, eine Kongruenz herzustellen zwischen der Erinnerungsfähigkeit und dem Marschland sowie – mir fehlt ein besseres Wort – unserem Nationalbewußtsein. Und das alles setzte sich nach »We have no prairies ...« selber frei – dafür haben *wir* eben Marschen.

Zu jener Zeit unterrichtete ich Literatur an der Queen's University in Belfast und hatte gelesen über die *frontier* [Grenze, Front hin zu unbekanntem Terrain etc.] und den Westen als einen wichtigen Mythos im Bewußtsein der Amerikaner. Und daher kam es, daß ich die Marsch als eine irische Mythe gleichsam als Gegenstück aufbaute – oder besser: niederlegte. Ich schrieb das am nächsten Morgen flott herunter, nachdem ich die Nacht auf dem Ruhekissen meiner Erregung durchgeschlafen hatte, und redigierte es dann auf der Stelle, Zeile für Zeile, so, wie sie mir aufs Papier kamen:

Uns fehln die Prärien
Am Abend eine große Sonne zu zerstücken –
Überall unterwirft das Auge sich
Dem Eingemisch von Horizonten,

Wird hereingelockt ins Zyklopenauge
Eines Bergsees. Unser zaunfreies Land
Ist Moor, und das krustet sich
Zwischen die Bilder der Sonne.

Sie haben aus dem Torf
Das Skelett des großen Irenelchs
Geholt, ihn aufgebockt,
Ein erstaunlicher Verschlag voller Luft.

Butter sank unter
Mehr als einhundert Jahre,
Wurde gefunden salzig und weiß.
Der Boden selbst ist gute, schwarze Butter,

Die schmilzt und sich unterfuß auftut,
Ihre letzte Definition verfehlt
Um Millionen von Jahren.
Hier graben sie nie Kohle aus,

Nur die wassergefällten Stämme
Großer Föhren weich wie Pulpe.
Unsre Pioniere schlagen weiter zu
Nach innen und unten,

Jede freigelegte Schicht
Wirkt vormals belagert.
Die Moorlöcher könnten atlantische Lecks sein.
Das nasse Zentrum ist bodenlos.

Wieder, wie schon im Falle von »Digging«, war der Urimpuls
unbewußter Natur. Was das Gedicht über die Erinnerung hervorgebracht hatte, war etwas, das noch unter dem Grund und
Boden des Erinnerns lag, das ich erst Monate nach der Nieder-
schrift mit dem Gedicht in Verbindung brachte, nämlich eine
Warnung vorm Gang ins Moor, die ältere Leute uns immer
wieder gaben. Sie hatten nämlich Angst, wir könnten in die
Teiche im alten Abbau fallen, und darum gaben sie die Devise
aus, nach der (was wir ihnen auch glaubten) die Sumpflöcher
boden-los waren. Weder sie noch ich hatten damals die geringste
Ahnung, daß ich das eines Tages für die Schlußzeile eines
Buches stibitzen würde.

Ebenfalls in diesem Buch gab es ein Gedicht mit dem Titel
»Requiem for the Croppies« [Requiem für die Croppies]*, das

---

* Ein »croppy« war ursprünglich einer der Aufständischen von 1798, ein
Spitzname, der darauf hinweist, daß deren Erkennungsmerkmal der kurzgescho-
rene Kopf war (von *crop*, Ernte).

1966 geschrieben worden war, als die meisten Lyriker in Irland alles daran setzten, (auf ihre Weise) den Jahrestag des Osteraufstandes von 1916 zu begehen. Dieser Aufstand war die Ernte dessen, was 1798 gesät worden war, als sich revolutionäre republikanische Ideale und Nationalgefühl in den Doktrinen irischen Republikanismus' und in der Rebellion von 1798 selbst miteinander verbanden – erfolglos und wild niedergeschlagen. Geboren war das Gedicht aus einem Bild der Wiedererstehung, mit dem es auch schloß und das auf der Tatsache gründete, daß einige Zeit, nachdem die Rebellen in Gemeinschaftsgräbern beerdigt worden waren, ebendiese Gräber anfingen, junge Gerste auszutreiben, die aus Gerstenkörnern erstand, welche die »Croppies« in ihren Taschen getragen hatten, um sie auf dem Marsch zu verzehren. Die windschiefe Implikation freilich war dann die, daß die im Jahr der Freiheit gesäten Samen des gewalttätigen Widerstandes aufgebrochen waren in dem, was Yeats »den rechten Rosenstock« von 1916 nannte. Zu jener Zeit war mir noch nicht klar, daß der ursprüngliche, der prototypische Mordzusammenstoß zwischen protestantischen freien Bauern und katholischen Rebellen noch einmal initiiert werden würde, und zwar im Sommer 1969 in Belfast, zwei Monate, nachdem das Buch erschienen war.

Von jenem Moment an verlagerten sich die Probleme der Dichtung von dem einfachen Bestreben nach Erlangung des befriedigenden Sprachbildes zur Suche nach Bildern und Symbolen, die unserer mißlichen Lage adäquat sein sollten. Ich meine damit nicht das liberale Wehklagen darüber, daß Bürger sich gezwungen fühlen können, einander umzubringen oder ihre unterschiedlichen militärischen Waffen über dem Streit um Nomenklaturen wie »britisch« oder »irisch« zu dislozieren. Ich meine auch nicht das öffentliche Zelebrieren oder Verwünschen von Widerstand oder Abscheulichkeit – obschon an solcher Zelebrierung nicht notwendigerweise nichts Poetisches ist, wenn man beispielsweise an Yeats' »Easter 1916« [Ostern 1916] denkt. Ich meine vielmehr, daß ich es als unmöglich empfand, mir ein Kraftfeld zu entdecken, innerhalb dessen es möglich sein sollte, sowohl die Perspektiven menschlicher Vernunft einzuschließen als auch der religiösen Intensität der Gewalt ihre erbärmliche Authentizität und Komplexität zuzugestehen, ohne verzichten zu müssen auf die Treue gegenüber den Prozessen und der Erfahrung von Dichtung, wie ich sie skizziert habe. Und wenn ich von religiös spreche, dann denke ich dabei nicht einfach nur an die sektiererische Abteilung. Zu einem gewissen Maße kann die Feindschaft als eine Auseinandersetzung zwischen den Kulturen und Anbetern eines Gottes und einer Göttin angesehen werden. Es gibt ein eingeborenes territoriales Numen, eine Art Vormund für die gesamte Insel, egal, ob man sie nun Mutter Irland nennt oder Kathleen Ni Houlihan, das arme alte Weib, das Shan Van Vocht, wie auch immer; und deren Herrschaft ist zeitweilig usurpiert oder beschädigt worden durch einen männlichen Kult, dessen Gründungsväter Cromwell, Wilhelm von Oranien und Edward Carson waren und deren Gottheit inkarniert ist in einem königlichen oder cäsarischen Residenten in einem Palast zu London. Damit haben wir das letzte Ende eines Kampfes in einer Provinz zwischen territorialer Pietät und der Macht des Empire.

Mittlerweile geht mir auf, daß dieses Idiom weit entfernt ist von der agnostischen Welt wirtschaftlicher Interessen, dessen eiserne Faust in dem Samthandschuh von »Gesprächen zwischen gewählten Repräsentanten« operiert, und ebensoweit entfernt von den politischen Manövern der Gewalten(auf-)teilung; nicht so weit entfernt aber ist es von der Psychologie der Irishmen und der Ulstermen, die das Töten besorgen, nicht so weit entfernt auch von der bankrotten Psychologie und den Mythologien, die in Begriffen wie Irish Catholic und Ulster Protestant impliziert sind. Die Frage lautet wie eh und je: »Wie soll, bei diesem Zorn, sich Schönheit noch verteidigen?« Und meine Antwort besteht im Angebot von »angemessenen Emblemen für das Unglück«.

Einige dieser Embleme fand ich in einem Buch, das in einer akzeptablen englischen Übersetzung in dem Jahr veröffentlicht wurde, in dem das Töten begann, eben 1969. Und ebenso akzeptabel lautete sein Titel *The Bog People* [Die Leute aus dem Moor]. Darin ging es hauptsächlich um die erhalten gebliebenen

Körper von Männern und Frauen, die man in den Mooren
Jütlands gefunden hatte, nackt, erdrosselt oder mit durchge-
schnittenen Kehlen und dieserart ausgelegt unterm Torf seit der
frühen Eisenzeit. Der Autor, P. V. Glob, argumentiert überzeugend, daß eine Anzahl von ihnen und insbesondere der Tollund-
mensch, dessen Kopf jetzt konserviert ist in der Nähe von
Aarhus, im Museum von Silkeburg, Ritualopfer für die Göttin-
mutter waren, die Göttin des Bodens, die in jedem Winter neue
Bräutigame benötigte, auf daß sie bei ihr lägen an ihrem geweih-
ten Ort, im Moor also, um die Erneuerung und Fruchtbarkeit
des Territoriums im Frühjahr zu sichern. Dies in Relation gesehen zur Tradition irischen politischen Märtyrertums für jene
Sache, deren Symbol Kathleen Ni Houlihan ist, ergibt, daß das
mehr als nur ein archaischer barbarischer Ritus ist: Es ist eine
ganze archetypische Struktur. Und die unvergeßlichen Photographien dieser Opfer verschmolzen in meinem Kopf mit Photographien von vergangenen und gegenwärtigen Abscheulichkei-
ten in den Langzeitritualen irischer Politik- und Religions-
kämpfe. Als ich dieses Gedicht schrieb, erfuhr ich plötzlich ein
vollkommen neues Gefühl, eines der Angst. Es war ein Gelübde,
auf Pilgerschaft zu gehen, und ich spürte, indem es zu mir kam –
und wieder kam es schnell –, daß, solange ich mir nicht wirklich
des Ernstes dessen, was ich da sagte, bewußt war, ich nichts
weiter tat, als um Gefahren für mich selbst zu flehen. Es heißt
»The Tollund Man«:

I.

Eines Tages gehe ich nach Aarhus
Seinen torfbraunen Kopf zu sehn,
Die sanften Hüllen seiner Lider,
Den spitzen Hut aus Haut vom Tier,

Im flachen Lande in der Nähe,
Wo sie ihn ausgegraben,
Verklebte ihm der letzte Brei
Aus Wintersaat den Magen,

Nackt, abgesehn von Kappe,
Von Schlinge und von Gürtel,
Werd ich lang so stehn.
Dem Bräutigam der Göttin

Strammte sie den Reif am Hals
Und öffnete ihr Fenn,
Wo jene dunklen Säfte ihn zu
Eines Heiligen Leib bewahrten,

Der Torfstecher Fund im
Bienenwabnen Feld.
Nun ruht sein fleckiges
Gesicht in Aarhus aus.

II.

Ich könnte Blasphemie riskiern,
Den Torf für unsre Kessel weihn
Als heilige Erde und in Gebeten an
Ihn flehen, das verstreute

Überfallne Fleisch von
Arbeitenden Menschen,
Eingepferchten, auf Höfen ausgelegten
Leibern, blühn zu lassen.

Verräterische Haut und Zähne
Flecken den Tod
Vier junger Brüder; die schleiften
Sie entlang den Linien, meilenweit.

III.

Etwas von seiner schweren Freiheit,
Als er im Schinderkarren fuhr,
Komme mir zu, als ein Zerrn,
Im Sagen der Namen von

Tollund, Grauballe, Nebelgard,
Im Schauen der zeigenden Hände
Von Menschen vom Land,
Ohne Kenntnis der Sprache.

Dort draußen in Jütland,
in den alten Gemeinden des Sterbens,
Werd ich verloren sein,
Unglücklich und daheim.

Und *wie* hartnäckig die barbarische Haltung war – und zwar nicht nur im Schlachten, sondern auch in der Seele –, das entdeckte ich wieder, als die *frisson* des Gedichtes selbst vorüber war und tatsächlich, nachdem ich das Gelübde getan hatte und nach Jütland gegangen war, »the holy blisful martyr for the seke«, »das heilge wonnevolle Opfer für das Heyl«. Das Folgende las ich in dem Buch »Pagan Celtic Britain: Studies in Iconography and Tradition« von Anne Ross:

> Von den heiligen Stätten und Schreinen ... kommen wir nun zum Nachdenken über die Natur der tatsächlichen Gottheiten ... Doch bevor wir fortfahren und einen Blick auf das Wesen einiger dieser individuellen Gottheiten und ihrer Kulte werfen, sollten wir vielleicht die eigentliche Kluft überbrücken durch die Berücksichtigung eines Symbols, das auf seine spezifische Weise eine Summe der gesamten keltischen heidnischen Religiosität darstellt und für sie so repräsentativ ist wie, sagen wir, das Zeichen des Kreuzes in christlichen Zusammenhängen. Es ist das Symbol des abgeschlagenen menschlichen Kopfes; in allen sei-

nen ikonographischen Repräsentationsweisen und seiner sprachlichen Repräsentation kann man den harten Kern keltischer Religion finden. Es ist wahrhaftig ... eine Art Symbolkürzel für die gesamte religiöse Perspektive der heidnischen Kelten.

Hinter meinem Gefühl für den Anlaß und dem beinahe ehrfurchtserfüllten Schwur, loszufahren und zum Tollundmenschen zu beten und die Gegenwart seines in einem Schrein verwahrten Kopfes zu suchen, stand eine längere Vorgeschichte, als ich mir zu jener Zeit vorstellen konnte.

Ich begann mit der gedanklichen Anregung, daß meine Perspektive auch Dichtung als Divination beinhaltete, als eine Restauration der Kultur selbst. In Irland hat das in diesem Jahrhundert für Yeats und viele andere den Versuch bedeutet, die Gegenwart zu definieren und zu interpretieren, indem sie in ein signifikantes Verhältnis zur Vergangenheit gebracht wurde; und ich bin der Überzeugung, daß diese Anstrengung im Interesse unserer derzeitigen Lage dringend erneuert werden muß. Hier aber gelangen wir vom Gebiet der Technik auf das Gebiet der Tradition; ein Gedicht zu erstellen, ist eine Sache; das ungeschaffene Bewußtsein des Menschengeschlechts zu erstellen, wie Stephen Dedalus sich ausdrückt, ist eine völlig andere und erlegt allen jenen entmutigende Bürden und Verantwortungen auf, welche die Bezeichnung riskieren, Dichter zu sein.

Vortrag, gehalten vor der
Royal Society of Literature,
Oktober 1974

Yeats – ein Beispiel?

Die Hingabe des Schriftstellers an seine Kunst kann häufig eine Art von Schmerz für jene mit sich bringen, die ihm lieb und nahe sind. Im abschließenden Gedicht von *The Dolphin* [Der Delphin] verwendete Robert Lowell den Ausdruck »plotting«, »ausgeheckt«, um zu beschreiben, was in der künstlerischen Unternehmung fragwürdig ist:

> Bin dagesessen und hab allzu vielen
> Worten meiner mitverschwornen Muse zugehört,
> hab wohl zu frei mein Leben ausgeheckt –
> nicht vermieden, andre zu verletzen,
> nicht vermieden, mich selber zu verletzen –
> um nun Mitleid zu erbitten ... dieses Buch, halb Dichtung,
> Aalnetz von Menschenhand, an dem der Aal sich
> abkämpft –
>
> mein Auge hat gesehn, was meine Hand getan.

Wenn in dieser letzten Zeile mehr als nur ein Hinweis auf eine Selbstanklage steckt, dann läßt sich ebenso ein kräftiger Klang des Triumphs herauslesen, und als Robert Lowell starb, so erinnere ich mich, spielten einige von uns mit ihr als einem möglichen Epitaph für ihn: Sie schien eine Kombination einzufangen von Stolz und Verletzbarkeit, die beide an den Wurzeln seiner poetischen Stimme lagen.

Sie hätte jedenfalls einen weit wehmütigeren Vers für den Grabstein abgegeben als Yeats':

> Wirf einen kühlen Blick
> Aufs Leben, auf den Tod,
> Reiter, reite weiter.

Wo also Yeats' Auge kalt blickt, ist das Lowellsche voller Wärme, dabei aber mitnichten feucht, weil den Unvollkommenheiten des Lebens gegenüber voller Sympathie, eher der Augen-Blick eines Fußgängers als der eines Reitersmannes. Wo Yeats' letzte Gedichte ihren Glauben an die Kunst sangen und sich verächtlich abwandten von »der Art, die nun heranwächst«, da zögerte Lowells letztes Werk, und sein Vertrauen in Fiktionen schien ins Wanken geraten:

Epilog

Jene glückseligen Strukturen, Reim und Fabel –
warum lassen sie mich jetzt im Stich,
da ich etwas machen möchte,
was ich ersonnen habe, nicht erinnert?
. . .
Warum nicht sagen, was und wie es war?
Beten um die Gnade der Genauigkeit,
wie sie Vermeer aufs Sonnenlicht verwandte,
das heimlich wie Gezeiten über eine Karte
dem Mädchen naht, dem sein Sehnen Körper gibt.
Wir sind arme, flüchtige Fakten,
und dies ermahnt uns,
jeder Figur auf dem Photo
ihren lebendigen Namen zu geben.

»Accuracy«, »Genauigkeit«, scheint ein bescheidenes Ziel, auch dann noch, wenn sie so reichhaltig gehandhabt wird wie hier. Lowell schwört dem Sublimen ab, jenem Gebiet also, in das seine Rhetorik häufig eindrang, und statt dessen sucht er die leiseren Tröstungen des Alltäglichen. Er ist beinahe, in Yeats' Worten, »content to live«, »zufrieden zu leben«.

Yeats wäre nie bloß »zufrieden zu leben« gewesen, weil das bedeutet hätte, Wörter wegzuwerfen, den Gestus wegzuwerfen, Möglichkeiten für Drama und Transzendenz wegzuwerfen. Vom Anfang seiner Karriere an betonte er und verstand er das, was Kunst vom Leben scheidet, den Traum von der Aktion, und gegen Ende bewegte er sich innerhalb seines Modus der Vision wie in irgendeinem Ring aus Einfluß und Verteidigung, wie hinter einer schußsicheren Glasscheibe des Geistes, exklusiv wie Caesar in seinem Zelt, vollkommen in Anspruch genommen, wie eine »long-leggèd fly«, eine »langbeinige Fliege« auf dem Wasserlauf.

Was immer Yeats uns mit der »Long-leggèd Fly« zu verstehen geben wollte – entgehen kann uns nicht die Sicherheit, mit der es, das Gedicht, vorangetrieben wird, auch nicht die Energie, die ihm unterlegt ist, eine Energie, die sich erheitert in dem Glauben daran, daß im künstlerischen Prozeß eine Art absoluter Gültigkeit steckt. Auf dem Werk selbst glänzt eine Art Glasur, die alle anderen Wahrheiten außer seiner eigenen optisch wegbricht. Die Kunst kann der Geschichte die Stirn bieten, die Einbildungskraft kann Ereignisse dann verschmähen, wenn sie das Geheimnis hinter den Ereignissen ausgebrütet und gemeistert hat. Tatsächlich läßt sich im künstlerischen Trieb eine Gewalttätigkeit, ein Element der Unersättlichkeit dort aufspüren, wo Yeats ihn intuitiv erfaßt und zur Gestalt macht. Der »yellow eyed hawk of the mind«, der »gelbäugige Falke des Geistes«, und die »ancient, glittering eyes«, die »uralten blitzenden Augen« der Chinesen in »Lapis Lazuli«, und das »cold eye«, der »kühle Blick« des grabinspizierenden Reiters, suggerieren allesamt sinistre Gelüste. Wenn dem Akt des Geistes im Künstler all die gespannte Aufmerksamkeit und Verliebtheit und jeder Zug unterdrückter Aggression des Liebesaktes eignet, dann läßt sich sehr wohl vertreten, daß Yeats' künstlerische Imagination sich oft in einer Verfassung befunden hat, die angemessen nur als priapisch beschrieben werden kann.

Wäre dies demnach exemplarisch? Pflichten wir insgesamt dem starren Samuraiblick und der Gewißheit in »Cast a cold eye / On life, on death«, »Wirf einen kühlen Blick / Aufs Leben, auf den Tod«, bei? Sagen wir Ja zu diesem Höhenflug? Können wir es uns leisten, das Leben zu verachten, das nicht aufhört, unordentlich und streitsüchtig zu sein? Anders ausgedrückt: Wie stellen wir uns der Yeatsschen Behauptung, daß der Mann, der sich an seinen Frühstückstisch setzt, ein »bundle of accident and incoherence«, ein »Bündel von Zufall und Unkohärenz«, und daß der in seinem Gedicht wiedergeborene Mann »etwas Beabsichtigtes, Vollkommenes« sei?

Ich persönlich finde viel Bewundernswertes in der Kompromißlosigkeit dieser Haltung, wie ich auch viel Empfehlenswertes und Nachahmenswertes in den beiden Dingen finde, die Yeats so oft mit aller Entschiedenheit miteinander konfrontiert – sein Leben und sein Werk:

> Der Geist des Menschen wird gedrängt zur Wahl
> Der Perfektion des Lebens oder der des Werks
> Und so sie auf das Zweite fällt, muß er verzichten
> Auf ein Heim im Himmel und im Dunkel wüten.

Was schließlich und endlich bewundernswert ist, das ist die Art und Weise, in der sein Leben und sein Werk eben *nicht* getrennt sind, sondern ein Kontinuum ergeben, also jene Art und Weise, in welcher der Mut seiner Vision sich nicht auf bloße Rhetorik beschränkte, sondern sich in Aktion manifestierte. Anders als Wallace Stevens beispielsweise, jener andere große Apologet der Imagination, brachte Yeats die Implikation seines Romantizismus in sein Handeln ein: Er propagierte, machte große Worte, trieb Geld auf, verwaltete und politisierte in der Welt aus Telegrammen und aus Zorn, alles dies im Namen der visionären Welt. Seine Dichtung war nicht einfach nur eine Sache gedruckter Bücher und ihres Transfers in eine Welt literarisch geneigter Leser und Rezensenten; sie war vielmehr die edle Frucht seiner Anstrengungen, so geradlinig wie nur möglich in der Welt der Illiteraten und Politiker zu leben. Neben die wohlklingende Antithetik von »The Choice« [Die Wahl] müssen wir denn auch noch die folgende andere Erkenntnis setzen:

> Es liegt nun mal in der Natur der Dinge, daß ein Dichter ein Mensch ist, der in vollkommener Aufrichtigkeit lebt, oder vielmehr daß, je besser seine Dichtung ist, desto aufrichtiger sein Leben wird. Sein Leben ist ein Experiment des Lebens, und jene, die nach ihm kommen, haben ein Recht darauf, davon zu erfahren. Vor allem aber ist es notwendig,

daß das Leben des lyrischen Dichters gekannt wird, daß wir verstehen sollten, daß seine Dichtung keine wurzellose Blume ist, sondern das, was ein Mensch zu sagen hat; daß es kein Geringes ist, in jedweder Art irgend etwas zu erreichen, vielleicht viele Jahre lang alleinzustehen, einen Weg zu beschreiten, den kein anderer Mensch je ging, den eigenen Gedanken anzunehmen, da das Denken anderer die Autorität der Welt hinter sich hat ... das eigene Leben ebenso wie die eigenen Worte (die der eigenen Seele soviel näher sind) der Kritik der Welt auszusetzen.

Ich bewundere die Art und Weise, in der Yeats es seinen eigenen Bedingungen gemäß mit der Welt aufnahm, die Bereiche definierte, in denen er verhandeln würde oder nicht; die Art und Weise, wie er nie die Bedingungen im Argument eines anderen annahm, sondern seine eigenen in Anschlag brachte. Ich setze voraus, daß diese Konzessionslosigkeit, diese augenscheinliche Arroganz für einen Künstler exemplarisch sind, daß es ihm angemessen und sogar unverzichtbar ist, auf seiner eigenen Sprache zu beharren, seiner eigenen Vision, seinen eigenen referentiellen Bedingungen. Dies mag häufig anmuten wie Verantwortungslosigkeit oder Affektiertheit, manchmal auch wie Gefühlskälte; doch vom Standpunkt des Künstlers aus macht all das einen Akt der Integrität aus – oder einen Akt der Schlauheit, um ebendiese Integrität zu schützen.

Sein ganzes Leben lang und auch noch nach seinem Tode ist Yeats unaufhörlich getadelt worden für seine aus der Art geschlagenen Glaubensvorstellungen, die Abgehobenheit seines Verhaltens und das Exzentrische in der Wahl seiner Bezugnahmen. Zuerst mal Feen. Dann Renaissancehöfe in der Toskana und Herrenhäuser in Galway. Dann Mondphasen und Große Räder. Was, sagt der verläßliche Bürger da, soll das alles für einen Sinn haben? Warum lauschen wir bloß diesem leicht zu täuschenden Ästheten, der immer wieder die Irrwege eines ungebildeten Bauernvolkes erzählt, diesem versnobten, sitzfleischigen Landhäusergast mit seinen Mystifikationen der feudalen Tatsachen des Klassensystems, diesem Scharlatan, der die

Geschichte zu Bildern backt und die Zukunft weissagt mit irgendeinem Hokuspokus aus Geometrie und ptolemäischer Astronomie? Wir könnten durchaus versucht sein, auf die Vorstellungen des verläßlichen Bürgers einzugehen, ihn sagen zu lassen, wo es langgeht und für Yeats nach Entschuldigungen zu suchen.

»Naja«, könnten wir dann sagen, »schließlich hat er, als er ein junger Mann in Sligo war, doch diese Geschichten über Feen von den Hausangestellten seiner Großeltern gehört; und dann war er ein junger Poet und suchte halt nach irgendeinem Identifikationszeichen für seine eigene Kultur, nach irgend etwas, das sie abheben würde vom Rest der englischsprachigen Welt, und so ist er dann eben auf dieses ausgeprägte und sympathische Ding in der magischen Weltsicht der Leute auf dem Lande gestoßen. Das war ein bewußter Akt von Gegenkultur wider den Rationalismus und den Materialismus des spätviktorianischen England.« Worauf dann der Bürgersmann sagt: »Jeder, der an Feen glaubt, ist nicht bei Trost.«

Yeats hätte sich für unsere Versuche, ihn apologetisch zu erläutern, mitnichten bedankt. Er hätte gewollt, daß wir ihn bestätigen mit all jener kunstvollen Hartnäckigkeit, mit der er sich selbst bestätigte. So möchte ich ihn also, im Interesse von Unterhaltung und Unterweisung, sozusagen auf frischer Tat beobachten erst als einen jungen Dichter und dann als einen etablierten Dichter und eine Figur der Öffentlichkeit; und in jedem Falle hoffe ich deutlich zu machen, was ich als exemplarisch in seiner Haltung erachte.

Der *Irish Theosophist,* dessen Titel bereits ausreicht, die Geister der Neunziger wachzurütteln, enthielt in seiner Ausgabe vom 15. Oktober 1893 ein Interview mit Mr. W. B. Yeats. Sein Gesprächspartner war der Chefredakteur gewesen, ein gewisser D. N. Dunlop, der in den ersten Absätzen wie folgt für Einstimmung sorgte:

Vor ein paar Tagen besuchte ich abends meinen Freund Mr. W. B. Yeats und traf ihn allein an, in seinem Sessel sitzend und seine Zigarette rauchend, vor sich eine Homer-Ausgabe. Das ganze Zimmer verriet den Stil und den Geschmack des hier herrschenden Genius'. An den Wänden hingen verschiedene Entwürfe Blakes und anderer, weniger bekannter Symbolkünstler; überall Bücher und Papiere in offenkundig heillosem Durcheinander.

In seiner gewohnt jovialen Art lud er mich ein, mit ihm den Tee zu nehmen. Im Verlaufe dieser vergnüglichen Zeremonie fielen nur wenige Worte, aber gleichwohl genügend, um mich mehr denn je durch die Tatsache zu beeindrucken, daß mein Gastgeber im höchsten Grade ein Künstler ist, ein großer Liebender seiner Kunst.

Yeats war damals achtundzwanzig und vermochte jenen kunstvollen Stil, den er von Pater erlernt hatte, mit ebenso lässiger Berechnung auf einem Sofa wie in einem Satz zu entfalten. Wenn er damals seine Theorie der Maske auch noch nicht formuliert hatte, so verfügte er doch über einen instinktiven Begriff von der Macht seines Image; und wenn er sich hier auch insgesamt nicht in einer männlichen Pose aufplustert, so läuft doch ein wenig von einer Pfauenvorstellung ab. Die Homer-Ausgabe war ein guter Griff gewesen, genau wie die Zigarette und die Tee-»Zeremonie«.

Der junge Mann, dessen Sorge um seine Wirkung ihn nur wenige Jahre zuvor dazu gebracht hatte, seine Hacken mit Tinte dunkelzumalen, um die Löcher in seinen Socken zu tarnen, hatte offensichtlich komplexere und unbeirrbarere Strategien für die Linie zwischen sich und der Welt um ihn her entwickelt. Er hatte zwar nicht, soviel steht fest, die keinen Widerspruch duldende Autorität erlangt, die Frank O'Connor Jahrzehnte später am Werk sehen sollte, wenn der Dichter eine Diskussion ersticken oder eine Angelegenheit untermauern konnte mit Bemerkungen wie: »Ah, aber das war doch, bevor der Pfau schrie«; aber von ihm ging doch schon eine Atmosphäre der Bestimmtheit aus, ein Stil, der für Jünger(e) Untertanenpflicht und von seinen Zeitgenossen nicht geteilte Kraftquellen proklamierte. Er war ein Künstler, dem Schönen ergeben; er war ein Magier, Initiierter unter verborgenen Mächten; er war ein Kelte, mit einer Lebensader bis in die mythologischen Tiefen hinein; er war ein Propagandist, mit einer Standleitung zu Journalisten. Er war alle diese Dinge, in sich ge- und verschlossen und mit Vorsatz, und dennoch bedeuteten sie weder eine Auflösung noch eine Erschütterung seiner Kräfte oder seiner Persönlichkeit; im Gegenteil, sie konzentrierten sich wechselseitig, entsprangen einer einzigen Wurzel, und wenn es zutrifft, daß sie wohlerwogen waren, dann ersprang diese Erwägung einem inneren Trieb, einer Energie, die sich selbst als Vision entdeckt. Yeats' *performances*, könnte man sagen, manifestierten sich zu jener Zeit und für den Rest seines Lebens im Dienst an der schöpferischen Handlung. Je länger wir über Yeats nachdenken, desto merklicher schmälert er die Kluft, welche die Etymologie zwischen Mysterium und Meisterschaft gezwungen hat.

Aspekte des Mysteriösen und des Meisterlichen offenbaren sich in einer seiner gelassensten Anwandlungen in dem Interview, das im wesentlichen eine Unterhaltung war über Yeats' Verbindung zu der Blavatsky Lodge der Theosophical Society.* Ungefähr drei Jahre zuvor war er von Madame Blavatsky ausgestoßen oder doch zumindest gebeten worden, sich zurückzuziehen. Dunlop fragte ihn:

»Können Sie sich, Mr. Yeats, an irgend etwas erinnern, das auf seiten von Madame Blavatsky einer Prophezeiung gleichkäme und erwähnenswert wäre, ungeachtet der Tatsache, daß Sie noch immer auf Ihre prophezeite Krankheit warten?«

* Helena Petrowna Blavatsky (1831–1891) hatte gemeinsam mit H. S. Olcott in New York die Theosophische Gesellschaft gegründet. Deren englisch-irische Ableger trafen, zumindest zeitweilig, auf beachtliches Interesse nicht nur W. B. Yeats, sondern auch, durch die von dem Ex-Blavatsky-Sekretär G. R. S. Mead gegründete Quest Society und deren Organ *Quest,* auf andere Dichter wie Ezra Pound, dessen nachmalige Schwiegermutter Olivia Shakespear nicht nur die Verehrung Yeats' genoß, sondern selbst theosophisch sehr interessiert war.

»Das einzige, das dem gleichkäme«, erwiderte Mr. Yeats, »war etwas, das sich auf England bezog. ›Der Meister gab mir zu verstehen‹, sagte sie, ›daß Englands Macht das Jahrhundert nicht überdauern werde. Und der Meister hat mich niemals getäuscht.‹«

Es scheint mir, als habe Yeats mit dieser Antwort eine heimliche Fessel durchtrennt und das esoterische Randgeschehen für den Dienst am nationalistischen Herzland eingespannt, indem der Kulturagitator, hinter dem Träumer mit dem Pokerface verschanzt, eine Rettungsleine über den schlummernden Teich historischer Feindschaft ausgeworfen hatte, die so neutral war wie die Theosophie selbst: Die ruhige Oberfläche seiner Rede, bis in die Tiefe aufgeladen mit potentieller Rebellion. Die Bemerkung hinterläßt eine sich weitende Spur in der Vorstellung und erzeugt vermittels perfekter Tarnung der urteilsmächtigen Intention ein Nachspiel sich überlappender Wirkungen; und auf diese Weise übt er im kleinen die komplexere Orchestrierung von Vorsatz und Wirkung, die er in *The Wind Among The Reeds* [Der Wind im Ried, 1899] erlangen sollte, ein Buch, dessen Titel bereits in seinem Kopf herumspukte:

»Und woran arbeiten Sie gerade?« fragte ich.

»*Celtic Twilight,* ein Werk über Geister, Kobolde und Feen, kommt jetzt heraus, dazu noch ein kleiner Band mit Blakes Gedichten«, erwiderte er. »Dann bereite ich zur Veröffentlichung im nächsten Frühjahr ein Buch mit Gedichten vor, das ich *The Wind Among the Reeds* nennen möchte, und sobald wie möglich danach noch eine Sammlung von Essays und Vorlesungen zu den Themen der irischen Nationalität und Literatur, die wahrscheinlich unter dem Titel *Watch Fire* herauskommen wird.«

Watch Fire [Signalfeuer] wurde dann doch nie veröffentlicht. Sein Essay über Nationalität und Literatur war allerdings bereits fünf Monate zuvor im *United Irishman* erschienen, und Arbeiten zu verwandten Themen waren bereits die späten achtziger Jahre hindurch veröffentlicht worden und wurden auch durch die Neunziger hindurch weiterveröffentlicht. So hatte er mit seiner berühmten Verteidigung der Lyrik Sir Samuel Fergusons begonnen – des »größten Dichters, den Irland hervorgebracht, nämlich der zentralste und keltischste« – und war dann fortgefahren mit Preisschriften über James Clarence Mangan, William Allingham und Balladendichtern, neue Stimmen wie die von Katherine Tynan und Æ [d. i. George Russell] zu unterstützen, für englische und irische Zeitschriften Bibliographien und Werkführer der besten irischen Bücher zu schreiben, die Gültigkeit jener magischen Weltschau zu bekräftigen, die irischen Gepflogenheiten und Glaubensvorstellungen auf dem Lande unterlegt sind, und ebendiese Glaubensvorstellungen und Bräuche in jenem von ihm erwähnten Buch abzuhandeln, das einer ganzen Ära ihren Namen geben sollte, *The Celtic Twilight*.

Das alles war Teil einer Kampagne, und die vielfältigen Assoziationen in dem Wort Kampagne sind hier recht am Platze. Sie wurde über einen längeren Zeitraum in Gang gehalten und an einer ganzen Reihe von Fronten ins Werk gesetzt: der journalistischen, politischen, dichterischen, der dramatischen und gar der erotischen, denken wir nur an Maud Gonne als der führenden Frauengestalt in *The Countess Cathleen*. Sie wurde ins Werk gesetzt durch die Idee der Eroberung, vielleicht nicht einer territorialen, so doch aber einer der Phantasie – obwohl eine erfolgreiche Erweckung der Vorstellungskraft des Volkes diesem durchaus gestattet hätte, sich sein Territorium mit einer neuen Überzeugung zurückzugewinnen. Als er den Schluß desjenigen Teils seiner Autobiographie erreicht, der sich mit den Jahren 1887 bis 1891 beschäftigt, schwillt der Ton dort zum Crescendo, wo er sich seiner Absichten erinnert:

Ich konnte indessen keine internationale Kunst ertragen, die sich Geschichten und Symbole nur herausklaubte, wo es ihr gerade paßte. Sollte ich nicht, so mir Gesundheit und Glück zu Hilfe kämen, irgendeinen neuen *Prometheus Unbound* erschaffen; Patrick oder Colmcille, Oisin oder Finn an Prometheus' Stelle setzen; und Cro-Patrick oder Ben

Bulben an die Stelle des Kaukasus? Haben nicht alle Rassen ihre uranfängliche Einigkeit erlangt durch eine Mythologie, welche sie innig verband mit Fels und Hügel? Wir hatten in Irland phantastische Geschichten, welche die ungebildeten Stände kannten und sogar sangen, und sollten wir dann diese Geschichten nicht auch den gebildeten Ständen zugänglich machen, ihnen wiederentdecken, was ich »die angewandten Künste der Literatur« genannt habe, das heißt, die Assoziationen von Literatur mit Musik, Rede und Tanz; und schließlich, dazu könnte es doch kommen, die politische Leidenschaft der Nation derart vertiefen, daß jedermann, ob Künstler oder Dichter, Handwerker oder Tagelöhner, einen gemeinsamen Entwurf würde akzeptieren können?

Wie diese stolze Rückschau erfüllt ist von hellem Klang, so hatten auch ihre Noten nichts von jenem sterbensgleichen Vergehen, wie es in der Kontroverse der Achtziger und Neunziger aufklang, als er jenen »gemeinsamen Entwurf« verfolgte. In seinem Artikel über Sir Samuel Ferguson 1886 im *Dublin Magazine* beispielsweise erklärte er zunächst, daß es gerade die Vergangenheit sei, die sich der Zukunft vererbe, die Größe die großen Legenden wären, und daß es deshalb die Pflicht eines jeden irischen Lesers sei, diejenigen seines eigenen Landes zu studieren. Und dann machte er deutlich, daß dieses Ansinnen sich an die selbstlose und idealistisch gestimmte Jugend wandte:

Ich appelliere nicht an die professionellen Klassen, die, zumindest in Irland, offenkundig zu keiner Zeit über die Belange ihres Landes nachgedacht haben, jedenfalls solange nicht, bis sie zum ersten Male um ihre Einkünfte bangten – und ebensowenig appelliere ich an die Talmigesellschaft des »West Britonism« ...

Solch streitbarer Antrieb verließ ihn nie, obschon er einen weniger bandagenlosen Stil entwickeln sollte, mit dem er die kurze Gerade ins Gesicht aufgab zugunsten eines Schlags aufs Profil und auf längere Distanz.

Der springende Punkt indessen ist, daß wir, ohne Rücksicht darauf, wie sehr wir dazu veranlaßt werden, uns den jungen Yeats als einen Träumer vorzustellen, keinesfalls seine praktische, antriebsstarke Seite vergessen dürfen: Sie drängt ihn voran, auf sein Idealziel zu. Die Gründung von Bibliotheken, der Allianz aller politischen Aktivisten, all dies war nicht unternommen worden ohne einiges an Entschiedenheit, an Ambition, an geistiger Verausgabung. Aber all dies ergab mitnichten schon die ganze Geschichte. Da waren seine Liebesaffären, zuerst mit Maud Gonne und dann mit Olivia Shakespear, die ihm Kraft für andere Sphären verliehen. Da gab es seine seriöseren literarischen Projekte, beispielsweise die Geschichten von Red Hanrahan und jene anderen seltsamen Geschichten, zugleich robust und abgelegen, aus welchen sich die Substanz von *The Secret Rose* [Die geheime Rose, 1897] addierte; und da war, vor allem, seine eigene geheime Rose, die Dichtung selbst.

Es fällt nicht schwer, diesen jungen Yeats zu bewundern: seine künstlerischen Ambitionen, seine patriotische Inbrunst, sein mächtiger Herzenswunsch, sich einer Tradition anzuschließen und einem Glaubenskanon, der kommunaler Natur war. Bei aller Aktivität, bei allem Bemühen um das Unternehmen, ist das Ziel des Dichters und der Dichtung letztlich eines des Dienens, nämlich die Anstrengung, das individuelle Werk in das größere Werk der Gemeinschaft als Ganzem hineinzudirigieren. Und solchem demokratischen Drang begegnet der Geist unseres Zeitalters mit Sympathie.

Der dann folgenden Haltung, die wir den Dichter annehmen sehen, bringt er selbst indessen weniger Sympathie entgegen. Zwanzig Jahre nach dem Interview im *Irish Theosophist* vom Oktober 1893, in seinem Gedicht »September 1913«, hatte Yeats' Stil eher einen Tonfall der Loslösung denn des Anschlusses entwickelt, des »Ich« eher als des »Wir«. Mittlerweile ist das Irland der Romantik tot und vergessen. Wir finden uns wieder in der Gegenwart eines Dichters in seinen späten Vierzigern, des Abbey-Theatre-Intendanten, des Verächters von Mittelklasse-Frömmigkeit und -Philistertum, des Mythologisierers von Förmlichkeit und Anstand der Aristokratie. Wir finden uns wieder in der Gegenwart eines Mannes, der glaubt, daß die Neuverteilung des Coole-Park-Grundstücks unter seinen Eigentümern im Leben des Landes ein Schritt zurück, kein Schritt voran wäre. Einem Mann, der durch die in J. M. Synges *Playboy of the Western World* ausgemachte rohe Darstellung und durch die Weigerung der Dublin Corporation, eine Galerie für Hugh Lanes Sammlung impressionistischer Bilder zur Verfügung zu stellen, in großartige Attitüden hineinprovoziert wird. Alles das. Einem anglo-irischen Protestanten, der zutiefst uneins ist mit dem Geist der irisch-katholischen Gesellschaft. Einem Manne, der sich selbst erneuert und einen Stil entdeckt, der ihm zum Widerstand gegen sein Environment verhilft, statt einen Stil, der es kooptiert, und zwar gerade auf jener aufregenden Stufe der Entwicklung, die er, in »A Dialogue of Self and Soul« [Dialog zwischen Selbst und Seele], den »erledigten Mann unter seinen Feinden« nennt. Und dieses Gedicht fährt dann fort, indem es Fragen stellt über ebendiesen Mann unter seinen Feinden:

> Wie in des Himmels Namen kann er der
> Schändenden entstellenden Gestalt entkommen
> Dem Spiegel arglistiger Augen
> Der in seine Augen blickt, bis er am Ende wähnt
> Jene Gestalt wäre die seine?

Deshalb möchte ich, daß unser nächstes Bild von Yeats eines ist, das die böswilligen Augen von George Moore in eine Form brachten, als er daran ging, seinen klassischen autobiographischen Bericht des Irish Literary Revival in *Hail and Farewell* zu schreiben. Obwohl »böswillig« vielleicht ein allzu heftiges Adjektiv ist. Viele der Mooreschen zitabelsten Hiebe gegen die romantische Figur des Dichters deuten mehr Zuneigung als den Wunsch zu kränken an, zum Beispiel da, wo er sein Lachen als ein Krächzen beschreibt, »die melancholischste Sache der Welt«, oder wo er einen durchnäßten Yeats am Ufer des Coole Lake präsentiert wie einen alten Regenschirm, der nach einem Picknick zurückgelassen wurde. Moores Buch ist unterm Strich eher ein Zeugnis von Yeats' Genius denn dessen Quälgeist, konsequent und durchdacht in den Spielarten seiner Ironien, auf seine spezifische Weise berichtigend, akkurat. Die folgende Passage erscheint, nachdem Moore seine Darstellung der Lane-Kontroverse und den Text seiner eigenen Vorlesung über die Impressionisten wiedergegeben hat, eine Vorlesung zur Erbauung der zögerlichen Bürger:

Kaum war der Applaus verklungen, da erhob sich Yeats, der gerade wieder zu uns zurückgekehrt war aus den Staaten, mit einem Wanst, selbstherrlichem Schreiten und einem mächtigen Pelzmantel, um das Wort zu ergreifen. Wir waren überrascht von der Veränderung in seinem Äußeren und trauten unseren Ohren kaum, als er, statt wie früher zu uns über die von Generation zu Generation auf uns gekommenen alten Geschichten zu reden, plötzlich losdonnerte wie Ben Tillett, gegen die Mittelklasse, mit den Füßen aufstampfte und sich mächtig selber in Rage brachte, und das alles nur, weil die Mittelklasse nicht ihre Taschen umkrempelte und Lane das Geld für seine Ausstellung gab. Als er das aussprach, »die Mittelklasse«, da hätte man meinen mögen, er wetterte gegen einen persönlichen Feind, und wir schauten uns zueinander um und fragten uns nur mit Blicken, wo um alles in der Welt unser Willie Yeats den merkwürdigen Glauben aufgegabelt haben könnte, daß ausschließlich adliges und Kaleschenvolk etwas mit Bildern anzufangen wüßte ...
Wir haben unser Leben der Kunst geopfert; aber ihr, was habt ihr getan? Welche Opfer habt ihr gebracht?, fragte er, und alle kramten in ihrem Gedächtnis nach den Opfern, die Yeats wohl gebracht haben könnte und fragten sich, in welchem Gefängnis Yeats wohl geschmachtet hatte, welche Lumpen er am Leib getragen, welche verdorbenen Lebensmittel er gegessen hatte. Soweit sich jeder dort erinnern konnte, hatte er immer sehr komfortabel gelebt, hatte stets und ständig seine regelmäßigen Mahlzeiten gehabt, und der alte grüne Umhang, den er im Einklang mit seiner Profession des romantischen Poeten getragen hatte, der

war nun abgelöst worden von einem prächtigen Pelzmantel, der unsere Aufmerksamkeit von dem, was er sagte, ablenkte, so opulent deckte er die Lehne des Stuhls zu, von dem er sich da erhoben hatte ...

Die bewußte Theatralik dieses Yeats, die einstudierte Überheblichkeit, die Affektiertheit – so etwas hat befremdet. Und genau das ist der Willie Yeats, den seine Zeitgenossen ganz und gar nicht ernst nehmen konnten, weil er ihrer Reichweite entschwunden war, der Yeats, den Maud Gonne »Silly Willie« nannte und den W. H. Auden ebenfalls »silly«, »töricht«, nannte, in seiner Elegie von 1939: »Du warst töricht wie wir alle, dein Talent überlebte das alles.« Doch indem er die Torheit in ein Verhältnis zur Begabung brachte, zielte Auden ins Herz der Sache – das Überleben. Was Moore uns zeigt, ist das Bild eines Yeats, der jene Unversöhnlichkeit praktiziert, die ich eben gelobt habe, jenes Hüten seiner imaginativen Quellen, nur damit seine Begabung würde überleben können. Er legte den Mantel – oder vielleicht sollte man sagen: den Pelz – des Aristokraten an, auf daß er die Vision eines kommunalen und persönlichen Lebens verkörpern könnte, das reich wäre, hochherzig, harmonisch, erfüllt und erhöhend. Die reaktionäre Politik, die Yeats' Bewunderung des Coole-Park-Milieus bewirkte, ist unschuldig im eigentlichen Sinn des Wortes, nicht schuldig, nicht verletzend. Mehr noch zählt allerdings die Art und Weise, in der seine Erfahrung jenes huldvollen, patriarchalischen Regimes und der persönlichen Stärken von Lady Gregory als Bewahrerin von Volkskultur wie auch als Choreographin künstlerischen Talents sich in einer Dichtung niederschlugen, deren Musik die Garantin ihrer humanen Freigiebigkeit ist. Die Torheit des Verhaltens hält sich kontinuierlich in der verschwenderischen Pracht der mittleren Periode. Yeats' Attacke auf seine eigene Mittelklasse entspringt in Wahrheit der Enttäuschung: Warum melden sie jetzt nicht den kulturellen Führungsanspruch an, wo sie ihn wirtschaftlich doch haben? Natürlich hat Moore recht, wenn er sagt, er sei einer von ihnen, und natürlich mußten Yeats' Anmaßungen für seine Zeitgenossen lächerlich aussehen. Dies aber war seine Art, seine Verweigerung zu signalisieren, »dem zu dienen, an das er nicht länger glaubte«.

Als Joyce rebellierte, bestieg er die Holyhead-Fähre und erschuf sich sein Drama mit Hilfe einer fiktionalen Figur namens Stephen Dedalus, welche die Motive für seine Revolte unterstrich und repetierte. Als Yeats rebellierte, blieb er – Joyce verhöhnte solch »einen verräterischen Instinkt zur Anpassungsfähigkeit« – und schuf dennoch einen neuen W. B. Yeats, der Straßen und Bühne von Dublin beschritt, eine Figur, die im fast gleichen Maße ein Werk der Phantasie war wie Stephen Dedalus. Statt die Philisterei seiner eigenen Klasse ebensowohl wie die fromme Ignoranz eines anderen Glaubensbekenntnisses zu fliehen, schuf Yeats sich neu, schloß sich mit kalten, hochmütigen Figuren zusammen, deren Archetypus Charles Stewart Parnell und deren Modell »The Fisherman« [Der Fischer] waren. Die Einsamkeit, der Wille zur Vortrefflichkeit, der Mut, die selbstbewußte Abwendung von dem, woran er nicht mehr länger glaubt, nämlich das Leben in Dublin, und die Hinwendung jenem zu, dem er vertraut, nämlich einem Bild oder Traum – das ganze Drama, die ganze Integrität seines Gedichtes »The Fisherman« gründen in hohem Maße in jenem anderen Drama, das von George Moore so begeistert beobachtet und berichtet wurde:

Einen Zwölfmond ist es vielleicht her,
Daß ich auf eins begann,
Aus Verachtung für dies Publikum
Mir einen Mann zu phantasiern
Und sein Gesicht mit Sonnensprengseln
Gekleidet in Connemara in Grau,
Der klomm an einen Ort hinauf,
Wo Steine schwarz warn unterm Schaum,
Und die Drehung seines Handgelenks,
Wenn die Fliegen in das Wasser tupften;
Einen Mann, den es nicht gab,
Einen Mann einzig aus Traum;
Und wie der schrie: »Bevor ich alt bin,

Werd ich ein Gedicht geschrieben
Haben vielleicht so kalt und
Leidenschaftlich wie ein Morgengraun.

Wir bewegen uns fort von dem, was andere Leute sahen, hin zu dem, was Yeats intuitiv wahrnahm. Ich habe, denke ich, genug gesagt über den äußeren Menschen und was dieser beabsichtigte; darum wird es Zeit, die innere Natur der Gedichte zu betrachten und nicht die Äußerlichkeit der Haltung.

Gleichwohl ist die Dichtung in eine Form gebracht, die das Ohr so beansprucht, wie der Mann ein Blickfang war, und als Schriftsteller ist man mit Ehrfurcht erfüllt vor den erlangten und meisterhaften Tonlagen dieses mit Bedacht eingestimmten Organs, seinen unverhüllt klassischen Konturen, seiner Fähigkeit zur Modulation von emotionaler Klimax bis zu weiser Reflexion, seiner elementaren Wahrhaftigkeit gegenüber dem Leben. Dennoch sind die letztendlich exemplarischen Augenblicke jene, in denen diese machtvolle künstlerische Kontrolle doch verletzlich gegenüber dem Schmerz oder Pathos des Lebens ist.

Doch ich sollte etwas dazu sagen, warum ich ein Fragezeichen hinter den Titel dieser Vorlesung gesetzt habe. »Yeats – ein Beispiel«, das war der Titel eines würdigenden, aber nicht unbedingt ekstatischen Essays, den W. H. Auden 1940 verfaßt hat; damit ist meine Interpunktionswahl zumindest teilweise ein Hinweis auf Audens Titel. Er bedeutet aber auch eine Konzession an die orthodoxe Vorstellung, daß ein sehr großer Dichter von sehr schlechtem Einfluß auf andere Dichter sein kann. Was Yeats dem praktizierenden Schriftsteller bietet, ist Beispielhaftigkeit an Plackerei, an Beharrlichkeit. Er ist das wahrhaft ideale Beispiel eines Dichters, der sich den mittleren Jahren nähert. Er erinnert einen daran, daß man sich der Überprüfung und der Plackerei zu unterwerfen haben kann, wenn man die Befriedigung der Vollendung sucht; er verstört einen mit der Anregung, daß man, sobald man es geschafft hat, auf bestimmte eigene Weise eine Art von Gedicht zu schreiben, man sich von ebendieser Weise verabschieden und sich einem anderen Bereich der eigenen Erfahrung zuwenden sollte, bis man gelernt hat, mit einer neuen Stimme diesen Bereich angemessen in Sprache zu fassen. Er ermutigt einen zur Erfahrung einer Durchmischung von Energien aus poetischen Formen selbst, legt bloß, wie die Herausforderung eines Metrums die stimmlichen Mittel erweitern kann. Er beweist, daß Bedachtsamkeit so weit intensiviert werden kann, daß sie synonym wird für Inspiration. Vor allem aber erinnert er einen daran, daß Kunst beabsichtigt ist, daß sie Teil der schöpferischen Anstrengung der Zivilisation selbst ist: Von »Adam's Curse« [Adams Fluch] bis »Vacillation« [Wankelmut] und weiter bis in die letzten Gedichte hinein proklamiert sein Werk nicht nur ausdrücklich die Realität dichterischer Berufung, sondern überzeugt durch den tiefen Klang von Gewißheit, der sich ausdrückt in der Proklamation selbst.

Befreit aus dem Laubwerk des Vergessens
Beginnst du mit dem Vorbereiten auf den Tod
Und nach dem viermal zehnten Winter dieses Wissens
Prüf jedes Werk von Glauben oder Geist
Und jedes Ding das du mit deinen Händen schufst
Und nenn die Werke Zügellosigkeit des Atems
Dich sich nicht eignet für Männer deines Schlags,
Stolz, offnen Auges und lachend bis ins Grab.
(»Wankelmut«)

Malachi Stilt-Jack bin ich, und was ich gelernt, ging mir
durch,
Von Kragen zu Kragen, von Stelze zu Stelze, von Vater bis
Kind.
Alles Metapher, Malachi, Stelzen und so. Eine Ringelgans
Weit droben in den Weiten der Nacht; Nacht teilt sich und
Dämmer bricht sich Bahn;
Ich, durch die schreckliche Neuigkeit des Lichts, stelz
weiter, weiter;
Die riesigen Fischpferde entblößen die Zähne und
verlachen den Morgen.
(»Malachi Stilt-Jack«)

Doch ist es nicht diese Prahlerei der besonderen Ansprüche von Kunst und Künstler, der am Ende die Ehre erwiesen wird. Es sind vielmehr Yeats' vorurteilsfreies Ja zu den natürlichen Zyklen von Leben und Sterben, seine Anerkenntnis, daß die »masterful images«, die »meisterhaften Bilder«, welche die Kenntnisnahme seitens des Künstlers wie des Publikums gleichermaßen erzwingen, abhängig sind von dem »foul rag-and-bone shop of the heart«, dem »stinkenden Trödelladen Herz«, von der Demut seiner künstlerischen Meisterschaft gegenüber dem Mysterium von Leben und Tod. Es gibt eine ganze Reihe von Gedichten, in denen diese Zärtlichkeit für das Leben und seine Unvollkommenheit uneins sind mit den Tröstungen des künstlerischen Werkes, die sie zu beherrschen bestrebt sind. Das Nebeneinander von Unruhe und Ruhe in einem Gedicht wie »Sailing to Byzantium« [Meerfahrt nach Byzanz] kommt einem in den Sinn, obwohl dort das Gleichgewicht zwischen dem goldenen Vogel der Kunst und der abgerissenen Vogelscheuche des Lebens genau gehalten wird, so, wie es gehalten und im Geiste gehalten, gedanklich betrachtet und gefeiert wird in »Among School Children« [Unter Schulkindern]. Ich denke vielmehr an stillere Gedichte, intimere, weniger bewußt orchestrierte Stücke, wie zum Beispiel »What Then?« [Was dann?]:

> Wahr wurden alle seine Träume,
> Haus, Frau, Sohn, Tochter wuchsen ihm heran,
> Ein Garten, drinnen Kohl und Pflaumenbäume,
> Dichter und Denker zog er an.
> Was dann, sang Platos Geist, was dann?

> Der Alte dachte nun: »Das Leben reifte
> Genau wie ich's als Junge mir ersann.
> Laß Narren schrein, daß ich in Nichts verschweifte,
> Etwas am End vollbrachte man.«
> *Doch lauter sang der Geist: Was dann?*

Und diese Herausforderung durch den Geist Platons kann sich durchaus messen mit der in einem anderen uncharakteristisch introspektiven Gedicht wiederaufgenommenen, nämlich in

»The Man and the Echo« [Der Mann und das Echo], worin das Echo sich lustig macht über den Menschen und worin sich die Stimme von Gewissen und Gewissensbissen in Gegensatz bringt zu der künstlerischen Wahl, für die der alte Mann sein ganzes Leben gelebt hat; diese Stimme des Gewissens, die fragt: »Wen hat mein Stück zur Tat entschlossen, / Den dann die Engländer erschossen?«, wird am Ende symbolisiert durch den angstvollen Ruf eines Kaninchens:

Doch still, mein Thema ist entflohn
Und Glück und Nacht scheint nur ein Traum;
Dort oben schlug ein Habicht ein,
Kam aus der Luft oder dem Stein,
Ein Hase, scharf getroffen, schreit
Und sein Schrei hat mich zerstreut.

Ich möchte mit zwei Gedichten schließen, von denen das erste den unzufriedenen Dichter mitten in den Bürgerkrieg und das zweite den gewalttätigen Helden mitten unter die Toten versetzt. Sie fragen, indirekt, nach Sinn und Zweck der Kunst in der Mitte eines Lebens, und durch ihre Bewegung, ihre Bildhaftigkeit, ihre Musik machen sie eine Wahrheit greifbar, die Yeats anfangs nur abstrakt zu bezeugen vermochte, in jenen Worten, die er von Coventry Patmore ausgeliehen hat: »Das Ende der Kunst ist der Frieden«.

Das erste ist aus »Meditations in Time of Civil War« [Meditation zur Zeit des Bürgerkriegs]:

Die Bienen bauen in den Rissen
Sich auflösenden Mauerwerks, und dort
Bringen die Vogelmütter
Maden und Fliegen.
Meine Mauer löst sich auf; Honigbienen,
Kommt, baut im leeren Haus des starren Blicks.

Wir sind gefangen, der Schlüssel ist gedreht
In unsrer Ungewißheit; irgendwo wird

Ein Mensch getötet, ein Haus angesteckt,
Doch klare Fakten sind nicht zu erkennen:
Kommt, baut im leeren Haus des starren Blicks.

Aus Stein oder aus Holz die Barrikade;
Um vierzehn Tage Bürgerkrieg;
Der tote Jungsoldat in seinem eignen Blute
Ward letzte Nacht den Weg entlanggezogen:
Kommt, baut im leeren Haus des starren Blicks.

Am Leben hielten wir das Herz mit Phantasien,
Das Herz gedieh brutal von dieser Kost;
Mehr Wesentliches war in unserm Feind
Und nicht in unsrer Liebe; oh Honigbienen,
Kommt, und baut im leeren Haus des starren Blicks.

Hier wird der Pelzmantel der großen Geste abgelegt, der alles
beherrschende Intellekt und das ritterliche Profil, all das, was
ihm anderswo Macht einbringt, all das abgestreift. Was wir hier
haben, ist eine zutiefst instinktive, doch gleichermaßen geistig
gebilligte Vorstellung der Natur und ihrem gütigen und nah-
rungsspendenden Aspekt als dem eigentlichen, dem ersten Prinzip des Lebens als Dasein und Prozeß. Das Mütterliche wird
begriffen, mitgeteilt und zärtlich bewahrt, und wir fühlen uns,
wie möglicherweise auch stark durch Shakespeare, erinnert an
die warmen Eier im Nest, die von der Schockwelle einer Explosion erschüttert werden. Der starre Blick an Yeats' Fenster wie
auch der tempelspukende Mauersegler in Macbeths Schloß sind
beides Botschafter der Gnade.
   Und wenn die mütterlichen Instinkte die ersten sind, dann
vielleicht rufen sie uns ganz am Ende auch wieder zurück. Yeats
liegt unterm Ben Bulben, auf dem Drumcliff Churchyard, unter
jenem weithin sichtbaren Vorsprung, den ich gerne als den in
die Landschaft projizierten Vater nehme; und es steckt vielleicht
auch etwas zu Männliches und Dogmatisches in dem Gedicht,
das den Namen des Berges [Ben Bulben] trägt und am Ende der
Collected Poems steht. Hätte ich die Wahl, dann würde ich das

Buch dadurch exemplarischer machen, daß ich es mit einem freundlicheren Gedicht abschlösse, mit einem, in dem der affirmative, wissende, zerstörerische Mensch, sei er nun Künstler oder Held, der Dichter Yeats oder der Kopfjäger Cuchulain, seine gebieterische Stimme aufgehen lassen muß in der gemeinsamen Stimme der Lebenden und der Toten, seinen Heroismus verbindet mit der Erbärmlichkeit seiner Art, sein graues Haupt bettet auf die aschene Brust des Todes.

Ich möchte abschließen mit »Cuchulain Comforted« [Cuchulain im Trost], einem Gedicht, das Yeats binnen vierzehn Tagen vor seinem Tode verfaßt hat, eines, in dem sein Geschick als ein bedächtiger Produzent und seine Weisheit als ein intuitiver Denker zu reicher und eigentümlicher Endgültigkeit gelangen. Es ist geschrieben in *terza rima*, dem Metrum der Danteschen *Commedia*, der einzige Text, in dem Yeats diese Form je verwandt hat, aber auch der dafür am besten geeignete Text, da er sich auf seinen eigenen Tod vorbereitete, indem er sich Cuchulains Abstieg unter die Schatten ausmalte. Wir werden hier zu Zeugen eines seltsamen Rituals der Unterwerfung, eines Rituals des Übergangs vom Leben zum Tode, eines Rituals allerdings, dessen Bedeutung eingeschlossen ist in Gesang, in die Andersheit von Kunst. Es ist ein Gedicht des tiefen Einsseins der Schwachen und der Starken dieser Erde, erfüllt von einer mütterlichen Freundlichkeit dem Leben gegenüber, zugleich aber auch unerschütterlich in seinem Glauben an die in Kunst, Gesang, Worte transzendierte Anständigkeit und Schönheit des Lebens. Die Sprache des Gedichtes heiligt die Dinge dieser Welt – Augen, Äste, Linnen, Leichentücher, Arme, Nadeln, Bäume, alles dies seltsam keusch in diesem Kontext –, und doch ist die Gestalt, die aus dem Gedicht ersteht, von dieser Welt:

Cuchulain im Trost

Ein Mann mit sechs tödlichen Wunden, ein Mann
Von Ungestüm und Ruhm, wandelte unter den Toten;
Augen starrten durch die Zweige und verschwanden.

Dann kamen, murmelnd Kopf an Kopf, gewisse
                            Leichentücher
Und verschwanden. Er lehnte gegen einen Baum
Als meditierte er von Wunden und von Blut.

Ein Tuch darunter schien von hohem Rang und kam
Unter die vogelgleichen Dinge und ließ dann falln
Ein Linnenbündel. Grabtücher kamen, zweit-, drittselbst

Heraufgekrochen, denn der Mann war stumm.
Worauf der Linnen-Träger sprach:
»Dein Leben könnt' viel süßer sein, wenn du nur willig

Folge leistest unserm alten Recht und dir ein Grabtuch
                            machst;
Hauptsächlich weil, zumindest dieses wissen wir,
Das Klappern dieser Arme uns verschreckt.

Wir fädeln's ein, und alles, was wir tun, verlangt
Daß wir's gemeinsam tun.« Gesagt, getan, der Mann
Ergriff das nächste und hub an zu nähn.

»Wir müssen singen jetzt, und zwar so gut wir können,
Zuvor jedoch erklären wir dir unser Wesen:
Ertappte Memmen allesamt, in gleichem Geist vernichtet

Oder vertrieben, um in Furcht zu sterben.«
Sie sagen, doch ohne Menschenklang und -wort,
Obwohl das alles ward getan gemeinsam und wie eh;

Ihnen warn die Kehln verwandelt; es waren Vogelkehlen.

Fourth Annual University Poetry Lecture,
University of Surrey, 1978

England im Kopf

Eine der präzisesten und suggestivsten kritischen Formulierungen T. S. Eliots war seine Vorstellung dessen, was er die »auditive Phantasie« genannt hat, »das Empfinden für Silbe und Rhythmus, das tief unterhalb der bewußten Ebenen von Denken und Fühlen eindringt und jedes Wort mit Leben erfüllt; zum Primitivsten und Vergessensten hinabsinkt, zurückkehrt zu einem Ursprung und etwas mit zurückbringt« und so »die ältesten und zivilisiertesten Mentalitäten« miteinander verschmelzt. Ich nehme an, daß Eliot hier an die in bestimmten Wörtern und Rhythmen latenten kulturellen Sinnaufladungen denkt, jenes bindende Geheimnis zwischen Wörtern der Dichtkunst, das nicht nur das Ohr erfreut, sondern die ganze Vergangenheit und schier unendliche Tiefe von Geist und Körper; an die Energien, die in und zwischen Wörtern pulsieren und die der Dichter in halb-bewußtes Spiel einbringt; an die Beziehung zwischen dem Wort als reiner Vokabel, als verständlichem Geräusch, und dem Wort als etymologischem Vorkommnis, als Symptom menschlicher Geschichte, Erinnerung und Bindungen.

Im Kontext dieser auditiven Phantasie möchte ich die Sprache von Ted Hughes, Geoffrey Hill und Philip Larkin erörtern. Sie alle kehren zurück zu einem Ursprung und bringen etwas mit sich zurück; alle drei leben nicht im Schatten englischer Ruhmestaten im Bereich der Dichtkunst; alle drei repräsentieren im England des Hier und Jetzt eine Kontinuität mit einem anderen England des Dort und Einst. Alle drei sind Hamsterer und Stützen dessen, was sie für das wahrhafte England halten. Alle drei behandeln England als eine Region – oder besser: behandeln ihre Region als ganz England – auf unterschiedliche und sich ergänzende Weisen. Ich glaube, sie wurden gepeinigt durch eine Geschichtsauffassung, die einst der spezifische Schmerz jener Dichter aus anderen Nationen war, die selbst nicht in England geboren wurden, aber die englische Sprache beherrschten. Die Dichter der Kultur des Mutterlandes sind, denke ich, besessen von jener defensiven Liebe zu ihrem Territorium, die einst von solchen Dichtern geteilt wurde, die wir »kolonial« nennen mögen – Yeats, MacDiarmid, William Carlos Williams. Sie begreifen ihr Englischsein als Ablagerungen in den absteigenden Stockwerken der literarischen und historischen Vergangenheit. Ihr eigentliches Terrain wird auf bewußte Weise kostbar. Ein tiefer Wunsch, eingeborene Traditionen zu bewahren, die Versorgungsleitungen der Phantasie zur Vergangenheit offenzuhalten, um zu empfangen von den Tankstellen angelsächsischer Bestätigung der Ahnen, etwas zu begreifen von den Ritualen samstäglicher Gründergedenkfeiern in Oxford und Rennplatzbegegnungen und Landpartien am Meer, von Kirchgang und Hochzeit an Pfingsten und von den Notwendigkeiten, die nach Artikulation verlangen, seit das Ritual des Kirchgangs der Vergangenheit angehört und in alldem eine Kontinuität kommunaler Sitten und Gebräuche zu erkennen und eine Identität zu bestätigen, die bedroht ist – alles dieses wird gekennzeichnet durch ihre Sprache.

Wenn wir diese Sprache genauer prüfen, entdecken wir, daß die Verschiedenartigkeit ihrer drei Stimmen garantiert wird durch drei unterschiedliche Fundamente, die zusammengenommen freilich beinah für sämtliche Reichtümer der englischen Sprache selber stehen. Hughes stützt sich auf die Sedimente des Nordens, die heidnischen angelsächsischen und nordischen Elemente, und zusätzlich bezieht er noch Energien aus einer verwandten Konstellation primitiver Mythen und Weltbilder. Das Leben seiner Sprache ist die Erhaltung der reinen Kontur und Vitalität des Angelsächsischen, das zur alliterierenden Tradition des Mittelenglischen wurde und dann in den Untergrund abwanderte, um von dort aus die folkloristische Dichtung, die Balladen und den Überfluß Shakespeares und der Elisabethaner zu speisen. Auch Hill wird gespeist von der angelsächsischen Basis, sein eigentlicher Bürge aber ist jene Sprache in ihrer durch die Vokabularien und Werte des Mittelmeerraums, also durch den frühmittelalterlichen Einfluß modifizierten und intensivierten Form; seine Phantasie ist in gewissem

Maße scholastisch und darin auf ein England gegründet, das wir beschreiben könnten als anglo-romanisch, berührt zwar durch das polysyllable Licht des Christentums, doch besessen von dunkleren Energien, die als barbarisch akzeptiert werden könnten. Larkin komplettiert dann das Bild, weil sein eigentliches Hinterland die englische Sprache ist, die französisiert und durch normannische Unterwerfung und die Renaissance humanistisch, gelenkig, melodiös und vollklingend durch Chaucer und Spenser und bis zur Ankunft des achtzehnten Jahrhunderts saubergefegt wurde von ihren Schwülstigkeiten und ihren irrationalen Magien.

Und das England, wie es in ihren Köpfen wohnt, könnte dementsprechend charakterisiert werden. Das von Hughes ist eine Urlandschaft, aus der Steine heftig klagen und Horizonte fortdauern, wo die Elemente dem Geist mit einer religiösen Kraft einwohnen, wo der Kieselstein träumt, »er ist der Foetus Gottes«, »wo starrend die Engel hindurchgehn«, wo »alle Sterne sich verneigen«, wo, mit angemessen vorsokratischer Kraft, Wasser steht – »am Grunde aller Dinge / völlig verbraucht völlig klar«. Es ist England als King Lears Heide, die nun ein Yorkshire-Moor wird, wo Schafe und Füchse und Falken den »unangepaßten Menschen« davon überzeugen, daß er ein armes, nacktes, gespaltenes Ding sei, sich selbst nicht in einer Kette verwandt, sondern auf einer Seinsebene mit den Tieren selbst. Dort Monolithen und Schwellen. Die Luft ist erfüllt von Gottes drohender Stimme im Wind, von dämonisch-proteischen Krähensilhouetten; und der Dichter ist ein Wanderer zwischen den Ruinen, von Trost und Philosophie katastrophisch abgetrennt. Hills England andererseits ist für den menschlichen Aufenthalt gastfreundlicher eingerichtet. Die Monolithen weichen den Bergfrieden und Votivaltären, wenn nicht gar dem Richtblock. Die Verlassenheit des Heidelands wird bezwungen durch die natürliche Magie des Hains und die intellektuelle Kraft der Gelehrtenklause. Der Poet ist kein Wanderer, sondern ein Schriftführer oder vielleicht ein Illuminator oder einer aus einer Meistergilde: er ist im Besitz einer Historie statt einer Mythologie; er verfügt über eine durch Lernen, nicht mehr durch mündliche Überlieferung erworbene Tradition. Es gibt Kriege, aber es gibt auch Dynastien, Vorstellungen von Erbfolge und Ordnung, Möglichkeiten für die »wahre Herrschaft über England«. Seine Elegien sind keine Klagen über die unwiderrufliche Auflösung des *comitatus* – der Grafschaft – und des Ringgebers in der Halle, sondern erhabene Requiems für Plantaganet-Könige, deren mörderische Kriege in großem Stil behandelt werden, der nur verstanden werden kann, wenn »the sea / Across daubed rocks evacuates its dead«, »das Meer / Über glitschigen Fels seine Toten auswirft«. Und Larkins England reflektiert in gleicher Weise Züge jener Zeit, der seine Sprache nicht mehr direkt verbunden ist. So sind seine Bäume und Blumen und Gräser weder animistisch noch geweiht durch halberinnertes Druidenwissen; statt dessen sind sie Embleme für Veränderlichkeiten. Hinter ihnen steht die Sensibilität von Troubadour und Höfling. »Cut grass lies frail; / Brief is the breath / Mown stalks exhale«, »Geschnitten Gras liegt schwach; / Kurz ist der Atem / Gemähter Halm vergeht«; seine Landschaft wird weder von der ungezähmten Herde dominiert, noch von den totemistischen Architekturen von Turmhelm und Zinne, sondern von bürgerlichen Perspektiven, von Dächern und Gärten und Landschaften, in denen urbane und pastorale Visionen zusammenwirken als »postal districts packed like squares of wheat«, als »Postbezirke, gepfercht wie Weizenballen«. Nicht länger ist der Dichter ein bardisches Relikt, auch kein Eingeweihter kurioser Lehren und auch kein eifersüchtiger Meister der Geheimnisse einer Fertigkeit; er ist ein humaner und zivilisierter Angestellter beim Zoll oder im Staatsdienst oder, jawohl, im Bibliothekswesen. Der Mond ist nicht länger seine weiße Göttin, sondern sein poetisches Eigentum, eher *image* als *icon*, Bild statt Ab-Bild: »high and preposterous and separate«, »hoch oben, lächerlich und abgesondert« wacht er über unbefestigtes Sein, über der Erfüllung einsame Mansarde, über ein England von Kaufhäusern, Kanälen und Strömen von Industrieschaum, Explosionen in Bergwerken, von Bildwerken in Kirchen und Sekretärinnen in Büros; und er zerrt ganze Fluten von Leben herauf, wo nur ein Schiff des Feierns wert ist, keine Golden Hind oder Victory, sondern »black-/Sailed unfamiliar, towing at her back / A huge and birdless silence«, »Schwarz-/Segel unvertraut, im Schlepp ein/mächtiges und vogelloses Schweigen«.

Hughes' Sensibilität ist heidnisch im ursprünglichen Sinn: Er ist ein Heimsuchender des *pagus*, ein Heidebewohner, ein Heidjer oder Heide; sein Instinkt treibt ihn durch Dickichte jenseits des *urbs*; er ist weder stadt- noch weltgewandt. Seine Dichtung atmet ebenso Viehhürde wie Bibliothek. Schon die Titel seiner Bücher sind ins Buschwerk unserer animalischen Wiedererkenntnisse getriebene Gußformen. *Lupercal,* ein von wölfischem Gestank heimgesuchtes Wort, kehrt dennoch an einen Ursprung in Shakespeares *Julius Caesar* zurück: »You all did see that on the Lupercal / I thrice presented him a kingly crown«, »Ihr alle saht, daß auf dem Lupercal / Ich dreimal ihm die Königskrone bot«. Und doch greift das Wort noch durch Shakespeare hindurch weiter zurück zu den Lupercal als einer Höhle unterhalb der Westecke des römischen Palatin; und dann gab es das Luperkusfest am 15. Februar, an dem nach der Opferung von Ziegen und eines Hundes sich junge Leute nur in Schärpen kleideten, die aus den Häuten der Opfertiere gefertigt waren, und dann zur Grenze der palatinischen Stadt rannten und dabei jeden, den sie trafen, insbesondere Frauen, mit Streifen aus Ziegenhaut schlugen. Das war ein Fruchtbarkeitsritual, und es war zudem ein ritueller alljährlicher Umlauf um die Grenzen der Stadt, und in gewisser Weise ist Hughes' Sprache auch genau dies. Ihre sinnliche Reichweite, ihr Nachhall von Blut und Glanz und Gras und Wasser erinnerten an die englische Lyrik der fünfziger Jahre durch eine allzu suburbane Abwendung der Aufmerksamkeit vom Elementaren; und die Gedichte messen die Grenzen eines verborgenen England aus, und zwar in Strömen und Bäumen, in Mooren und Kuhställen. Hughes tauchte wie der Arme Hans auf der Heide auf, ein zivilisierter Mensch beim Kosten und Erproben primitiver Fakten; er tauchte auf als *Wodwo,* ein schnüffelnder, wilder Waldmensch. Der Band *Wodwo* erschien 1967 und trug als Motto ein Zitat aus *Gawain and the Green Knight,* und diese bewußt hergestellte Verbindung ist lehrreich. Wie Gawains Kunst, so ist auch die von Hughes eine von klarer Kontur und innerem Reichtum. Seine Diktion ist konsonantisch, und sie durchschneidet die Luft wie eine gut funktionierende Klinge, die schnelle, endgültige Formen markiert oder freihöhlt; doch innerhalb dieser Formen wird auf Mysterien und Rituale verwiesen. Sie sind Kreise, innerhalb derer er Gegenwarten heraufbeschwört.

Hughes' Vitalität hat viel zu tun mit dieser Sache der Konsonanten, die das Maß seiner Vokale wie eine Schublehre einsetzen oder die Zeile wie Nieten beschlagen. »Alles beerbt alles«, sagt er in einem seiner Gedichte, und was er durch Shakespeare und John Webster und Hopkins und Lawrence ererbt bekommen hat, das hat etwas von jenem elementaren Leben der Akzentuierung, welches das Mark englischer Poesie ausmacht. Seine Konsonanten sind die Nordländer, die Normannen, die Roundheads in der Welt seiner Vokabeln, und sie hacken und hämmern sie nieder und pferchen sie ein, den Überfluß, den Luxus und die mögliche Geilheit der Vokale. »I imagine this midnight moment's forest«, »Ich denke diesen Wald des Mitternachtsmoments«, die erste Zeile des wohlbekannten »The Thought Fox« [Der Gedankenfuchs], ist still, aber das ist eine Stille, die erreicht worden ist durch die bezwingende, schalkende Wirkung der m's und d's und t's: I iMagine this MiDnighT MoMenT's ForesT, ich träume diesen Wald/aus Mitternachtsmoment.

Hughes' Bestreben in diesen frühen Gedichten ist es, über all die Elemente zu gebieten, sie in den Bereich der Verfügungsgewalt seiner autoritären Stimme zu bekommen. Und in »The Thought Fox« ist das, was am Anfang des Gedichts außerhalb dieser Verfügungsgewalt bleibt, charakteristisch fließend und vokalisierend und zischend: »Something else is alive«, »Ein Andres ist, das lebt«, und das wispert von einer Gegenwart, die noch nicht eingestanden ist, von einer Gegenwart, der ihre ganze vokalische Musik zugestanden wird – als ihre Manifestation: »Something more near / Though deeper within darkness / Is entering the loneliness«, »Etwas Näheres / Obwohl im Dunkel tiefer / Begibt sich in die Einsamkeit«. So wird ihr die Ausdehnung ihres Mysteriums zugestanden, noch bevor sie heraufbeschworen wird in den Besitz des Dichters-als-Hüter, des Vokalebewahrers; und ihre volle Heraufkunft in den voll angestimmten i's und e's von »an eye, / A widening deepening greenness«, »ein Aug, / Ein weitendes vertiefendes Grün«, wird Stück für Stück gemeistert mit Hilfe der abbremsenden Wirkung von »brilliantly, concentratedly«, »leuchtend, konzentriert«, sowie dem Einschuß der monosyllabischen konsonantischen Bolzen in der letzten Strophe:

> Bis, plötzlich mit scharfem heißen Fuchsgestank,
> Er eindringt in das dunkle Loch des Kopfes.
> Das Fenster ist noch immer sternenlos; die Uhren ticken,
> Die Seite ist gedruckt.

Als nächstes ein Gedicht, von dessen Thema sich eher erwarten ließe, daß es einem Dichter die zarten, züchtigen Vokale entlockt statt die züchtigen Konsonanten. Über einen »Fern«, einen »Farn«:

> Hier ist des Farnes Wedel und rollt eine Geste aus,

Die erste Zeile ist eine angelsächsische Zeile, vier Hebungen, drei von ihnen im Original alliterierend; und obwohl der frostkalte Zugriff dieser f's auftaut, bleibt der Farn dennoch eingeschlossen in Bildern von Kontrolle und Disziplin und königlicher Autorität:

> Und unter ihnen würdevoll
> Der Tanz des Farns, wie der Helmbusch
> Eines heimgekehrten Kriegers, unter flachen Hügeln,
> In sein eignes Königreich.

Aber natürlich erkennen wir, daß Hughes' »Thistles« [Disteln] ein seinem Geiste verwandterer Pflanzenwuchs sind als der biegsame Farn. Und wenn er ihnen seine Aufmerksamkeit zuwendet, werden sie zu Reinkarnationen der Nordländer in einem Gedicht mit dem Titel »The Warriors of the North« [Die Krieger des Nordens]:

Sie bringen ihre gefrorenen Schwerter, ihre salzgebleichten
                                                    Augen,
        ihr salzgebleichtes Haar,
Der Schnee, betäubte Ambosse in Reihen,
Schafft ihren Neid herbei,
Die langsamen Schiffe tasteten sich südwärts, Schnecken
                                                    auf dem
        steilen Glanz des Wasserglobus.

– und er stellt sie sich wiedererweckt vor, in all ihrem arktischen
Rüstzeug, »into the iron arteries of Calvin«, »in Calvins eiserne
Arterien«, und zu »Thistles«. Die Disteln sind Embleme für
Hughes' Stimme, wie ich sie verstehe, erstanden aus ursprünglicher Vitalität, die auf demselben Boden zurückschlagen; und
es ist auch keineswegs bedeutungslos, daß in diesem Gedicht
Hughes selbst sich die Disteln vorstellt als Bilder einer Grund-
sprache, die sich hinter den verschränkten Armen von Konsonanten als Gutturale hervoräußern:

    Jeder ein rachedürstiger Ausbruch
    Der Auferstehung, eine gepackte Faustvoll
    Zersplitterter Waffen, und Islandfrost stieß empor

    Vom verborgenen Gefleck eines modernden Wikingers.
    Sie sind wie bleiches Haar und die Gutturale in Dialekten.
    Jeder schafft ein Federkleid von Blut.

    Dann werden sie grau, wie Menschen.
    Niedergemäht, ergibt eine Fehde. Ihre Söhne tauchen auf,
  · Starr vor Waffen, und wehren sich in demselben Grund.

»The gutturals of dialects«, »die Gutturale in Dialekten«, die
Hughes hier verknüpft mit der nordischen Schicht der englischen Rede, nennt er an anderer Stelle das keimzellige Geheimnis seiner eigenen Stimme. In einem Interview, das im Januar
1971 im *London Magazine* veröffentlicht wurde, sagte er:

Ich bin aufgewachsen in West Yorkshire. Dort haben sie einen sehr ausgeprägten Dialekt. In welche andere Sprache man auch immer hineinwachsen mag, so bleibt doch vermutlich der eigene Dialekt in einer Art innerer Freiheit lebendig ... es ist das Selbst des Kindes, das dort in dem Dialekt wohnt, und das ist wahrscheinlich das wirkliche Selbst, oder jedenfalls dessen Kern ... Ich bezweifle, ob ich ohne ihn je Lyrik geschrieben hätte. Und was den West-Yorkshire-Dialekt angeht, so verbindet der einen natürlich in seinem tiefsten Selbst mit der mittelenglischen Dichtung.

Anders ausgedrückt: Er versteht das ursprüngliche Wesen seiner Redeweise als Splitter vom alten Block und sein Werk nicht notwendigerweise als eine neue Pflanzung, sondern eine neue Knospe auf einem alten Zweig. Welcher andere Dichter hätte schon die Kühnheit, eine Sammlung mit *Wodwo* zu überschreiben? Und doch steht *Gawain and the Green Knight* mit ihren schönen Alliterationen und ihrer erleuchteten Form, ihrer Durchmengung und Verflechtung von natürlichem Leben und mythischem Leben dem Geist der Hughesschen Dichtung vermutlich näher als Hughes' Dichtung derjenigen seiner englischen Zeitgenossen. Alles beerbt alles – und Hughes ist der rechtmäßige Erbe dieser alliterativen Tradition und der durchdringenden Einfachheit der Border-Ballad, der Grenzballade, die er später in demselben Interview zum Status des Prüfsteins erhebt. Er sagt, daß er 1955 wieder zu schreiben begann:

Die Gedichte, die mich dazu motivierten, waren vereinzelte Stücke von Shapiro, Lowell, Merwin, Wilbur und Crowe Ransom. Crowe Ransom war derjenige, der mir ein Modell vermittelte, das ich für mich als brauchbar empfand. Er half mir, meine Worte scharf einzustellen ... Trotzdem ist dieses ganze Thema der Einflüsse mysteriös ... und nach all den Kampagnen »es neu zu machen« sitzt man dann doch fest mit der Tatsache, daß einige der Scots Border Ballads immer noch tiefere Spuren zeichnen als alles, was in den letzten vierzig Jahren geschrieben wurde. Einflüsse lassen es immer unwahrscheinlicher erscheinen, daß ein Dichter schreiben wird, was er und nur er schreiben könnte.

Was Hughes und sonst niemand schreiben konnte, hing, um freigesetzt zu werden, ab von der Entdeckung einer Möglichkeit, die Energien des Dialekts freizusetzen, jener inneren Freiheit einen Tummelplatz zu erschließen, jenem Selbst der Kindheit eine Verkleidung zu schaffen, auf daß sie darin nach Belieben umherstreifen kann. Freiheit und Natürlichkeit und Schlichtheit, das sind die Positiva in Hughes' kritischem Vokabular, und sie sind eng verbunden mit der Authentizität individueller Dichter und dem Genius der Sprache selbst. Als Hughes 1964 über Keith Douglas sprach, nahm sich das aus, als spräche er über sich selbst; über die Art und Weise, wie seine Sprache und sein Vorstellungsvermögen sich selber zur Wachsamkeit ermahnten, als die Jagd auf das Gedicht in der Welt der Erwachsenen zum Synonym wurde für die Jagd auf das Tier in der Welt der Kindheit, der Welt des Dialekts:

Der Eindruck ist der einer plötzlichen Mobilisierung des Dichterwillens, eines Aufklarens seiner Vision, als würde er eben noch dasitzen und Möglichkeiten erwägen, um dann aufzustehen, um zu handeln. Bilder von Dingen interessieren ihn nicht länger; er möchte ihre Substanz, ihre Natur und das, was sie im Leben bewirken. Auf einmal, und ganz plötzlich, ist sein Denken ein Ganzes ... Er ist ein Erneuerer der Sprache. Und das besteht nicht im Gebrauch von Wörtern in aufrüttelnden Kombinationen oder mit titanischer Extravaganz oder seltsamer Präzision. Sein Triumph besteht in der Weise, in der er die Erneuerung von Einfachheit oder gewöhnlicher Rede betreibt ... Die Musik, die alledem unterlegt ist, ... ist der natürliche Pfad solchen sicheren, offenen Denkens ... Ein Mehrzweck-GebrauchsStil, der eine Bereitschaft zur umgangssprachlichen Prosa verbindet mit poetischer Breite, eine rituelle Intensität von Musik mit klarem, direkten Gefühl und gleichwohl nichts anderes ist als saloppe Rede.

Diese Verbindung von ritueller Intensität, prosagemäßer Bereit-schaft, unmittelbarem Gefühl und Alltagssprache kann ebenso beobachtet werden in den besten Gedichten von *Lupercal*, weil wir in *Hawk in the Rain* [Falke im Regen] und in der Tat auch in vielem von *Wodwo* und *Crow* [Krähe] häufig das gewärtigen, was Hughes an titanischer Extravaganz erwähnt hat, also ein Spre-chen, das nicht so sehr mobilisiert und sich zum Handeln erhebt, als vielmehr so verbogen und verzerrt wird, bis es fast ins Groteske abkippt. Doch in Gedichten wie »Pike« [Hecht], »Hawk Roosting« [Falke auf der Stange], in »The Bull Moses« [Der Bulle Moses] und »An Otter« haben wir dann diese sichere, rasche Hammer-und-Zangen-Fertigkeit. Und in diesem Gedicht aus *Wodwo* mit dem Titel »Pibroch«* – einem gerade mit seinem Titel einzigartig »Hughesianischen« Gedicht, weil er Energie und Abstammung von weit jenseits des Gartenzauns und unter der Oberfläche herholt – haben wir die Elemente des *ceol mor* der schottischen Dudelsackspieler, also des Hochstils, impliziert in solchen Wörtern wie »dead« (tot), »heaven« (Himmel), »Uni-verse«, »aeon« (Äon), »angels« (Engel) und in Sätzen wie »the foetus of God« (»der Fötus Gottes«), »the stars bow down« (verneigen alle Sterne sich«) – ein Satz, der mit List einen Köder auswirft und Blake im Teich des Ohres wiederauferstehen läßt. Wir haben Elemente dieses erhabenen Stils, dieser rituellen Intensität oder wie immer man das nennen will; *und* wir haben besagte »Bereitschaft zur Prosa«, die »saloppe Rede« von »bo-red« (gelangweilt), »hangs on« (wartet), »lets up« (hört auf), »tryout« (Probe) sowie die Alltagskadenzen von »Over the stone rushes the wind« (»Über den Stein fegt der Wind«) und von »her mind's gone completely« (»denn sie ist ganz von Sinnen«). In der Landschaft dieses Gedichts wäre der angelsächsische *Wanderer* oder *Seefahrer* ganz und gar zu Hause:

---

* »Pibroch« ist im Schottischen eine Art auf dem Dudelsack gespielte Variation über ein vorgegebenes Thema.

Das Meer brüllt mit bedeutungsloser Stimme und
Behandelt seine Toten genau wie seine Lebenden,
Wahrscheinlich gelangweilt von der Erscheinung des
                                        Himmels
Nach so vielen Millionen von Jahren ohne Schlaf,
Ohne Ziel, ohne Selbstbetrügerei.

Mit Steinen ist es gleich. Ein Kiesel ist gefangen
Wie nichts im Universum.
Gemacht für schwarzen Schlaf. Oder zu wachsen
Mit dem Wissen um den gelegentlichen roten Fleck der
Um dann zu träumen, sie sei der Fötus Gottes.   [Sonne,

Über die Steine fegt der Wind
Um sich mit nichts zu mischen,
Wie das Ohr des blinden Steines selbst.
Oder wird, als würde aus dem Geist des Steins Gefühl,
Ein Traum von Richtungen.

Trinkt das Meer und ißt den Felsen,
Der Baum, der um sein Laubwerk kämpft –
Eine alte Frau, herabgefallen aus dem All,
Nicht vorbereitet auf das, was hier ist.
Sie bleibt, denn sie ist ganz von Sinnen.

Minute auf Minute, Äon auf Äon,
Nichts hört auf oder entwickelt sich.
Und das ist keine schlechte Variante und kein Test.
Durch den Ort gehn starren Blickes Engel.
Hoch über diesem Ort verneigen alle Sterne sich.

Hughes versucht das Innenleben zu vokalisieren, das einfach
Da-Sein, »die Substanz, ihre Natur und das, was sie im Leben
bewirken«, von Meer, Stein, Wind und Baum. Blakes Kieselstein
und Tiger nehmen im Hintergrund schattenhafte Gestalt an,
genau wie die Landschaften angelsächsischer Poesie auch. Und
das Ganze ist auf Fels gebaut, jenen Fels, den Hughes in seinem

autobiographischen Essay präsentiert hat als seinen Geburts-
stein, der sein Auftauchen an einem bestimmten Ort festhält, wie
sein Grabstein seinen Tod festhalten wird:

> Das war das *memento mundi* über meiner Geburt: meine
> geistige Hebamme zu jener Zeit und mein Taufpate fortan
> – oder einer meiner Großväter. Vom ersten Tage an hatte
> es mich im Auge. Wenn es mich nicht direkt sehen konnte,
> eine aufragende Düsternis über meinem Kinderwagen,
> dann beobachtete es mich durch eine Art Periskop: das
> heißt, indem es das *Licht* in meinem Zimmer durchwirkte
> mit seinem eigentümlichen Schatten. Von meinem Zuhause
> nahe der tiefsten Stelle des nach Süden weisenden Abhangs
> des Tales war die Klippe sowohl der Vorhang als auch der
> Hintergrund für die Existenz.

Ich zitiere diese Stelle, weil sie das Innerste der Kindheit verbindet mit dem Werk des Erwachsenen, weil jener Felsen in seiner
poetischen Landschaft das Äquivalent ist zum Dialekt in seiner
poetischen Rede. Der Fels verharrt, überlebt, hält stand, erdul-
det und bildet seine Phantasie, und ebenso ist er das Fundament
der Sprache, auf der Hughes seine (Auf-)fassung von Überleben
und Ertragen gründet.

Stein und Fels spielen auch in der Dichtung von Geoffrey Hill
eine bedeutende Rolle, nur daß Hills Vorstellungswelt sich nicht
damit zufrieden gibt, der mineralen Welt den gleichen absoluten
Einfluß zuzugestehen, wie das Hughes tut. Er ist nicht der
Bittsteller, der den Megalithen anpsalmodiert, sondern viel-
mehr der Steinmetz, der ihn behaut. Auch Hill umrundet die
Gemarkung eines England, nämlich die West Midlands seiner
Herkunft, betrachtet als ein mittelalterliches England mit dem
Blick hinein in die keltischen Mysterien in Wales und hinaus auf
die militärischen und ekklesiastischen Herrlichkeiten Europas.
Seine *Mercian Hymns* [Mercischen Hymnen] nennen sein Terri-
torium Mercia und maskieren seine Phantasie mit der Gestalt des
Königs Offa, dem Erbauer des Offa-Deichs zwischen England
und Wales, eines Bauern wie Bezwingers der Begrenzungen.

Hills Feiern von Mercia weist einen doppelten Brennpunkt auf: Einer ist der des kindlichen Augen-Blicks, der gemeinen Erde nah, dem Hort der Historie, und der andere ist der des Historiker- und Gelehrtenblicks, begierig nach zu dechiffrierenden Bedeutungen und darauf aus, Vergangenes auf Gegenwärtiges wirken zu lassen und umgekehrt. Das Geschriebene aber ist keineswegs abstrakt und philosophisch. Hill wendet sich der Sprache zu, ich möchte sagen, wie ein Steinmetz sich einem Block zuwendet, seinem eigenen Steinmetz in Hymn XXIV nicht unähnlich:

> Auf Wanderschaft durch viele Ländereien, von seines Herrn Gefolge, bis Compostela. Dann heim auf ein Lebelang mitten hinein nach West Mercia, dieser Meister-Steinmetz, wie ich ihn sehe, erpicht darauf, an Tympanon und Altargewölbe sein mißgelauntes Testament auszulassen, indem er Krieger mit Löwe verwechselt, Drachenwindungen, Ranken von steinerner Rebe.

> Wo ist am besten Stehn? Ostersonnenstrahlen erhaschen das Schrägantlitz von Adam, der durch Blätter Äpfel klaut, blasser Spaß von Evangelisten und, da, ein Kreuz-Christus, der das Kind Adam aus der Hölle flüstert

> (»Et exspecto resurrectionem mortuorum« Staub in den Augen, an Krallen Schwingen, und Lippen.)

Nicht nur muß das Englische hier aufrechterhalten werden, mit seinem »Spaß« und »Äpfel klaut« und »flüstert«, sondern auch das Lateinische und der Humanismus müssen aufrechterhalten werden. Die gesittete Rhetorik dieser Stücke stellt eine Art verbaler Architektur dar, ein schwergewichtiges und massives Stück englischer Romaneska. Der einheimische Unterwuchs, vegetativ und verbal in einem, dieser Schnörkelzierat von Farn und Efeu, wird abgesetzt gegen das Giebelfeld und das Altargewölbe, gegen die gewichtige Eleganz Roms. Die übergreifende Anlage seiner Sprache ist eine Erweiterung und eine vorsätzliche

Verwertung des linguistischen Effekts in Shakespeares berühmten Zeilen: »It would be the multitudinous seas incarnadine, / Making the green one red«, »Es wär' der menschendichten Meere zartes Rosa, / Wie es das Grüne rot macht«, wo die polysyllable Bewegung in »multitudinous« (hier: dicht bevölkert) und »incarnadine« (zartrosa) sowohl in Gegensatz gebracht wird zu als auch unterschnitten wird von der monosyllablen Klarheit von »Wie es das Grüne rot macht«, wo das Romanische und das Lokale auch wie Nut und Feder ineinandergehen. Hill hat etwas von der Hypersensibilität eines Stephen Dedalus für Wörter als physische Erfahrungen, als Klänge zum Ausloten, als Gewichte auf der Zunge. In seinen Dichtungen fallen Wörter langsam und vereinzelt, wie geschmolzener Lötzinn, um sich zu summieren zu einem trägen, glühend heißen Klumpen. Ich stelle mir einen Hill vor, wie er einem mürrischen linguistischen Ergötzen frönt und sich dem Potential eines jeden Wortes mit ungefähr dem gleichen Vergnügen widmet, wie sich Leopold Bloom dem Gedanken an seine Niere widmet. Und in der Tat: In *Mercian Hymns* ähnelt Hills Vorgehen dem von Joyce nicht nur in dieser linguistischen Behutsamkeit und Selbsterkenntnis. Was alle seine Bezugnahmen auf den »durch die lateinischen Kirchenlieder in Prosa oder die Lobgesänge der frühen christlichen Kirche geschaffenen Präzedenzfall« angeht, so ist, was diese geistlichen Lieder feiern, die »unausweichliche Ethik des Hörbaren« ebenso wie des Sichtbaren, und die Form, die solches Feiern annimmt, erinnert einen an die Joycesche Epiphanie, die von der Wirkung her auf ein Gedicht in Prosa hinausläuft. Dabei folgt er nicht nur in der Form der individuellen Stücke, sondern sehr wohl auch in der Gesamtstruktur der Stücke dem Joyceschen Präzedenzfall im *Ulysses*, indem nämlich autobiographisches Material vermengt wird mit der Vergangenheit entnommenen literarischen und historischen Stoffen. Offas Geschichte läßt zeitgenössische Landschaft und Erfahrung lebendig werden durch die ergiebigen Schatten einer Tradition.

Und auf die Hymne XXIV zurückzukommen: Das Ereignis, der Moment des Hervorbringens, scheint die tiefsinnige Betrachtung eines kunstvoll behauenen Giebelfeldes zu beinhalten

– ein Tympanon ist der gemeißelte Bereich zwischen einer Türschwelle und dem Bogen darüber –, das eine Reihe von Szenen zeigt: eine aus dem Garten Eden, eine mit irgendeiner Art von Höllenqualen; und die Szenen stehen unter der Aufsicht von Darstellungen der Evangelisten. Und diese kryptische, komprimierte Präsentationsweise, in der einige wenige Gestalten auf Stein das gesamte System christlicher Doktrinen und Mythologie assoziieren, ähnelt jener Komprimiertheit des Stückes selbst. Die Arbeit im Stein erinnert Hill an den Bildhauer, einen Meister-Steinmetz – und die entscheidende Anmerkung lautet: »Die Assoziation von Compostela mit der Bildhauerkunst der West Midlands verdanke ich G. Zarnecki, *Later English Romanesque Sculpture,* London (1953).« Dieser Steinmetz ist ein »wandernder« [itinerant] – ein in seiner präzisen lateinischen Bedeutung benutztes Wort, obwohl diese ursprüngliche Lesart in ihrer Anwendung auf einen umherziehenden Handwerker ihre heutige engere Bedeutung ahnen läßt – die eines Kesselflickers, eines umherziehenden Blechschmieds, eines Klempners. In den ersten Sätzen dominiert noch das Lateinische, denn da ist es eine rituelle Entwicklung, eine Wanderung »durch viele Ländereien, von seines Herrn Gefolge«, bis nach Compostela eben. Sogar noch der Eigenname läßt dort seine Musik wie ein Banner flattern. Doch als er heimkehrt, ist er augenblicklich von der Bedeutung seiner Großfahrt zurückgeschrumpft aufs Format der Heimat, in dem einfachen »Dann heim auf ein Lebelang mitten hinein nach West Mercia«; nun indes hat der Dichter/Beobachter der Bildhauerei etwas von der Bedeutung der besonderen Gelegenheit begriffen und sich etwas von der Erregung des Steinmetzen ausgeborgt. Dennoch, »sehen mit des Geistes Auge«, wie Hamlet, tut er nicht; er »stellt« ihn »sich vor«, wobei das Verb angemessen liturgisch ist, »erpicht darauf, an Tympanon und Altargewölbe sein mißgelauntes Testament auszulassen, indem er Krieger mit Löwe verwechselt, Drachenwindungen ...« Das Tympanon ist natürlich auch noch eine Trommel, und das Wort »pester« (quälen, ärgern) erzeugt eine reiche synästhetische Wirkung; der auftreffende Meißel läßt den Stein krachen wie eine Kesselpauke. Aber das »pester« ist doch noch interessanter. Seine Primärbedeutung von seiner lateinischen Wurzel *pastorium* her ist »einem Pferd die Vorderbeine fesseln«, und im Jahre 1685 wurde es benutzt mit der Bedeutung »Personen in etwas hinein- oder zusammenpferchen«. Also fesselt und treibt und pfercht der Steinmetz zusammen, nämlich Krieger und Löwe, Drachenwindungen, Ranken von steinerner Rebe. Und genau dieses Ineinanderverflechten und -verwinden von Motiven reflektiert auch die Methode des Gedichtes.

Tatsächlich läßt die Methode sich klarer ausmachen, wenn wir das Gedicht in seinem eigentlichen Kontext betrachten, nämlich in der Mitte einer Gruppe von drei Texten unter dem Titel *Opus Anglicanum*. Auch hier hilft die Anmerkung weiter:

> *»Opus Anglicanum«:* Eigentlich bezieht sich der Begriff auf englische Stickereikunst der Zeit zwischen 1250 und 1350 a. D., obwohl diese Kunst auch schon einige Jahrhunderte früher berühmt war ... Ich habe, mit beträchtlicher Unkorrektheit, den Begriff ausgeweitet, um ihn auf die romanische Bildhauerei in England und auf Metallarbeiten für den alltäglichen Bedarf im neunzehnten Jahrhundert auszudehnen.

Das Ineinanderverwinden und -verflechten ist nun das der Stickereikunst, und dieses erste Gedicht, meine ich, vereinigt frauliche Gestalten in Hills Erinnerung mit dem geisterhaften Auszug von Näherinnen aus den mittelalterlichen Burgen und Nonnenklöstern:

XXIII

> In Tapisserie und Traum sammelten sie sich, als ward verfügt die Rückkehr, der Wiedereintritt der Transzendenz in diese sublunare Welt. *Opus Anglicanum,* ihr eindrucksvolles Mysterium enträtselt von Nadeln: Der silberne Webstreif, das Goldblatt, Weinstock geschneckt, Meisterwerke vom verräterischen Faden.

Schwerfüßig kamen sie aus dem Dunkel hervor und kratzten ihre Stiefel frei von Kalkklecks und Schleim. Schmatzend kauten sie Speck. Die Lampen wurden drall vom öligen, verläßlichen Licht.

Wieder wird das Liturgische und Lateinische abgeschliffen und zurückgetrieben durch das buchstäbliche und lokale Gewicht des »kratzten ihre Stiefel frei von Kalkklecks und Schleim« – wobei diese Stiefel, so wie ich es verstehe, die Stiefel von Arbeitern mitten in diesem unendlichen *Opus Anglicanum* sind, das von Anfängen im Ackerbau bis zu industriellen Entwicklungen reicht. Und dann beachte man das dritte Stück, in dem, um das Ganze festzuklopfen, die »Metallarbeiten für den alltäglichen Bedarf«, mit denen seine Großmutter zu tun gehabt hatte, aus einer Perspektive behandelt werden, die mittelalterliche Stickerin und Steinmetz einbegreift, und in dem eine gewisse »Transzendenz« in die Herstellung von Drahtstiften eingeht:

XXV

Beim Brüten über den achtzigsten Brief in *Fors Clavigera* spreche ich dies im Gedenken an meine Großmutter, deren Kindheit und Blüte zur Frau im Tagwerk einer Nagelschmiede starben.

Die Naglerei stand hinter der Kate, gleich bei der Hürde. Es stank nach altem mineralem Schweiß. Funken hatten ihr niedriges Dach mit Kesselstein durchzogen. Im Dämmerlicht schwemmte das getrogte Wasser Damaszenerflore von Staub auf –

nicht zu erschüttern durch postumes Geklag. Es ist ein Ding, die »quicke Schmiede« zu feiern, ein ander, ein von Brenndraht hasenschartiges Gesicht zu wiegen.

Beim Brüten über dem achtzigsten Brief in *Fors Clavigera*
spreche ich dies im Gedenken an meine Großmutter,
deren Kindheit und Blüte zur Frau im Tagwerk einer
Nagelschmiede starben.

Ruskins achtzigster Brief reflektiert wortreich und geräuschvoll
die Ungerechtigkeit der Herr-und-Knecht-Situation, die Aus-
beutung von Arbeit und die erniedrigende Schufterei in einer
Nagelschmiede. Der Bürgermeister von Birmingham nahm ihn
mit in ein Haus, in dem zwei Frauen an der Arbeit waren und zu
Werke gingen, wie er sagt, mit wahrhaft vulkanischer Fertigkeit:

So arbeiteten sie – die ältere englische Frau und die junge; –
das also war ihr Tagewerk, sich zu plagen von morgens bis
abends – von sieben bis sieben – dicht beim Schmelzofen –
dem die Sommerbrise Zugluft zufächelt.

Er fährt dann fort, indem er ausrechnet, daß die Frau und der
Mann zusammen 55 Pfd. pro Jahr verdienen, von denen sie sich
und ihre sechs Kinder mit Nahrung und Kleidung versorgen
müssen, dann, das luxuriöse Leben der Fabrikbesitzerklasse zu
verurteilen und schließlich einen Vergleich anzustellen zwischen
den Frauen der Industriellen, die in Betrachtung versunken vor
Burne-Jones' Bild vom Spiegel der Venus stehen, und »diesen,
ihren Schwestern, welche, als Spiegel der Venus, nur ein Asche-
häufchen hatten; belagert nicht mit Vergißmeinnicht, sondern
mit aller Achtlosigkeit dieser Welt.«
    Mir scheint, als feiere Hill hier sein unbezähmbar englisches
Wesen, eben indem er seine Aufmerksamkeit auf andere Zeiten
richtet, eine in Schlamm und Asche getriebene Gruppe von
Menschen besingt und deren Duldsamkeit, deren Energie zum
Erleiden mit Ruhm und Ehre Englands in Verbindung bringt.
Die »quicke Schmiede« schließlich mag das sein, was ihr Ursprung in Shakespeares *Henry V* erklärt als »the quick forge and
working house of thought«, »die quicke Schmiede, das Arbeits-
haus des Denkens«; aber ganz sicherlich ist sie ebenso die »ran-
dom grim forge«, die »ziellos grimme Schmiede« von Felix

Randal, dem Hufschmied. Das Bild changiert zwischen mehreren Punkten und ziert ein neues *opus anglicanum* in diesem auf Absicht und Anspielung gründenden Gedicht. Und die Spitze der Sticknadel ist, natürlich, *darg*, dieser Span vom angelsächsischen Block, der »eines Tages Werk« oder »das Pensum eines Tages« bedeutet.

Die *Mercian Hymns* zeigen Hill in vollkommener Meisterschaft seiner Stimme. Vieles der steifen und sparrigen Rhetorik früherer Arbeiten wie *Funeral Music* [Trauermusik] und »Requiem for the Plantaganet Kings« besteht und wird bestehen; nur, erst dann, wenn diese Rhetorik zur Presse wird, die aus der Sprache die Vitalität der gewöhnlichen Rede herausdrückt und -quetscht, erst dann erlangt die Dichtung diese endgültige, gestärkte und stärkende Qualität: Erst dann ist ihm, in den Worten eines anderen Stücks, eine »goldne und stinkende Lohe« erstanden.

Um schließlich zu Larkin zu kommen, in dessen Sprache keine »goldne und stinkende Lohe« ersteht und auch nicht die üppig wuchernden und gärenden Dünger von Philologie und Geschichte, sondern die hellen Sinne für in gebildeten Gesprächen blankpolierte Wörter. In Larkins Sprache wie auch in seiner Vision vom Wasser »sammelt sich endlos ... jegliches winkliges Licht«. Zwischen dem, der begreift, und dem Ding, das begriffen wird, existiert in Larkin eine Lücke, eine Weigerung zur Auflösung in langen Einstellungen, ein hartnäckiges Beharren darauf, daß der Dichter weder ein Stammesgedächtnis oder Mythenbossler noch ein Steinmetz sei, sondern ein ganz realer Mensch an einem ganz realen Ort. Die Kadenzen und das Vokabular seiner Gedichte sind gestimmt zu einer rationalen Musik. Es scheint beinah, als habe er aus freien Stücken seine Gabe für Beschwörung, Resonanz und symbolische *frissons* beschnitten. Von Yeats als seinem Meister konvertierte er zu Thomas Hardy. Er hängte sich nie an den laurentischen Erfolg seines frühen Gedichtes »Wedding Wind« [Hochzeitswind], das schließt mit einer Art biblischer Glücksohnmacht, einem Bild erfüllter Liebender »auf Knien wie Vieh an allen reichen Wassern«. Er weist romantische Sehnsucht und Eingebung mit skrupulöser Knauserigkeit zurück. Wenn er den Mond sieht, dann sieht er ihn, während er sich nach dem Urinieren wieder ins Bett zurücktastet. Wenn er gezwungen ist, auszurufen »O wolves of memory, immensements«, »Oh Wölfe der Erinnrung, Riesenheiten«, dann ist er auch gezwungen zu erkennen, daß er über das gefühlige Eingehülle hinaus ist, auch dann, wenn es »für andre, unvermindert, irgendwo« ist. »Unvermindert«, *undiminished* – das Wort mit seinem schwebenden Gleichgewicht zwischen geschrumpften Möglichkeiten und der Möglichkeit zur Fülle ist typisch. Und Christopher Ricks hat darauf hingewiesen, wie häufig Negationen in Larkins besten Zeilen operieren. Liebende, im Zwiegespräch im Bett, finden zum Beispiel heraus, daß es außerordentlich schwierig ist,

> Wörter zu finden,
> Zugleich wahr und freundlich
> Oder nicht unwahr und nicht unfreundlich.

Seine Zunge regt sich zögernd, präzise, ehrlich unter Ironien und Negationen. Er ist der Poet des rationalen Lichts, eines Lichts, das seine spezifische luminöse Körperlichkeit hat, das jedoch auch die völlige Entblößung der Wahrheiten bewirkt, auf die es fällt. Larkin spricht weder Dialekt noch im Predigtton; in seinen drei Büchern kommen »hectoring large scale verses«, »Tyrannenverse großen Maßstabs« nicht vor, auch nicht die stoppelige Intimität von »oath-edged talk and pipe-smoke«, von »schwurscharfer Rede und Pfeifengeschmauch«, die er nostalgisch unter den Bergleuten anmerkt. Seine Sprache hätte jenen Tudor- und augusteischen Wächtern gefallen, die ihre Sprache polierten und verschönten, um sie zu glätten für die Kunst. Was wir vernehmen, ist die Stimme eines geschälten Standardenglisch, eine Stimme, die plötzlich umkippen kann in einen reumütigen Tonfall, eine Stimme, die weder zurückführt zu dem pochenden *beat* des Angelsächsischen noch zum Gregorianischen Gesang des Mittelalters. Ihr Stammbaum beginnt in Wahrheit dort, wo das Mittelalter weltlich wird und Bühnenstücke beginnen, sich neben der Messe ihren Platz als eine Form kommunalen Berichtens und Wissens zu erobern. In den ersten Zeilen von Larkins Gedicht »Money« beispielsweise glaube ich den Puls von *Jedermann* zu hören, den mürrischen Ton von Mammon, als er dem Helden Vorhaltungen macht:

> Quartaliter, nicht wahr, wirft Geld mir vor:
> »Warum läßt du mich unnütz hier bloß liegen?
> Bin ich doch alles, was an Sex und Gütern dir nie unterkam.
> Das könntest du noch immer haben; zieh einfach ein paar
> Schecks.«*

Solche schlußbetonten Zeilen weisen mit ihrem Hinabgleiten in die gereimten Zeilenenden auf den Beginn jener Periode hin, in welcher der Larkinsche Stil wächst. Nach *Jedermann* ist es dann Skelton, ein vom gesunden Menschenverstand her erzeugtes »Torkeln« des Rhythmus, eine humorige Weisheit, eine Lyrik des Praktischen:

> Oh, das kann niemand leugnen,
> Daß Arnold nicht so raffig ist wie ich.
> Er ehelichte eine Frau, um sie nicht gehn zu lassen.
> Jetzt hat er sie den ganzen Tag, ...*

Aber es gibt auch den Kavalierdichter Larkin, den Schöpfer von Liedern, in denen sich der Ton der Konversation und die eleganten Disziplinen einer metrischen Form in schönem Gleichgewicht halten:

> Noch immer dreschen ruhelos die Burgen
> In ausgewachsner Dichte jeden Mai.
> Das alte Jahr ist hin, so scheinen sie zu sagen.
> Fang frisch an, frisch an, frisch an.**

---

* aabb
** abba

Sogar noch in diesem kurzen Stück läßt sich übrigens die spezifisch Larkinsche Verschmelzung von Kargheit und Überfluß ausmachen – die Pracht von »unresting castles«, »ruhelos die Burgen«, die beißende Süße von »afresh, afresh, afresh«, »frisch an, frisch an, frisch an« werden in Schach gehalten durch das alltägliche »Last year is dead«, »Das alte Jahr ist hin«. Und doch – durch seine Weigerung oder Beinahe-Weigerung, die Register ganz zu ziehen, erzielt Larkin seine sehr eigene Vision der *negative capability*.

Wie den Kavalierdichter Larkin, so gibt es auch den spätaugusteischen Larkin, den Poeten sittsam-schicklicher Melancholien, des Anstands im Dämmerlicht des Übergangs und der schattenhaften Melodie. Sein Gedicht über ausgediente Rennpferde beispielsweise, mit dem Titel »At Grass« [Auf der Weide], könnte sehr wohl untertitelt sein mit »Elegie in einer Landkoppel«. Hinter den Bäumen, wo die Pferde Schutz suchen, könnte sehr wohl die Turmspitze der Kirche von Stokes-Poges aufragen; und hinter den glatten Versen des Windes, der die Schweife und Mähnen zaust, gibt es die gravitätische Exaktheit von *entsträhnten Strähnen.* *

> Das Auge kann sie kaum entdecken
> Im kalten Schatten, der sie schützt,
> Bis Wind sie plagt an Schweif und Mähne . . .

Und als zum Ende des Gedichts hin »the groom and the groom's boy / With bridles in the evening come«, »der Stallknecht und des Stallknechts Bursche / Das Zaumzeug in den Abend bringen«, da erklingt unverkennbar unter ihren Schritten der Pflüger mit, der schwerfüßig seinen müden Weg geht.

Darüber hinaus gibt es aber auch noch den Tennysonischen Larkin und den Hardyesken Larkin. Und da ist sogar, und kraftvoll dazu, ein imagistischer Larkin:

---

* Im Englischen ein Wortspiel mit tress = Zopf und distress = Kummer

Da kommt ein Abend übers Land
Über die Felder, so einen gabs noch nicht,
Der keine Lampen zündet.

Er scheint von Ferne her aus Seide, doch
Wenn er über Knie und Brust gedeckt ist,
Bringt er keinen Trost.

Wo ist der Baum hin, der die Erde
An den Himmel band? Was ist das unter meinen Händen,
Das ich nicht fühlen kann?

Was zieht die Hände mir nach unten?

Dann ist da noch Larkin, der Präger von *compounds,* Wort- und
Sinnverbindungen, den wir vielleicht Hopkinsisch oder, kurz
gesagt, Shakespearesch nennen mögen, der schreibt von »some
lonely rain-ceased midsummer evening«, »so einem entregneten
Mittsommerabend«, von »light unanswerable and tall and wide«,
»Licht, hoch, breit und nicht beantwortbar«, von »the million-
petalled flower of being here«, der »millionenblättrigen Blume
Hier-Sein«, von »thin continuous dreaming«, »schmalem andau-
ernden Träumen« und »wasteful weak, propitiatory flowers«,
»verschwenderischen, schwachen Sühneblumen«.

Und um dann noch vom Sublimen ins Lächerliche zu wech-
seln, gibt es auch den Urlaubspostkarten-Larkin, ebenso authentisch in bezug auf zivilisatorische Anwandlungen von Vulgarität
wie empfindlich für ihre ergötzlichsten Feinheiten: »Get ste-
wed: / Books are a load of crap«, »Tankt lieber einen: / Bücher
sind bloß ein Haufen Mist«. Oder man nehme diese Entstellung
des Posters einer Badeschönheit:

Riesige Möpse und ein geschlitzter Zwickel
Warn gut getroffen, und der Raum
Zwischen den Beinen zeigte Gekrakel
Auf dem sie hockte ohne Makel –
Schwanz und Eier, voller Pickel.

Und dann, an anderer Stelle,

Die pinkeln dich und deine Eltern an.
Die wollns vielleicht nicht, machens aber.
Die fülln euch ab mit ihren eignen Fehlern
Plus ein paar mehr, extra für euch.*

Und nochmals, in »Sad Steps« [Traurige Schritte]:

Ich komm vom Klo und tapp zurück
Und teil den schweren Vorhang und bin hin
Wegen der schnellen Wolken, der Gepflegtheit des
                                                    Mondes.

Doch trotz des Urinierens und der Kicherei des Demotischen in
allen diesen Stellen erinnert uns jener Titel, »Sad Steps«, eben
doch daran, daß Larkin besorgt um seinen [Sir Philip] Sidney ist.
Auch er kehrt zu Ursprüngen zurück und bringt etwas von dort
mit sich, wenngleich er auch nicht zu »Wurzeln« zurückkehrt.
Tatsächlich setzt er seine »Wurzeln« in Anführungszeichen.
Seine Kindheit, sagt er, war eine vergessene Langeweile. England sieht er von Zugfenstern aus schnell vorüber- und forteilen.
Er ist moderner Städter, insularer Engländer, er reagiert auf die
Tonlagen seines eigenen Stammes und fühlt sich unwohl, wenn
er seines Environments benommen ist. Er ist in der Tat der
Dichter eines gesetzten und temperierten englischen Nationalis-
mus, und seine Stimme ist die nicht unwahre, nicht unfreundli-
che Stimme eines Nachkriegs-England, in dem die Segeltuch-
mütze und die Königskrone einiges von ihrem machtvollen
Symbolismus eingebüßt haben und die kategorischen, sich sozial
definierenden Funktionen des Akzents der Arbeiterklasse wie
die gedehnte Sprache der Aristokratie fast erodiert sind. Larkins
Tonlagen sind gesittet, aber nicht krampfhaft gesucht, wohler-
zogen, aber nicht leisetreterisch. Sein England und sein Englisch

* abab

mögen nicht so tief wie die von Hughes oder nicht so feierlich-
ernst wie die von Hill sein; gleichwohl werden sie aufrichtig
geliebt, und als er sich Ende der fünfziger Jahre zeitweilig in
Belfast aufhielt, dankte er implizite für die Erziehung, die ihm
unter seinesgleichen widerfährt. Die Sprache, die Gebräuche,
die Institutionen Englands sind, mit den Worten eines anderen
englischen Dichters, ansässig in Irland, »seines schaffenden
Denkens Weib«. Das war Hopkins im Dublin der 1880er Jahre,
der dort erfühlte, wie seine individuelle Begabung von seiner
Herkunft geschieden wurde. Hier ist Larkin, der sich seines
Aufenthalts in Belfast in den Fünfzigern erinnert:

> Einsam in Irland, denn Heimat war das nicht,
> Fremdheit ergab Sinn. Die ätzende Zurückweisung der
> Rede,
> Die so beharrt auf Unterschied, hieß mich willkommen:
> Als das erkannt war, hatten wir Verbindung.

> Zugig die Straßen, den Hügeln zugekehrt, Geruch
> Uralt im Hafenviertel, wie ein Stall,
> Des Heringshökers Ruf verging, er ging,
> Mich anzuprangern als getrennt, nicht als unbrauchbar.

> Dem Leben in England geht solch ein Vorwand ab:
> Dies ist mein Brauch, das meine Etabliertheit,
> Es wäre sehr viel seriöser zu verweigern.
> HIer bürgt kein Anderswo für meine Existenz.

Larkins England im Kopf bildet auf mannigfache Weise eine
Linie mit dem England in Rupert Brookes »Grantchester« und
Edward Thomas' »Adlestrop«, einem England aus Gewohnheiten und Institutionen sowohl industrieller als auch privater Art,
aber auch einem England, dessen idyllisches Hinterland bedroht
ist vom Erfolg ausgerechnet dieser Institutionen. Häuser und
Straßen und Fabriken bedeuten, daß ein bestimmtes England
dabei ist, »Fort, Fort« zu gehen:

                    Es scheint, erst jetzt,
So rasend schnell zu gehn;
Trotz all des frei gebliebnen Landes
Spür ich, irgendwie, zum ersten Mal,
Daß das nicht vorhält,

Daß, bevor ichs schnuppern kann, die ganze
Sippschaft eingeziegelt sein wird,
Von den Touristenteilen abgesehn –
Europas erster Slum: Die Rolle
Wird nicht schwer zu kriegen sein,
Mit einem Stab von Gaunern und von Huren.

Und das wird heißen England Lebewohl,
Den Schatten, Wiesen, Gassen,
Den Gildehäusern, Handgeschnitzten Chören.
Und keine Bücher mehr; fortleben wird es noch
In Galerien; doch was tatsächlich bleibt
Für uns, sind nur Beton und Autoreifen.

Ich glaube, daß dieses Empfinden für etwas, das zu Ende geht,
jeden dieser drei Schriftsteller in eine Art von Pietät gegenüber
ihren lokalen Ursprüngen getrieben und sie dazu veranlaßt hat,
in England hinein- und nicht zu ihm aufzuschauen. Der Verlust
der Macht des Britischen Imperiums, das Versagen ökonomi-
scher Kräfte, der geminderte britische Einfluß innerhalb Europas – alles dies hat zu einem neuen Verständnis des Landes der
Grafschaften, einer Neubewertung der heimischen englischen
Erfahrung geführt. Donald Davie zum Beispiel hat einen Gedichtband mit diesem Titel *The Shires* [Die Grafschaften] vorge-
legt, der den Versuch unternimmt, mit Hilfe persönlicher Erinnerung oder historischer Meditation oder literarischer Verbindungen jede Grafschaft in England mit seiner dichterischen
Phantasie in Verbindung zu bringen. Es ist ein Buch, das zugleich intim und exklusiv ist, eine Topographie von Liebe und
Ungeduld, und es entpuppt sich als ein weiteres Symptom, daß
englische Dichter sich gezwungen finden, nicht einfach nur die

englische Sache zu erkunden, sondern was Sache mit England ist. So habe ich mich einfach erdreistet, teilzunehmen an dieser Erkundungsfahrt durch dasjenige Medium, mit dem England nolens volens uns alle geprägt hat – die englische Sprache selbst.

The Beckham Lecture,
gegeben an der Universität von California,
Mai 1976

Hohelieder für die Erde:
Theodore Roethke

Vor einigen Jahren teilte mir ein amerikanischer Dichter mit, daß er und die Kollegen seiner Generation sich verabschiedet hätten von Ironie und Künstlichkeit und seitdem versuchten, Gedichte zu schreiben, die nicht eben viel beitragen würden zu den in Seminaren über Angewandte Literaturkritik üblichen Untersuchungen. Und ein anderer anwesender Dichter stimmte dem zu, jawohl, er würde nun in englische Lyrik hineinschauen, um herausfinden zu können, welche Bereiche der Renovierung am dringendsten bedürften, und dann wolle er sich auf Experimente verlegen, die diese träge provinzielle Ödnis mit Leben erfüllen sollten. Als Poeten schienen beide infiziert von verkehrten Denkgewohnheiten: Sie hatten sich für ihr Leben als Autoren Haltungen zu eigen gemacht, die im Grunde zum Universitätsdozenten und zum Anthologisten gehören: Generationen als Anliegen, mit ihren wechselnden Moden, einem Glauben, daß ihre Rolle eine komplementäre war und verantwortlich für eine nachweisbare literarische Situation. Denn obwohl zumindest *ein* Zeitgeist wahrscheinlich im Werk eines Dichters registrierbar sein dürfte, sollte er sein Gehirn dennoch nicht zu einem Schmetterlingsnetz machen, um ihn einzufangen.

Eine Bewußtheit für seinen eigenen poetischen Prozeß und ein Vertrauen in die Möglichkeit seiner Poesie – das ist, was ein Dichter sich zu bewahren versuchen sollte; und was immer Theodore Roethke auch gefehlt haben mag, diesen Glauben an seine eigenen schöpferischen Instinkte besaß und pflegte er. Seine Strömung stürmt unaufhörlich voran:

> Wasser ist mein Wille und mein Weg,
> Und der Geist geht, immer wieder,
> Ein und aus in seinen kleinen Wellen,
> Geht mit den unerschrocknen Schnepfen –
> Wie anmutig ist vor der Gefahr die Ruhe!

Das Bemerkenswerte aber an diesem seinem Geist der Wasser ist, daß er trotz aller Bewegung nie sein endgültiges Bett, nie seinen endgültigen Kurs findet. Durch eine Hälfte des Werks hindurch bleibt er eingeschlossen hinter den Riegeln von Reim und strophischer Form; die andere hindurch erhebt er sich, um sich nachher in offenen Formen zu verlieren wie Wasserläufe in weiten Wiesenflächen.

Sein erstes Buch hat das ruhige Leben eines alten Kanals. »Vernal Sentiment« [Frühlingsgefühl(e)] wäre als Titel für diese Ausgabe gar nicht so unpassend gewesen. All die widerstreitenden Elemente in Roethkes Rüstzeug sind abgemildert und zurückgehalten in gesitteten Zwei- und Vierzeilern. Der Sinn für Jux hält sich zurück, der für Naturkräfte zeigt sich entsprechend deutlicher, und derjenige für die Form erscheint ein wenig monoton. Wir haben es hier zum Teil mit dem Fall des jungen Mannes zu tun, der seinem Dämon die Hand auf den Mund legt, denn obwohl das erste Gedicht ausruft –

> Meine Verschwiegenheit ruft laut.
> Ich brauche keine Zunge.
> Mein Herz ist niemals zugebaut,
> Die Türen stehn weit offen

– müssen wir doch erst das ganze Buch lesen, um es glauben zu können. Tatsächlich wird ein Lebenswerk hier fein säuberlich zusammengehalten durch die Klammern der ersten und der letzten Zeilen dieser Gesamtausgabe. Wir gelangen von »My secrets cry aloud«, »Meine Verschwiegenheit ruft laut«, bis zu »With that he hitched his pants and humped away«, »Damit zog er die Hose hoch und buckelte von dannen«; und zwischen der Rhetorik und der Rüpelhaftigkeit wohnt die gesamte wahre Leistung.

Solche Leistung entsteht an den Grenzen der Roethkeschen Erfahrung: Kindheit und Tod sind Elemente, in denen seine beste Arbeit lebendig wird. Und Liebe. Er wuchs auf in Michigan zwischen den weiträumigen Treibhäusern seines Vaters: »Sie waren für mich, das begreife ich erst jetzt, Himmel und Hölle zugleich, eine Art Tropen, erschaffen im wilden Klima von Michigan, wo nüchterne Deutschamerikaner ihre Ordnungsliebe und ihre beängstigende Tüchtigkeit in etwas wirklich Schönes verwandelt haben. Es war ein Universum, mehrere Welten, über die man sich, sogar schon als Kind, sorgte und die man, wenn auch unter Mühen, am Leben erhalten wollte.«

Wachstum, winziges und mannigfaltiges Leben, das wurde Roethkes Thema. Seine zweite Sammlung, *The Lost Son* [Der verlorne Sohn], enthielt die berühmten Treibhaus-Gedichte, eine Wiedereroberung des kindlichen Gartens Eden. Nun resultiert die freie, nervöse Notation natürlicher Vorgänge in einem Gefühl für die Einheit mit kosmischen Kräften und in der stillen Achtung für Ordnung und Entzücken. Diese sind Glaubensakte in einem Zustand der Barmherzigkeit:

Ich höre, wie aus Tiefen, das Saugen und Schluchzen
In meinen Adern, in meinen Knochen fühle ichs –
Die kleinen Wasser rinnen hochwärts,
Endlich teilen sich die dichten Samenkörner.
Wenn Knospen aufbrechen,
Schlüpfrig wie Fisch,
Verzage ich, neige Anfängen zu, scheidenfeucht.

Solch ein Zelebrieren indes war Vorspiel zu Beunruhigung und Verzweiflung. Der Mensch schlägt seinen Weg aus dem Garten Eden ein, doch jenseits des Gartens ist das Leben ohne Halt; Chaos ersetzt Korrespondenz. Bewußtheit vereitelt Gemeinschaft, das Licht der Welt unterliegt dem Schatten des Todes. Bis zum Erreichen der letzten heiteren Gemütsruhe und Anerkennung aller Dinge in einem Tanz des Fließens, wie sie sich in dem postumen *The Far Field* [Das ferne Feld] einstellen, wird Roethkes Werk durch seinen Sündenfall in die Mannheit in zwei gegensätzliche Richtungen auseinandergetrieben. In den letzten Gedichten in dem Band *The Lost Son* und im gesamten Werk von *Praise to the End* [Lobpreis bis zum Ende] gibt es ein apokalyptisches Streben nach Einheit. Dies alles sind große, gegliederte Gedichte, durch welche die Rhythmen von Kinderreimen spuken. Man hat den Eindruck, daß das Vermögen zur archetypischen Darstellung ein wenig manipuliert würde, daß die stakkatohafte Syntax eher dem Effekt denn der Effektivität dient und daß generell hier das Gefühl für aufgebrochene Beziehungen zwischen dem Menschen und seinen physischen wie metaphysischen Elementen vorsätzlich verhüllt wurden. Diese Gedichte sind mehr die Konstrukte *für* die Sprachlosigkeit als Angriffe *gegen* sie. Gleichwohl bewahren sie trotz gelegentlicher Dylan-Thomas-Echos den authentischen Roethke-Klang, den Klang von Energie und Suche:

> Alles ist enger. Ist dies ein Käfig?
> Die Kälte hat vom Mond gelassen.
> Nur die Wälder sind am Leben.
> Ich kann den Dreck nicht heiraten.

In direktem Kontrast zu diesen wandernden Gezeiten des Geistes folgt dann eine Serie streng kontrollierter und feinsinnig dargelegter Meditationen und Liebesgedichte. Nach den unruhigen Metren und dem Surrealismus fängt er nun an, seine affirmativen Impulse einzubinden in eine treibende, jambische Zeile, die in hohem Maße Raleigh und Sir John Davies verpflichtet ist, auch da noch, wo er in einem Moment des Überschwangs erklärt:

> Diese Kadenz nehm ich von einem, der hieß Yeats,
> Ich nehm sie her und geb sie wieder ab.

Die Gedichte tendieren zu strikter Formgebung und zu lebhafter Rhythmik (wie in »the shapes a bright container can contain!«, »die Formen, wie ein strahlendes Gefäß sie faßt!«) und handeln von der Möglichkeit augenblicksgebundener Ordnung, Harmonie und Erhellung. Liebe und Lyrik sind Modalitäten, die innere Konfusion zu ertragen und Leere abzuwehren. Zwischen den gläsernen Wänden des Gedichts kann etwas von der alten paradiesischen Harmonie nachgestellt werden:

Ein Traum von einer Frau, ein Traum von Tod;
Leicht geht die Luft und nimmt von meinem Sein den
                                                Atem;
Ich schaue Weiß, das wandelt sich zu Grau –
Wann gibt mir diese Kreatur den Atem wieder?
Ich lebe nah am Abgrund. Ich hoffe, ich kann bleiben
Bis meine Augen eine hellre Sonne schaun
Als dicht der Schatten langer Nacht aufzieht.

In Roethkes Werk gibt es einen eigentümlichen Bruch zwischen dem an Whitman orientierten katalogisierenden Langgedicht, das sich durch die Akkumulation signifikanter und miteinander verwandter Phänomene auf seine eigene (Auf-)Lösung zuarbeitet, und diesem anderen, lebendigen, traditionellen Artefakt, das zu seiner eigenen vertrauten Musik tanzt. Vielleicht liegt die Erklärung dafür in Roethkes ständigem natürlichen Drang zu preisen, sich Ekstase zu bewahren oder wiederzuerlangen.

Der entspannteren und unbelasteteren Form gehören seine besten Gedichte, die allesamt etwas von franziskanischer Liebe zu allem atmen, was da lebt, und die Idee einer göttlichen Einheit beschwören, die in ihm wirkt. Sie sind Hohelieder für die Erde, wenn man so will, verfaßt in einer Zeile, in der ihr »barbarisches Gewäsch« abgelöst wird durch einen gesitteteren Ton der Danksagung. Wenn er andererseits nicht im Vollbesitz seiner Emotionen ist, wenn also die heitere Gelassenheit fehlt, dann setzt er die handwerklichen Mittel von Metrum, Strophe und Reim ein, um sich und das Gedicht hineinzugeleiten in ein vorläufiges Statement. Die strophischen Gedichte klingen immer, als versuchten sie irgend etwas. Der beste Roethke, die preisende Dichtung also, macht immer den Eindruck, als wären die Zeilen so reif und mühelos gekommen wie Fallobst.

Reife herrscht ganz und gar in dem spätesten Werk, das hierzulande [d. i. in England] zwei Jahre vor seinem Tode erschien. In einem der Gedichte erwähnt er »that sweet man, John Clare«, »diese[n] Mann voller Güte, John Clare«, und man fühlt sich daran erinnert, wie beide Dichter nahe dem Abgrund gelebt, jedoch die extreme Erfahrung aufgelöst haben in etwas

unendlich Sanft-Liebenswertes. »[A]ll's a scattering, a shining«,
»Alles ist Zerstreuen, Leuchten« im Lichte ihrer letzten Lebens-
tage. Ihr Leiden bringt etwas Größeres hervor als nur Masochis-
mus. Roethke reflektiert, als es seine Feldmaus hinauszieht zu
den Gefahren der Felder:

> Ich denke an den Nestling, der in tiefes Gras gefallen war,
> Den Schildkröt, der keucht im Staub des Schotters
> an der Autobahn,
> Und den Gelähmten starr in seiner Wanne, in der
> das Wasser steigt –
> Alles unschuldig, glücklos, aufgegeben.

Er steht außerhalb von Bewegungen, von Generationen, und
sein Werk ist wahres Wachsen. Er scheint bestimmt zum Ziel
neidvoller Aufmerksamkeit, weil er das Echo anderer Dichter
war oder weil die Menschen furchtsam geworden sind vor dem
sanften Zug, der ihm eigen war. Doch die *Collected Poems* sind
damit das wahrhaftige Testament eines Poeten:

> Schmerz durchzieht meine Knochen wie ein verlornes
> Feuer;
> Was brennt mich jetzt auf? Verlangen, Verlangen,
> Verlangen.

Rezension der Collected Poems,
Faber & Faber; erschienen im Listener, *1968*

Tradition und individuelle Begabung:
Hugh MacDiarmid

Zwar dürfte er der Letzte gewesen sein, der auch nur den geringsten Vergleich zwischen sich und einem Engländer zugelassen hätte. Und doch erinnert mich Hugh MacDiarmids Werdegang an den von Wordsworth. Beide haben schon früh einen Weg gefunden, eine individuelle Begabung zu verknüpfen mit einer unterdrückten Tradition; beide bekannten sich zu einer Diktion, die sich völlig bewußt vorherrschenden Moden widersetzte; beide schrieben klassische lyrische Poesie binnen einer kurzen Periode intensiver Kreativität und lenkten dann ihre lyrischen Entdeckungen auf ehrgeizigere Ziele, indem sie lange meditative Poeme verfaßten, in denen sie ihre persönlichen poetischen und öffentlichen Welten miteinander verwoben zu einer einzigen großen künstlerischen Form. *The Prelude* und *A Drunk Man Looks at the Thistle* [Ein trunkner Mann beschaut die Distel] sind die zentralen Errungenschaften innerhalb des Wordsworthschen bzw. MacDiarmidschen Kanons, die als Plateaus kennzeichnender Vortrefflichkeit aufragen. Den Weg zu ihnen hin wies das jeweilige Frühwerk, und unvermeidlicherweise muß beider Spätwerk in ihren Schatten gesehen werden.

Und es entspricht auch (dem jungen) Wordsworth, daß MacDiarmid ein Gefühl hat für eine enervierende kulturelle Situation – er sah die schottische Zivilisation durch Einflüsse südlich der Grenze verdammt und verurteilt an –, und dieses Gefühl ist aufs engste verbunden mit seinen linguistischen Obsessionen. Nicht so sehr, um die Stammessprache zu läutern, als vielmehr, um sie wiedereinzusetzen, machte er sich auf den Weg und tat das mit einer Leidenschaft, die so philologisch war, wie sie poetisch war. Für seine Sageweise benötigt man Wörterbücher. Lallan, das Tieflandschottisch seiner dichterischen Sprache, entstammt zwar einer von Menschen gesprochenen Sprache, genauer: dem Dialekt seiner Heimat in der Gegend um Langholm in Dumfriesshire; seine pompöse Attraktivität aber erlangt ihre eigentliche Qualität erst durch die nicht eben seltenen Trivialitäten seines Englisch. Denn gelegentlich spricht er eine Sprache, die man in Langholm gar nicht kennt. Auf der einen Seite bekommt man die sich ihrer selbst erfreuende Flut von »Water Music« [Wassermusik], wo das Schottische und das latinisierte Englische sich gleichsam unter einem Regenfall aus Energie ineinanderrollen:

> Archin' here and arrachin there,
>   Allevolie or allemand,
> Whiles appliable, whiles areird,
>   The polysemous poem's planned.
> Lively, louch, atweesh, atween,
>   Auchimuty or aspate,
> Threidin' through the averins,
>   Or brightsom in the aftergait.

Hier also hat man eine Dichtung, die zu kommunizieren vermag, noch bevor sie verstanden worden ist, in der nämlich die auditive Phantasie vollkommen dazu in der Lage ist, zu einer elementaren Bedeutungsschicht vorzudringen, die durch die Musik des Vokabulars zur Sprache wird, wie fremdartig dieses Vokabular auch sein mag. Wie soll man, auf der anderen Seite, reagieren auf einen Passus aus »On a Raised Beach« [Auf einem Hochstrand]?

> What artist poses the Earth écorché thus,
> Pillar of creation engouled me?
> What eburnation augments you with men's bones,
> Every energumen an Endymion yet?
> All the other stones are in this haeccity it seems.
> But where is the Christophanic rock that moved?
> What Cabirian song from the catasta comes?

Hier herrscht eine Unsicherheit in bezug auf die Sprache, wie sie nicht nur MacDiarmid eigen ist, sondern auch anderen, die im allgemeinen in Englisch schreiben, insbesondere aber aus einer

Region stammen, in der Kultur und Sprache nicht im Einklang sind mit Äußerungsweisen und Gebärden des Standardenglisch. Es kann ein Stilproblem für Amerikaner, Westinder, für Inder, Schotten und Iren sein. Joyce hat aus dieser Befangenheit einen Mythos und einen Modus gemacht, aber er unternahm das, indem er es mit der englischen Sprache direkt aufnahm und deren Genius sozusagen mit bloßen Händen zu Boden gerungen hat, so daß sie sich da niederstreckte, wo alle ihre Leitern zu stehen kommen – im Trödelladen indoeuropäischer Ursprünge und Beziehungen. Und genau dieser Joyce ist es, der in den Eingangszeilen von »Water Music« angesprochen wird:

> Wheest, wheest, Joyce, and let me hear
> Nae Anna Livvy's lilt,
> But Wauchope, Esk and Ewes again
> Each wi'its ain rhythms till't.

In dem Gedicht werden das Lokale und das Eingeborene, die beide auch Joyces Obsessionen waren, eng verbunden mit den mündlichen und instinktiven Charakteristika der Region und mit der Intensität und Zungenfertigkeit der regionalen Diktion. Zugleich verkörpern sie sowohl persönliches Gefühl als auch technische Virtuosität, scheuen das Experiment und kosmopolitische Perspektiven, frönen keiner vergleichenden oder allumfassenden Flußmythologie. Der Mann, der das Gedicht schreibt, ist offenkundig literarisch gebildet, wählt jedoch eine lokal begrenzte Geographie und ein entsprechendes Idiom, das danach strebt, die Welt in seinem kleinen Verfügungsraum zu bezwingen statt einzubeziehen.

»On a Raised Beach« fährt fort in völlig anderen Linien. Sind Burns und Dunbar Zuflüsse zum Lallan-Strom, dann quält der ungeheure und absurde Schatten von William McGonogall zuweilen MacDiarmids Englisch – die epische Stimme gerät epileptisch:

Diallage of the world's debate, end of the long auxesis,
Although no ebrillade of Pegasus can here avail,
I prefer your enchorial characters – the futhore
                              of the future –
To the hieroglyphics of all other forms of Nature.

Indem er eine Poesie der Ideen versucht, kann MacDiarmid schreiben wie ein geisteskranker Lexikograph. Was in seinem phantasmagorischen Englisch fehlt, besaß Joyce im Übermaß, eben den Sinn für das Lächerliche, einen Zwang zur Parodie. Wenn seine Stirn sich vor ernsthaftem Ehrgeiz in Falten legt und seine pedantische schottische Baßpfeife mit ihrem erbarmungslosen Orgelpunkt anhebt, dann werden wir Zeugen der erstaunlichen Metamorphose eines Genies in einen Langweiler. Er schmückt die Einsichten eines Dichters aus mit dem »Jargon« der Enzyklopädie. Und während seine Absicht etwa in »The Kind of Poetry I Want« [Die Art von Dichtung, die ich fordere] explizit ist – »eine Dichtung voller Gelehrsamkeit, Expertise und Ekstase«, »eine Dichtung wie ein OP«, eine marxistisch-humanistische Dichtung von modernem Bewußtsein und Erfahren –, nimmt sich seine Ausführung nicht selten aus wie ein Transportmittel für seine großen Gaben auf das Niveau des Trivialen. Gleichwohl, wenn er erfolgreich ist, wie in bezug auf Flüssigkeit und Würde in »Island Funeral« [Inselbegräbnis], dann ist das Resultat eine ungewöhnlich direkte und zentrale Ernsthaftigkeit – die eines Menschen, der Menschen anspricht.

In *A Drunk Man Looks at the Thistle* erwirbt MacDiarmid der modernen Lyrik das Image des Dichters wieder zurück, wie es das Vorwort zu den *Lyrical Ballads* umreißt: dasjenige eines mit lebhafter Sensibilität, ungewöhnlichem Enthusiasmus und ebensolcher Zärtlichkeit, mit großem Wissen um die menschliche Natur ausgestatteten Mannes, eines Mannes, der sich delektiert am Geist des Lebens, der ihm einwohnt, und der entzückt meditiert über die Verfügbarkeit von Willenskraft und Leidenschaften als Ausdruck kosmischer Prozesse im Universum. Das Gedicht ist auf schottisch geschrieben, und sein Protagonist ist ein des Scotchwhiskys voller Mann – aber sogar das wird »verschnitten«, wie in »the stuffie's no' the real Mackay«, »das Zeuch's nich das Waahre« –, der eine ganze Mondscheinnacht lang darüber nachgrübelt, warum ihn die Frau, die er liebt, hat sitzen lassen. Solch eine Figur in solch einer Situation gestattet MacDiarmid die Dramatisierung einer verblüffenden Menge von Stimmungen, erlaubt ihm Meinungen zu artikulieren, »reine« und »didaktische« Effekte zu erzielen, komisch zu sein, elegisch, satirisch oder tragisch, je nachdem, wie der Drink im Sprecher brennt oder stirbt. Er ist mehr aus Fleisch und Blut als Tiresias, domestizierter als Crazy Jane, rauher als Crispin, aber trotz seines regionalen Akzents spricht er doch die Sprachen all dieser denkwürdigen Schöpfungen unserer Tage.

Rezension von M. Grieve, A. Seoú,
The Hugh Mac Diarmid Anthology,
Routhledge and Kegan Paul, 1972,
erschienen in: Hibernia, *1972*

Eine denkwürdige Stimme:
Stevie Smith

Stets der verblüffenden Definition aufgeschlossen, erklärte W. H. Auden einmal, daß Dichtung denkwürdige Rede sei. Die *Collected Poems* der unlängst verstorbenen Stevie Smith geben Anlaß zur Revision: Dichtung ist denkwürdige Stimme. Die unbekannte Größe in meiner Reaktion auf das Buch war die Erinnerung daran, wie diese Dichterin ihre eigenen Texte las, mit einer Stimme zwischen Gezeter und echtem Wehklagen und einer seltsamen Haltung, mit der sie dem Publikum einerseits seine Zuneigung für sie gestattete, es andererseits aber mit einer schnellen ironischen Wendung auf Abstand hielt. Sie schien Züge von Gretel *und* der Hexe in sich zu vereinigen, zugleich verletzbar und tüchtig zu sein, eine Art *sean bhean bhocht** der London-nahen Grafschaften, mit der Weisheit eines alten Weibes und der großäugigen Neugier eines jungen Mädchens. Sie sang ihre Gedichte in kunstvoller Weise ohne Tonart, in schönem, weil brüchigen *cantus planus,* der zwei Arten der auditiven Erfahrbarkeit vermittelte: die eines verlegenen Partystücks, aufgeführt von einem Kind, das nicht weiß, ob es weinen oder loskichern soll, oder aber die einer beabsichtigten *faux-naif*-Version, dargebracht von einer Virtuosin.

Das ist es, was den gesamten Fragenkomplex um Dichtung fürs Auge kontra Dichtung fürs Ohr aufwirft: Das »kontra« mag dabei ein zu starkes Wort sein; gleichwohl gibt es Dichter, deren Werk erhöht und in seiner Kraft anzurühren verstärkt wird, wenn wir erst einmal die charakteristische Tonlage, die Rhythmik und Textur der physischen Dichterstimme erkannt haben. Die gravitätischen inneren Melodien eines Wallace Stevens beispielsweise werden begreifbarer, wenn man die Gelegenheit gehabt hat, die Caedmon-Platte zu hören, auf der er »The Idea

---

* Aus einem Lied aus dem 18. Jahrhundert, ein weiteres Irland-Synonym, das der kleinen, alten Frau. Vgl. S. 29.

of Order at Key West« [Die Idee von Ordnung in Key West] liest. Genauso werden Robert Frosts Wort mit jeder Erinnerung an seine Berg-und-Tal-Gangart lebendiger, eben die harten und doch fließenden Konturen seines Akzents. Und ich bin sicher: Coleridges Erregung, als er zum ersten Male Wordsworth lesen hörte, war ebensowohl die Reaktion auf den *Klang* des Gedichtes wie auf das, worauf es abzielte.

Doch im Falle von Stevie Smith handelt es sich, falls man sie hatte lesen hören, bei der Lektüre nicht einfach um eine zusätzliche Befriedigung am Gedicht auf der gedruckten Seite. Bei ihr geht es um die ganze Fragestellung nach dem Verhältnis zwischen einer entsprechenden Stimme, einer literarischen Stimme (oder einem solchen Stil) und der Sprechweise, die geteilt wird von einer und typisch ist für eine bestimmte soziale und kulturelle Gruppierung. Anders gesagt: Es ist von vorrangiger Bedeutung, der Anerkenntnis dieser Gedichte ein Ohr zu vermitteln, das sich der Längen und Schärfen, der nuancierten Untertreibungen und taktischen Intonationen des gesprochenen Englisch der gebildeten Mittelschicht bewußt ist. Das Element, in dem dieses Werk überleben kann, ist das einer vornehmen, gleichwohl ernüchterten Herkunft, und wenn ich mir auch zum Beispiel sehr gut vorstellen kann, was der Reverend Ian Paisley Schönes aus Yeats' »Under Ben Bulben« macht, so vermag ich mir doch nicht auszudenken, wie Stevie Smiths idiosynkratische Rhythmen und Metren die energische Haut-den-Lukas-Emphase von North Antrim überleben könnten.

Man fühlt sich versucht, Wörter zu benutzen wie »fey«, »arch« und »dotty«, »entrückt«, »kokett« und »unsicher«, wenn man mit diesen fünfhundertsiebzig Seiten konfrontiert ist; und dennoch bedeuteten diese Adjektive, Stevie Smiths Werk mit Verachtung zu strafen. Diese seltsamen synkopierten, melancholischen Poeme sind durchzogen von der primitiven und unwiderstehlichen Musik von Ballade und Kinderreim. Die aber ist von einem empfindlichen und leicht »frisierten« poetischen Ohr transportiert worden zu einer leisen, traurigen Salonmusik der Humanität:

Er sagte über sie kein Wort zu uns
Und wir ihm ebenso,
Doch ach es drückte uns zu sehn
Wie fahl er wurde und wie dünn.
Wir sagten: Sie verzehrt ihn Tag und Nacht
Und saugt das Blut ihm aus,
Wir wußten nicht, wir sagten nur wir dächten
Daß dies es war, warum er ward so dünn.

Da ist Vielfalt und Erfindungsreichtum, viel Humor und Verständnis, aber auch eine beständige Schärfe. Ihre Gabe bestand
darin, daß sie zwischen den Wörtern ein eigen-tümliches emotio-
nales Wetter schuf, einen Sinn für das Mitgefühl gegenüber
Verletztem und Unerfülltem, wie in dem anthologienträchtigen
»Not Waving but Drowning« [Nicht Winken – Ertrinken] oder
auch in diesem, beinah zufällig ausgewählten Gedicht:

Die schönen Blumen werd ich nie vergessen
Und dich in deinem schönen Kimono
Wie du geduckt gesessen wie eine
Tigerin vorm Sprung und meintest
Mit deiner Liebe für mich wär es aus.

Ich hab vergessen, was ich fühlte, als du so böse zu mir warst
Ich weiß nur noch, falls du es warst, daß ich mir nichts draus
                                        machen sollte.
Pah, ich mir übertrieben vorzukommen, wütend, traurig,
Die Kraft dazu ging mit den Jahren,
        Und ich tapf leise fort, tapf, tapf.*

Stevie Smith erinnert an zwei Lears: den altgewordenen König,
der durch Leid zu Wissen und Freundlichkeit gelangt ist, und
den alten komischen Poeten Edward, wie er zum Nonsens kon-
vertiert. Ich denke, daß schließlich und endlich das Adjektiv
»exzentrisch« heißen muß. Sie schaut in die Welt hinein mit einer

* abccb ddefe

Art mentalem »Silberblick«; der Spiegel, den sie der Natur vorhält, weist eine beunruhigende Verkrümmung auf.

Tod, Verfall, Einsamkeit, Grausamkeit, das Entstellte, das Dumme, das Unschuldige, das Vertrauensvolle – ihre Anliegen waren zentraler Natur, ihr Mit-Leid echt und ihre Vision fast tragischen Charakters. Und dennoch sind unterm Strich die Stimme, der Stil, die literarischen Mittel den schwermütigen Erkenntnissen nicht gewachsen, dem verwundeten *joie de vivre,* dem vereinsamten Geist, alldem, das sie ursprünglich ausdrükken sollten. Es gibt da einen Rückzug von der Resonanz, geradeso, als hätte der Geist A. A. Milnes siegreich gerungen mit dem Geiste von Emily Dickinson.

Die genetischen Beziehungen, welche die Formen dieser Gedichte häufig zum *clerihew** und zur Karikatur aufweisen, vermeiden, daß sie zu jener Art der großen Orchestrierung gelangen, nach der die Ohren zu spitzen sie uns ständig vorführen. Und wenn sie wirklich das sind, was der Audenschen Definition genügen könnte, dann erreichen sie dennoch nicht jene absolute Intensität, die in Emily Dickinsons Definition eingefordert wird: Man hat beim Lesen nicht den Eindruck, sie hätten einem die Schädeldecke weggepustet. Im Gegenteil: Man fühlt sich dazu überredet, den kühlen, klaren Kopf zu bewahren, um jeden Preis.

Rezension von Stevie Smith,
Collected Poems, *Allen Lane, 1975,*
erschienen in: Irish Times, *1976*

* vierzeiliger humoristischer Vers

Das Meer von Licht

E. M. Forster hat einmal gesagt, er stelle sich *A Passage to India* [Eine Reise nach Indien] vor als ein Buch mit einem Loch in der Mitte. Es gibt auch Gedichte, die so gebaut sind. In ihrem Zentrum haben sie nämlich Öffnungen, durch die sie den Leser hindurch- und über sich hinauslocken, zum Beispiel Shakespeares Sonett Nr. 60:

> Gleich wie die Wogen tun zum steinigen Strand
> Fliehn unsre Stunden ihrem Ende zu,
> Tauscht jede ihren Platz mit der, die schwand,
> Woll'n alle vorwärts ohne Rast und Ruh.
> Gebornes, einmal in dem Meer von Licht,
> Ringt sich zur Reife, und wenn's sie gewann,
> Finstre Entstellung seinen Ruhm beficht,
> Und Zeit, die gab, schlingt ihre Gabe dann.

Da geschieht etwas Visionäres in der fünften Zeile. »Gebornes«, ein abstraktes Nomen, das in einem schwingenden Leib aus Klang wohnt, baut ein warnendes Zittern auf, unmittelbar bevor das geistige Auge geblendet wird von »dem Meer von Licht«, und für den Bruchteil einer Sekunde befinden wir uns in der welt des *Paradiso*. Der Rest des Gedichts lebt melodiös in einer Welt des Diskurses, aber es ist dieses unvorhergesehene Ausholen in die Sphäre reinen Seins, welches das Sonett mit Shakespeares extravagantem Genius adelt.

Insofern, als es sich dabei um ein Gedicht handelt, das wachsam gegenüber den Wechselfällen des Lebens, aber doch auch durchdrungen ist von einer Sehnsucht nach etwas naheliegend »rein Heiterem«, formuliert das Sonett *en miniature* vor, was den ganzen betroffen machenden Tenor von Philip Larkins Dichtung ausmacht. Im Falle Larkins reagieren wir ständig auf die Melodie der Intelligenz, auf Lyrik, die so sehr Kommentar ist, wie sie Präsentation ist; und es ist diese Begegnung eines mitfüh-

lenden, nicht zu täuschenden Geistes mit seinen eigenen Katego-
rien – die wir als auch die unseren zu erkennen veranlaßt
werden –, was seiner Dichtkunst ihre naheliegende Anziehungskraft verleiht. Und doch, wiewohl Larkin exemplarisch ist in der
Art und Weise, in der er die Bedingungen des zeitgenössischen
Lebens erforscht, Alibis verweigert und das Bewußtsein auf
einen exponierten Zustand hintreibt, der weder Zynismus noch
Verzweiflung ist, überlebt in ihm doch ein Aufbegehren für eine
kristallinere Realität, der er sich in Treue verpflichten könnte.
Sobald dieses Aufbegehren seinen Ausdruck erlangt, bricht
etwas auf, und es entstehen Augenblicke, die es verdienen,
visionär geheißen zu werden. Weil er jeder leichtgewichtigen
Tröstung mißtraut, geht er sparsam mit solchen Augenblicken
um. Gleichwohl, wenn sie da sind, dann strömen sie ein in die
diskursive und anspruchsvolle Welt seiner Dichtung mit solch
vertrauenswürdiger Kraft, daß sie ganz einfach nach Aufmerksamkeit verlangen.

In der Einführung zur Wiederveröffentlichung seines *The
North Ship* [Das Nordschiff] erinnert sich Larkin an ein heiteres
und lehrreiches Ereignis aus der Zeit seiner Yeats-Vernarrtheit.
»Ich erinnere mich, wie Bruce Montgomery dabei war, wie ich
zum dritten oder vierten Mal *When such as I cast off remorse, so great
a sweetness flows into the breast* ... herunterleierte und er explo-
dierte: ›Als wenn das sein Job wäre, sein Mitleid abzuwerfen [cast
off remorse], statt sich Vergebung zu verdienen.‹ Aber schließlich hatte Bruce Montgomery auch Charles Williams gekannt.«
Larkin erzählt die Anekdote, um seine frühzeitige Unterwerfung unter Yeatsens Musik zu illustrieren, aber auch, um seine
Wertschätzung der antiromantischen, moralisch empfindlichen
Haltung zu kennzeichnen, die Montgomery vertrat und die
schließlich auch zu seiner Konversion zu der Lyrik Thomas
Hardys führen sollte. Gleichwohl illustriert sie jenen Appetit auf
Süße, die in den Busen wogt, auf das Gefühlserleben von Offenbarung, eine Sehnsucht, die ihn nie verließ. Der Austausch
zwischen Montgomery und ihm selbst nimmt die Gestalt des
ungelöst gebliebenen Streits vorweg, der die gesamte reife Dichtung durchziehen wird – des Haders zwischen Vision und Erfah-

rung. Und wenn es auch die antiheroische, läuternde, humanistische Stimme ist, der die Mehrheit der guten Zeilen im gesamten späteren Kanon zugestanden wird, so vermag das Tadelnde in ihr dennoch nicht völlig das Yeatssche Bedürfnis nach wogender Süße zu verbannen.

Diese Süße wogt in die Dichtung am glaubwürdigsten hinein als ein Strom von Licht. Tatsächlich steckt etwas Yeatssches in der Art, in der Larkin in *High Windows* [Hohe Fenster] sein Sonnengedicht direkt gegenüber und als Antwort auf sein Mondgedicht plaziert: »Sad Steps« und »Solar« begegnen also einander auf der aufgeschlagenen Seite wie die zwei Hälften seiner in einen Dialog eingetretenen poetischen Persönlichkeit. In »Sad Steps« ist die wache Intelligenz für einen Moment versucht durch lunares Blendwerk. Der Renaissancemond von Sir Philip Sidney zieht nahe vorbei, und die Lockung, sich dem »enormous yes«, das der Liebe erwächst, hinzugeben, ist außerordentlich stark, sogar für einen Mann, der gerade vom Pinkeln zurückkommt:

> Und teil den schweren Vorhang und bin hin
> Wegen der schnellen Wolken, der Gepflegtheit
> des Mondes.

> Vier Uhr früh: In Keilschatten liegen unter
> porösem, windgerupftem Himmel Gärten.

Seine Verwundbarkeit gegenüber Begehren und Hoffnung sind übersetzt in die Tennysonische Kadenz der letzten anderthalb Zeilen, doch sogleich strafft sich die angestrengte Stirn – »There's something laughable about this«, »Das hat etwas Erheiterndes« –, nur um wieder in Versuchung zu geraten durch einen Traum des Voll-Seins, dieses Mal aber im Sinne dessen, was die Sprache selbst symbolistisch transportiert – »O wolves of memory, immensements!«, »Oh Wölfe der Erinnerung, Riesenheiten!« Schließlich kommt er, natürlich, heraus mit einem entschiedenen zeilenschließenden »No«. Er weigert sich, den Versuchungen der Melodie die Chloroformierung der Forderungen seines gesunden Menschenverstands zu gestatten. Die Wahrheit siegt äußerst knapp über die Schönheit, und während der Reiz des Gedichts in seiner ungetrösteten Klarheit über die Zeiten des Alterns liegt, neigt man wesensmäßig eben doch dazu, jenes symbolistische Loch in der Mitte möglichst rasch auszufüllen.

Den großen Sehnsüchten indessen, die in »Traurige Schritte« mit Hilfe der Ratio in festem Griff bleiben, wird in »Solar« Raum genug gegeben, für das »klettern und kehren wieder / Wie Engel«. Dies ist, unverblümt, ein Gebet, ein Hymnos an die Sonne, der einen Großmut freisetzt, welcher auch dann nicht geschmälert wird, wenn wir ihn zweimal lesen und entdecken, daß das Gepriesene ebenso phallisch wie solar sein könnte. Während der Mond »preposterous and separate, / Lozenge of love! Medaillon of art!« ist, »lachhaft und abgeschieden, / Rhombenwappen der Liebe! Medaillon der Kunst!«, dargestellt in der Sprache des ironisierenden, emotional defensiven Mannes, ist die Sonne* ein »lion face« (Löwengesicht), »an origin« (ein Ursprung), »petalled head of flames« (Blütenhaupt aus Flammen), »unclosing like a hand« (handgleich entballt), allesamt Formeln für das Gefühl in Reinkultur. Das Gedicht ist unerwartet und kühn, dicht am Pulsschlag primitiver Poesie, geschützt durch keinerlei trickreichen Einsatz von Ton oder Maske. Hier ist Larkin kühn genug, ungeschützt der vollen Kraft des Lichtes ausgesetzt zu sein, weit entfernt von dem Mann ohne Hut, der in linkischer Ehrerbietung seine Fahrradklammern abnimmt:

> Geprägt dort unter
> Einsamen Horizontalen
> existierst du ganz offen.
> Unsre Nöte klettern und kehrn wieder
> Wie Engel, stündlich.
> Dich entfaustend wie eine Hand
> Gibst du, lebenslang.

---

* Im Englischen ist die Sonne ursprünglich männlich, der Mond weiblich

Das sind die Worte eines Mannes, der überrascht ist von »einem Hunger nach sich selbst, ernsthafter zu sein«, obwohl nichts in dem Gedicht ist, was der fröhliche Atheist nicht würde akzeptieren können. Dennoch öffnet Larkin in dem »Engel«-Gleichnis und dem allgemein choralen Ton des Ganzen Ventile, die er für gewöhnlich nicht zu drücken pflegt; und genau diese Ventilklappen sind es, die sich als lebenswichtig für die Kraft und Reinheit seines Werkes erweisen.

»Deceptions« [Trugbilder] beispielsweise ist für seine entscheidende poetische Kraft angewiesen auf ein helles, ruhendes Zentrum. Das Bild eines Fensters erhebt sich, um die Fakten für einen Schmerz aufzunehmen und sie sogleich in Schach und im Brennpunkt zu halten. Was in dem vergewaltigten Mädchen vorgeht, liegt offen da »wie ein Schubfach voller Messer«, und fast die ganze erste Strophe registriert die totenstille Empfindsamkeit, ausgelöst durch glitzernde Klingen und die wechselnden Stimmungen des nachmittäglichen Lichts. Worüber wir im Religionsunterricht unter dem Thema »Das Mysterium des Leidens« nachdachten, das wird nun ganz real in der Summe der Empfindungen aus absoluter Ruhe und Trauma, indem ihr Gestalt verliehen wird durch Bilder, die uns in eine ungeschliffene Identifikation mit dem Mädchen hineinzwingen:

> Der Sonne gelegentlicher Abdruck, die brüske kurze
> Unruh von Rädern entlang der Straße draußen
> Wo bräutlich London sich auf andre Art verneigt,
> Und Licht, hoch, breit und nicht beantwortbar
> Der Narbe untersagt zu heiln und Scham austreibt
> Aus dem Versteck. Den ganzen ungehetzten Tag
> Liegt deine Absicht offen wie ein Schubfach voller Messer.

Es ist diese lichterfüllte Weitung am Herzen des Gedichts, die es transponiert aus der Klage in das Begreifen und den Weg freimacht für die beißende Ironie der Schlußzeilen. Ich habe keinen Zweifel, daß Larkin jedwede Deutung zurückgewiesen hätte, dergemäß die Schönheit der von mir zitierten Zeilen ein Mildern des Schmerzes bedeuteten, wie ich auch keinen Zweifel darüber habe, daß er den Rat an Wordsworth in »The Ruined Cottage« gleichermaßen zurückgewiesen hätte, wo er, nachdem er von den langen Leiden Margarets berichtet hat, an den Dichter appelliert, »weise zu sein und heiter«. Und dennoch entspringt des Hausierers Ratschlag seinem Erfassen von »einem Bild der Ruhe«, das gutenteils genauso funktioniert wie eine Larkin-Stelle:

> Gerade diese großen Federn
> Dieses Unkraut und an der Wand das hochgeschossene
> > Lanzettgras,
> Von Dunst und stummen Regentropfen übersilbert.

Es ist die Authentizität dieses Moments der Befriedung, die in gewissem Maße des Hausierers Optimismus garantiert; in ähnlicher Weise trägt die »leere« Zärtlichkeit am Herzen des Larkinschen Gedichts dieses über Ironie und Bitterkeit hinaus, um es zugleich in Sachen billigen Trostes kurzzuhalten: »I would not dare / Console you if I could«, »Ich würd nicht wagen dich / Zu trösten, wenn ichs könnte«.

Weil Larkin ein ebenso expliziter wie evokativer Dichter ist, kann es nicht weiter überraschen, ihm als einem Präger von Begriffen zu begegnen, die exakt die Art von Wirkung beschreiben, von der ich spreche: »Here«, das erste Gedicht in *The Whitsun Weddings* [Die Pfingst-Hochzeiten], schließt damit, daß es definiert wird als ein Gefühl von »ungeschützter Existenz« und daß die Erfahrung mitgeliefert wird, die für diese großräumige Abstraktion bürgt.

> Hier steht das Stumme
> Wie die Hitze. Hier wachsen Blätter unbeachtet dichter,
> Verborgnes Unkraut blumt, gering geschätzte Wasser
> > werden rascher,
> Luft steigt, von Klarheiten bevölkert, auf;
> Und hinterm Mohn, der bläulich-sachlich fern,
> Endet das Land abrupt und jenseits eines Strands
> Von Formen, Schindeln. Hier west entgrenzte Existenz:
> Der Sonne zugewandt, wortkarg und nicht zu greifen.

Das ist ein Ausgang, der den Ausgang von Joyces »The Dead« [Die Toten] ins Gedächtnis ruft – und wirklich, die *Dubliners* sind ja auch ein Buch, das dem Larkinschen Geiste sehr nahe steht, weshalb des letzteren Werk auch gut und gerne unter den Titel *Englanders* passen würde. Diese abschließenden Zeilen konstituieren eine Epiphanie, eine Flucht aus der »skrupulösen Niedrigkeit« der desillusionierten Intelligenz, und wir brauchen nur »Here« mit »Show Saturday« zu vergleichen, einem weiteren Gedicht, das sich seine eigene Form vermittels der Akkumulation von Details sucht, um zu erkennen, wie lebenswichtig für den Erfolg von »Here« diese Geste hin zu einem Bereich jenseits des Sozialen und Historischen ist. »Show Saturday« bleibt überfrachtet von naturalistischen Daten, und während sein Schluß auf schöne Weise einem nostalgischen Patriotismus Ausdruck verleiht, der auch einen wesentlichen Bestandteil des Rüstzeugs dieses Dichters darstellt, ist die erlangte Tonlage doch weniger eine der laut schallenden Vision als vielmehr die Sache einer liturgischen Wunschhaltung: »Auf daß es auf immer so sei.«

»Riefe man mich / Zum Religionsdenker / Ich machte vom Wasser Gebrauch« – aber ebenso gut könnte er Gebrauch von »Here« machen und von »Solar« und »High Windows« und von »The Explosion« und »Water«, dem Gedicht, aus dem die Zeilen stammen. Es stimmt schon, daß der sorglose Ton dieser Zeilen ebenso wie das Aufschlagvokabular später im Gedicht mit einem »sousing, / A furious devout drench«, »stößt herab, / Ein wütendfrommer Guß« Hinweise sind auf Larkins Unwohlsein in bezug auf den sich selbst gestellten Auftrag. Aber ebenso wie »Solar« und »Here« Bequemlichkeiten opfern, wo »ungeschützte Existenz«, ohne den Skeptiker in Verlegenheit zu bringen, Raum finden kann, ihre reine Anziehung offenzulegen, so flüchtet sich auch »Water« aus seiner Nonchalance des Mannes von Welt in eine letzte Strophe, die wie eine natürliche Monstranz hochgehalten wird über das sozial defensive Idiom des Restgedichts:

Und daß ich ein Glas Wasser höb
Zum Osten hin
Wo Licht von allen Winkeln her
Sich sammeln würde ohne Ende.

Das winzige Licht macht in Larkins Dichtung seine Anwesenheit
spürbar; er vermochte dem romantischen Dichter in sich selbst
nicht widerstehen, der gewissermaßen ausruft: »Already with
thee!«, »Schon bei Euch!« Die Wirkungen sind vielfältig, aber sie
sind allesamt außergewöhnlich, von den Ex-und-hopp-Überraschungen wie »a street / Of blinding windscreens«, »eine Straße /
Blendender Windfänge« oder »the differently-swung stars«,
»die anders aufgehängten Sterne« oder »that high-builded
cloud / Moving at summer's place«, »diese hoch gebaute Wolke /
Bewegt sich in des Sommers Schritt« bis hin zu den Sopranwonnen dieser Strophe aus »An Arundel Tomb« [Ein Arundelisches
Grab]:

> Schnee fiel, datumslos. Licht
> Drängte sich allsommerlich ins Glas. Ein heller
> Wurf aus Vogelrufen bestreute den selben
> Knochenunterpflügten Grund. Und dann, den Pfad hinan,
> Kamen die endlosen, die veränderten Leute,*

– und von solcher Beschränkung hin zur manischen Attacke wie
hier, in »Livings, II«:

> Von Lichtglanz bewacht
> Legte ich Teller und Löffel aus
> Und danach die Karten.
> Erhellte, sanft geneigte Linienschiffe
> Ertasten sich wie irr Welten gen Westen.

* aabcb

Licht, so machtvoll assoziiert mit freudiger Zustimmung, wird sogar noch nutzbar gemacht für eine erbarmungslos geriatrische Vision der Dinge in »The Old Fools« [Die alten Narren]:

> Vielleicht heißt Altsein Zimmer mit hellen Lampen haben
> Im Kopf drin und Leute in den Zimmern, die was tun.

Und am Ende von »High Windows« wird es sogar noch unerwarteter gebrochen, und zwar dort, wo eine Art von Helligkeit, die Helligkeit des Glaubens an Befreiung und Läuterung, aus dem Äther fällt, der sich sogleich mit einem ganz anderen, allumfassend neutralen Glanz erfüllt:

> Und sofort
> Kommt statt Wörtern der Gedanke an hohe Fenster:
> Das sonnenverständige Glas,
> Und hinter ihm die tiefe blaue Luft, die nichts
> Zeigt und nirgendwo ist und endlos ist.

Alle diese Augenblickssituationen entstammen den tiefsten Schichten in Larkins dichterischem Selbst und sind verbunden mit noch einer anderen Art von Stimmung, die sein Werk durchdringt und die durchaus elysisch genannt werden kann: Ich denke insbesondere an Gedichte wie »At Grass« [Auf der Weide], an »MCMXIV«, an »How Distant« [Wie fern] und, eines der jüngsten, »The Explosion«. Um auszuborgen, was Geoffrey Hill von Coleridge borgte: Dies sind Visionen »des geistigen, platonischen Alt-England«, in denen das Licht angenehmer wird durch dessen Anbindung an eine Traumwelt, die nicht negiert werden wird, weil sie auf dem Grund der Sensibilität des Dichters existiert. Es ist das Licht, das auf Langlands Malvern lag, »zu Sommers Zeiten, da weich die Sonne war«, nämlich zugleich örtlich gebunden und zeitlich ungebunden. In »The Explosion« ist aus dem Feld mit all seinem Landvolk darauf ein Kohlerevier geworden, und etwas, das Larkin mit seinen Bergleuten teilt, »breaks ancestrally ... into / Regenerate union«, »zerbricht ererbt ... in / Neubelebte Einheit«.

Die Toten gehen uns voran, sie
Sitzen behaglich in Gottes Haus,
Wir werden sie sehen, Auge in Auge –

Klar wie in Kapellen die Beschriftung
Wurde es gesagt, und eine Sekunde lang
Sahn Frauen Männer durch die Explosion

Viel größer, als sie's im Leben schafften –
Golden wie auf einer Münze, oder irgendwie
Kamen sie aus der Sonne auf sie zugewandelt

Einer zeigte die unzerbrochenen Eier.

Hätte Philip Larkin je seine eigene Fassung der *Göttlichen Komödie* komponiert, dann hätte er sich selbst wahrscheinlich nicht inmitten eines dunklen Waldes gesehen, sondern eher mitten in einem Eisenbahntunnel auf großer Fahrt durch England. Sein eigentliches Inferno wäre vor Tagesanbruch ausgebrochen, als eine von Tod durchdrungene Alba, aus der er mitten hinein in das lichtdurchwirkte Zimmer im Kopf eines alten Narren entwichen wäre, mit nachfolgendem purgatorischen Aufstieg durch den »Strahlenkamm« irgendeines Krankenhausbaus, in dem Männer in gemieteten Schachteln auf einen windgezausten Himmel hinausstarren würden. Wir haben überhaupt keinen Zweifel an seiner Fähigkeit, die Kümmernisse solcher Seelen wiederzugeben, die sich den ansteigenden Grund von »der Auslöschung Alp« erwandern. Sein illusionsfreies Mitgefühl für sie ist gefeiert worden, und sein Bedürfnis, ihre Leiden immer wieder aufzurechnen, hat gelegentlich auch Vorwürfe provoziert, er schmälere die Möglichkeiten des Lebens derartig, daß er die gesamte Erde zu einem Krankenhaus gemacht habe. Ich möchte zu bedenken geben, daß Larkin immerhin auch über die Potenz verfügt hat, seine eigene Fassung des *Paradiso* niederzuschreiben. Dabei herausgekommen wäre womöglich nicht mehr als ein Bekenntnis zu der Notwendigkeit, sich »such attics cleared of me, such absences«, »solche Mansarden, befreit von mir,

solche Fernheiten« vorzustellen; nichtsdestotrotz, in den Gedichten, die er geschrieben hat, gibt es genug Tragweite und
Sehnsucht, um zeigen zu können, daß er eben nicht bereit war,
auf das bekannte Handelsangebot einzugehen – »eine Dichtung
verringerter Sehkraft und offen verminderter Erwartungen.«

Der Einfluß der Übersetzung

Zu Beginn ein Gedicht von Czesław Miłosz, übersetzt vom Autor und von Robert Pinsky, das Robert Pinsky bei sich zu Hause in Berkeley vor ein paar Jahren vorgelesen hat:

Beschwörung

Schön ist die Menschenvernunft und unbesiegbar.
Nicht Gitter, nicht Draht und nicht das Verramschen
                           der Bücher,
Noch die Verbannung richten ihr etwas an.
Sie setzt allgemeine Ideen in Sprache um
Und führt unsre Hand; so schreiben wir eben groß
Wahrheit und Recht, klein aber unrecht und lüge.
Sie hebt das, was sein soll, hinauf über das, was ist,
Ein Freund der Hoffnung, Feind der Verzweiflung,
Kennt weder Juden noch Griechen, weder Sklaven
                           noch Herrn,
Läßt den gemeinsamen Haushalt der Welt von uns
                           verwalten.
Aus dem unflätigen Lärm der gequälten Wörter
Rettet sie strenge und klare Sätze.
Sie sagt uns, alles sei unter der Sonne fortwährend neu,
Öffnet die starre Handfläche dessen, was einmal war.
Schön und sehr jung ist die Philo-Sophia,
Auch die mit ihr verbündete Dichtung im Dienste
                           des Guten.
Ihren Geburtstag hat die Natur kaum gestern gefeiert,
Einhorn und Echo brachten den Bergen die Kunde davon.
Ruhmreich wird ihre Freundschaft, grenzenlos ihre
                           Zeit sein.
Doch ihre Feinde haben sich dem Verderb ausgeliefert.

Meine erste Erfahrung dieser Zeilen, gesprochen im Arbeitszimmer im ersten Stock eines ruhigen Hauses, in dem sich an jenem Nachmittag außer uns beiden niemand sonst aufhielt, war durch und durch erregend. Es gibt immer so etwas wie ein kleines verschwörerisches Element zwischen zwei Menschen, wenn einer der beiden ein Gedicht vorliest, ein Gefühl, als würde einem ein privates Grenzgebiet gestohlen, vielleicht auch noch ein Gefühl des Eingehens eines Risikos in dem Fall, daß die andere Partei die ganze Vorstellung etwas mager finden könnte. In diesem Falle wurde vielmehr das Gefühl unausgesprochenen Einverständnisses für mich noch intensiviert, weil wir uns beide erfreuten an einem Gedicht, das innerhalb einer alten verfügten Ordnung, der ich, zugegebenermaßen, mehr ausgeliefert war als mein Gastgeber, der immerhin einmal bei Yvor Winters studiert hatte, verbotene Dinge tat. Das Gedicht war, zum Beispiel, voller Abstraktionen, und für einen Angehörigen der Generation, in deren poetologisches ABC »A Few Don'ts for Imagists«* gehören, hätten diese schamlos abstrakten Substantive und konzeptionell mit heißer Luft gefüllten Adjektive allesamt indiskutabel sein müssen. »Ruhmreich«, »schön«, »allgemein«, »Verbannung«, »Verzweiflung«, »Lärm«, »Verderb« – normalerweise hätte man selbstverständlich Einwände erhoben gegen die einlullende Wirkung solchen Vokabulars, gegen seine Indifferenz gegenüber der Erwartung des Besonderen. Ebenso normalerweise hätten orthodoxe Vorgaben durch die ungenierte Didaktik der Zeilen kräftig durcheinander gebracht werden müssen. Nichts war hier dramatisiert; der Sprecher in dem Gedicht schien unwiderlegbar jemand mit der Stimme des *Dichters* zu sein; mehr noch, er schien exakt zu wissen, was er sagen wollte, noch bevor er es ausgesprochen hatte, und tatsächlich strebte das Gedicht danach, etwas abzuliefern, von dem wir schon vor langer Zeit sicher waren, daß so etwas abzuliefern kein einziges Gedicht je etwas angehen dürfte: eine Botschaft. Mit Silberzungen proklamierte es aber Wahrheiten, von denen wir annahmen, daß sie noch *vor* der Dichtkunst kämen, weil sie in

* von Ezra Pound

einem solchen Reichtum außerhalb der formalen Zitadelle des Gedichts etabliert waren, daß ihnen kaum zuzumuten gewesen wäre, ungetarnt oder unverwandelt durch das Nadelöhr der Lyrik gelassen zu werden. So, und hier steckten sie nun mitten in einem modernen Gedicht – dickleibige, predigtwürdige Affirmationen, zu allem Unglück auch noch verstärkt durch jenen einen metaphorischen Höhenflug um ein Einhorn und ein Echo in den Bergen und dann noch bekräftigt durch die schwebende Ironie der letzten Zeile.

Was also war da los? Die Crux des Ganzen war, was sonst, der Titel »Beschwörung«. Und das ist ein Zauberspruch, der ausgebracht wird, damit irgendein wünschenswerter Zustand von irgend etwas eintritt, also nicht, um darin eine Erklärung darüber unterzubringen, daß solch ein Zustand realiter längst existiert – schließlich weiß niemand besser als der Autor selbst, wie lange und wie unbezwingbar die Feinde menschlicher Vernunft obsiegen können. Was nun dem Gedicht schließlich und endlich doch seine Kraft verleiht, das ist, aus just diesem Grunde, der schwere Verlust, der hinter der Proklamation des Vertrauten auszumachen ist. Gesetzt also, daß des Gedichtes eigentliches Thema der Verlust ist – welche Rolle sollte es denn dann noch spielen, wer es komponiert hat? Reicht es dann nicht völlig aus, daß Rhythmus und Diktion und Tonlage wirksam miteinander verbunden sind?

Genau diese Verbundenheit aber wird zum Großteil bewirkt durch unser Bewußtsein des Kontextes, dem Czesław Miloszs Text entstammt. Es ist nicht zu unterschätzen, daß dieses Gedicht von jemandem verfaßt wurde, der der Nazibesetzung Polens widerstanden hat, nach dem Kriege aus den Rängen der Volksrepublik herausbrach und für das Prinzip alles dessen und die damit verbundenen Mühen bezahlt hat mit lebenslangem Exil und lebenslanger Selbstprüfung. Das Gedicht ist wahrhaftig ein Bonus, der einem Leben zuwuchs, das in der Kielspur richtiger und zugleich schmerzlicher Entscheidungen gelebt worden war, und zum Teil entlockt es englischsprachigen Lesern Bewunderung aufgrund ebendieser außerliterarischen Erwägungen. Und damit ist es geradezu exemplarisch für die

Arbeit vieler anderer Dichter, insbesondere in den Sowjetrepubliken und den Staaten des Warschauer Paktes, deren Dichtung nicht nur Zeugnis ablegt von der Weigerung des Dichters oder der Dichterin, auf sein oder ihr kulturelles Erinnerungsvermögen zu verzichten, sondern damit auch von der unaufhörlichen Wirksamkeit von Dichtung selbst als einem notwendigen und fundamentalen humanitären Akt.

Nicht nur hat literarisches Übersetzen uns über die letzten Jahrzehnte hinweg den Weg zu neuen literarischen Traditionen gewiesen; es hat darüber hinaus die neue literarische Erfahrung in Verbindung gebracht mit einer zeitgemäßen Märtyrologie, einer Dokumentation der Zivilcourage und Opferbereitschaft, die uns uneingeschränkte Bewunderung abfordert. So haben englischschreibende Dichter, fast unbemerkt und mit dem Armesündergestus des Sitzengelassenseins, sich gezwungen gesehen, den Blick gen Osten zu wenden, und zugleich sind sie dazu getrieben worden zuzugestehen, daß der *locus* der Größe im Begriff ist, sich von ihrer Sprache fortzubewegen. Womit nicht gesagt sein soll, daß Dichter wie Leser nicht immer noch empfänglich wären für die Verdienste der Yeats, Frost, Pound, Eliot, Auden und all der anderen, die Überraschungsereignisse der Dichtkunst eben – denn das waren sie und das sind sie –, geologische Vorkommnisse, welche die Konturen der Sprache, auf die wir uns berufen, verändert haben. Diese bleiben denn auch unstrittig Gestaltungen unserer literarischen Erinnerung. Gleichwohl, langsam und stetig haben entferntere Geister begonnen, sich in dem elysischen Hintergrund zu regen. So wurden uns zum Beispiel Kenntnisse vermittelt von den leidenschaftlichen Geistern russischer Lyrik aus den zehner, zwanziger und dreißiger Jahren dieses Jahrhunderts. Ob wir allerdings wirklich die getriebene Brillanz ihrer Werke durch Übersetzungen erkennen können, ist keine Frage, der ich mich hier widmen möchte. Es scheint offenkundig, daß das, was der des Russischen unkundige Leser als das Gedicht in Übersetzung erfährt, radikal und logischerweise unterschieden sein muß von dem, was er in seiner Muttersprache erfährt, weil Phonetik und Fühlen so eng verwachsen sind mit der menschlichen Natur. Was ich vielmehr zu bedenken geben möchte, ist, daß unser Gefühl für das Schicksal und den Horizont moderner russischer Lyrik stillschweigend eine Gerichtsbarkeit etabliert hat, vor der sich spätere Werke zu verantworten haben werden. Wie oft stoßen wir heutzutage, in Epigraphen zu Essays und Gedichten oder im Rahmen eigener Themen von Essays und Gedichten oder auch in untermauernden Bezugnahmen in Essays und Gedichten, auf die Namen von Zwetajewa und Achmatowa, den der Mandelstams und Pasternaks! Diese und viele andere – Gumilew, Jessjennin, Majakowski – sind die Namen von Helden geworden. Sie sind die »Linientreuen«, und das ist nicht nur zu verstehen im Sinne der Verszeile*, sondern auch in dem der Scheidelinie, an welcher der Mut auf die Probe gestellt wird, wo nämlich durch das zu stehen, was man schreibt, bedeutet, sich zu behaupten und bereit zu sein, Konsequenzen zu tragen. Für diese Dichter ist der Modus des Schreibens der Modus der Demonstration, und aus diesem Grunde bilden sie die schattenhafte Herausforderung jener Dichter, die zu Hause sind in dem vertragsgemäßen und dennoch vagen Modus, der charakteristisch geworden ist für so vieles an Lyrik, an das man sich bei der Lektüre der Zeitschriften und neuen Bücher, insbesondere aus den USA, gewöhnt hat.

Doch im Falle der Helden sind es nicht so sehr deren Vorgehensweisen auf der Seite, die von Einfluß ist, als das komplexe Bild, das von ihrem Verhalten projiziert worden ist. Dieses Bild, das realitätskongruent ist, zeugt von einem durch gefährliche Zeiten geprüften Dichter. Was gefordert wird, ist nicht etwa irgendein öffentlicher Akt der Konfrontation oder Unterwerfung, sondern vielmehr eine gewisse Selbstzensur, ein Agreement zur Ausgestaltung des (im schlechten Sinne) zeit-losen Bewußtseins eines Stammes. Ihr Widerstand gegen diese Druckausübung ist nicht zuallererst oder absichtlich politischer Natur, sondern es gibt da natürlich unerwünschte Nebenwirkungen, eine Art Welleneffekt in der Kiellinie ihres abweichenden Verhaltens als Künstler. Es ist die Verweigerung dieser Arrière-

---

* engl. *line* kann Linie, Zeile, Vers bedeuten

garde-Minorität, die der Majorität die Verachtenswürdigkeit ihres Zusammenbruchs präsentiert, nämlich deren Flucht in die Sicherheit als Flucht in jedweden Selbstbetrug, den die Partei-linie von ihr verlangen mag. Und genau dieser Präsentations-effekt ist es, der die Dichter gefährdet: Menschen sind niemals dankbar dafür, an ihre moralische Erbärmlichkeit erinnert zu werden.

Im professionalisierten literarischen Milieu des Westens ist der Dichter anfällig für Selbstverurteilung und Skeptizismus. Der Dichter oder die Dichterin in den Vereinigten Staaten beispielsweise ist sich bewußt, daß die Maschinerie der Reputa-tionserzeugung und der Buchdistribution, ob sie ihn oder sie nun fördert oder fallen läßt, der moralischen und ethischen Kraft der distributierten Dichtung gegenüber vollkommen in-different ist. Ein durch Stipendien unterstützter Pluralismus von Moden und Schulen, eine extrem verstärkte Sprache des Lob-preisens, die zur Sprache von PR und Marketing verkommt – alles dies, welches aus den Reihen der Begabtesten eine ganze Phalanx von Ironikern und Dandys und beschaulichen Talenten herausbricht, bringt ebenso ein unterschwelliges Bewußtsein für die alternativen Bedingungen wie auch ein banges Über-die-Schulter-Schielen in deren Richtung hervor.

Wie auch immer, Dichter im Westen betrachten ihre unter Druck stehenden Kollegen keineswegs aus der Einfalt des Gei-stes heraus, die ihnen manchmal nachgesagt wird in Gestalt von Karikaturen ihrer subtileren Komplexe. Westliche Dichter ge-hen nicht von der Annahme aus, daß eine tyrannische Situation etwa gemildert würde, weil sie heroische Künstler und Verzweif-lungskunst hervorbringt. In keiner Weise beneiden sie das harte Los des Künstlers, eher aber bewundern sie den Glauben an die Kunst selbst, wie er sich unter jenen extremen Bedingungen manifestiert. Sie hegen größten Respekt vor einem Leben, das sich erhebt zu einem sich extrem steigernden und insgesamt ästhetischen Zustand, wie ihn Yeats bewundert hat als »Black out; Heaven blazing into the head: / Tragedy wrought to its uttermost«, »Tiefstes Schwarz; Himmel lodert ins Haupt: / Tra-gödie, ausgereizt.«

Viele englischschreibende Zeitgenossen sind vertrieben worden aus ihrer angestammten Vorstellung des Daheimseins in ihrer Muttersprache und deren bis dahin welterklärendem Erbe. Ich bin davon um so mehr überzeugt, da ein begabter junger britischer Dichter einen Band herausbringt, der verfaßt ist in der Stimme eines apokryphen osteuropäischen Dichters und der darum notwendigerweise in der Maskerade einer Übersetzung daherkommt. Christopher Reid, der Autor von *Katerina Brac* (1985), wurde bis zu dessen Erscheinen eingereiht unter jene englischen Dichter, die man nach Craig Raines eponymischen »A Martian Sends a Postcard Home« [Ein Marsianer schickt eine Karte nachhaus] als »Martians«, »Marsianer« zu apostrophieren pflegt. Reid war und bleibt weiterhin Adept dieser schreibenden Schule, deren Modus eine Entwöhnung vom einen Prozeß der Kunstgriffe am Bild einbegreift, durch die eine Sache gesehen wird vermittels einer anderen Sache; aber ich glaube, es ist symptomatisch, daß Reids Flucht aus einem solchen geschützten Idiom mit Hilfe seines Echos bestimmter poetischer Geräusche geschieht, die er mit seiner eigenen Stimme auf natürliche Weise nicht hervorbringen könnte.

Mich erinnert das an Stephen Dedalus' enigmatische Erklärung, daß der kürzeste Weg nach Tara der über Holyhead wäre, womit impliziert sein sollte, daß ein Verlassen Irlands und die Inspektion des Landes von außen der sicherste Weg mitten ins Herz irischer Erfahrung wäre. Sollten wir heutzutage nicht analog vorgehen und bestätigen, daß der kürzeste Weg nach Whitby, dem Ort jenes Klosters, in dem Caedmon die ersten angelsächsischen Verse sang, über Warschau und Prag verläuft? Um es noch unverblümter zu sagen – die zeitgenössische englische Dichtung ist sich der insularen und exzentrischen Natur englischer Erfahrung in sämtlichen wörtlichen und erweiterten Bedeutungen dieser Adjektive bewußt geworden. Englands Inselstatus, seine eher periphere Lage in Europa, seine Geschichte ohne Niederwerfungen und Invasionen seit 1066, diese beneidenswerten und (jedenfalls soweit es die Engländer betrifft) normativen Bedingungen haben in der englischen Psyche eine Langlebigkeit der Annahme sichergestellt, daß zwischen der innenpolitischen und der erträumten Realität eine mögliche und wünschenswerte Kongruenz bestünde. Christopher Reids Buch aber stellt einen Moment des Zweifelns dar; und außerdem stellt es das verspätete Versprechen – wenn auch nicht die völlige Erfüllung – eines einheimischen englischen Modernismus dar.

Dies war potentiell vorhanden in den stilistischen Intensitäten und den versetzten geopolitischen Phantasmagorien des frühen Auden wie auch in der visionären, wenn auch von niedrigerer Ausgangsleistung gekennzeichneten Lyrik Edwin Muirs. Muirs zwei Nachkriegsbände, *The Labyrinth* von 1949 und *One Foot in Eden* [Mit einem Fuß im Paradies] von 1956, waren anders als alles, was damals an der poetischen Heimatfront geschah. Diese Bücher wiesen weder den Einfluß durch die neoromantische Rhetorik eines George Barker und Dylan Thomas auf noch den der engen Formationsflüge der Empson/Auden-Division. Und so konnte es dazu kommen, daß es die Dichter des Movement, Larkin, Davie, Enright und andere, also die Erben in der Empson/Auden-Linie, waren, die den Weg wiesen zu vielem von dem, was in den folgenden zwanzig Jahren geschehen sollte. Und doch konnte es als ein Anlaß des Bedauerns gelten, daß Edwin Muir – der Dichter, der in den zwanziger Jahren Kafka übersetzt hatte und vor Ort war, als die Kommunisten nach dem Kriege die Macht in der Tschechoslowakei übernahmen, der einzige Dichter der Britischen Insel mit einer eschatologischen, wenn nicht gar somnambulistischen Ergebenheitsadresse an den historischen Augenblick im Nachkriegs-Europa – es nicht besser verstand, die insular-mundartlich-britische Vorstellungswelt in traumatischeren Kontakt mit einer Realität zu bringen, zu deren wehmütig-nachdenklicher und literarischer Nach-Empfindung dann *Katerina Brac* wurde. Hier beispielsweise ist Muirs »The Interrogation« [Das Verhör] aus *The Labyrinth*:

Wir hätten den Weg kreuzen können, zögerten aber,
Und dann kam die Patrouille;
Der Anführer gewissenhaft und eifrig,
Die Männer, klar, indifferent.
Während wir da standen und warteten,

Begann das Verhör. Er sagt, jetzt muß gleich
Alles raus, wer, was wir sind,
Woher wir kommen, mit welcher Aufgabe, welches
Land oder Lager wir verteidigen oder verraten,
Frage auf Frage.
Wir standen da und antworteten den ganzen Tag lang
Und sahen über den Weg hinweg hinter der Hecke
Die achtlosen Liebenden in Paaren schlendern,
Hand in Hand verbunden, Wandrer auf anderem Stern,
So nah, daß wir sie hätten rufen können. Wir haben
       keine Wahl
Hier zu Antwort oder Aktion,
Obwohl die achtlos Liebenden noch immer schlendern
Und das gedankenlose Feld ganz nah ist.
Wir stehn auf Messers Schneide,
Des Erleidens ist bald Schluß,
Und das Verhör geht immer weiter.

Hier haben wir, trotz einiger recht deutlicher Auden-Echos,
etwas ganz anderes. »Das Verhör« nimmt um einige Dekaden
die Tonlage vorweg, die vernommen wurde, als A. Alvarez seine
einflußreiche Penguin-Serie der Modern European Poets Ende
der sechziger Jahre herauszubringen begann, eine Tonlage, die
zu klug wie zu machtlos war, um mit irgendeiner Art von
Optimismus im Lichte dessen, was sie wußte, überleben zu
können.

 Muirs Gedicht ist also »europäisch« – dabei allerdings auf eine
Art sehr verschieden von der Art, in der Robert Lowells *Imita-
tions* »europäisch« sind. Jene Übersetzungen, die ein Dutzend
Jahre später erschienen, vertrauten noch auf ihre kulturelle und
historische Gelassenheit. Lowells Fassungen kanonischer Gedichte aus dem Griechischen, Lateinischen, Italienischen, Fran-
zösischen, Deutschen und Russischen waren angeboten worden
als Glieder einer Kette mit einer unversehrten Vergangenheit.
Die durch die Kriegsjahre geschlagene Bresche vermochte Lowell und seine Zeitgenossen nicht abzukoppeln von den Unter-
nehmungen der großen Modernisten. Pound und Eliot und

Joyce mögen sich selbst als so etwas wie radikale Umstürzler begriffen haben; aus zeitlich späterer Perspektive aber erwiesen sie sich als Bewahrer, indem sie nämlich die Verbindungen zum klassischen Erbgut europäischer Literatur offenhielten. Indem sie sich vorbereiteten auf das Ende der Welt, verlängerten sie ihr Leben auf unbestimmte Zeit.

Wenn also Lowell, Randall Jarrell, Keith Douglas, Louis Mac Neice, Louis Simpson, Dylan Thomas und Eliot selbst auch Zeugnis ablegten vom Entsetzen und der Raserei des Krieges, dann taten sie das mit noch immer ungebrochener historiographischer Kraft. Der Krieg mag zwar eine Lücke in ihre Idee der menschlichen Natur gerissen haben, die so groß war wie jene, welche die Bomben in die Städte trieb; die poetische Tradition aber, die sie umfangen hielt, dämpfte doch den Feuersturm. Es war, als wäre eine Art von kulturellem Luftschutzbunker durch Eliots Neubewertung des Begriffs der Tradition selbst errichtet worden. Ich hoffe, man hält mich nicht für flegelhaft oder undankbar, wenn ich mich berufe auf den berühmten Abschnitt in »Little Gidding«* als eine Illustration dafür, wie wirkungsvoll die Schönheiten des poetischen Erbes sein können, wenn es darum geht, die tatsächliche Barbarei der Kriegserfahrung in den Griff zu bekommen. Dort nämlich, in der dantesk angelegten Szene über die Frühpatrouille, konnte Hitlers Luftwaffe in Gestalt einer dunklen Taube unter den Horizont ihres Ausgangsortes zurückgeschlagen werden und die Entwarnung nach dem Luftangriff den Morgen wieder besänftigen durch Rekurs auf morgendliche Düfte, die einst vom Tau eines hohen Hügels im Osten hinabgetrieben waren zu den Zinnen von Elsinore.

In »Little Gidding« erbringt Eliot, dessen *persona* die Wochenschauvertrautheit eines deutschen Angriffs durchwandert, einen – zumindest für die Phantasie ausreichenden – Beweis dafür, daß eine schicksalsbestimmte und suprahistorische Realität fortbesteht, und es ist einer der Triumphe des Gedichts, daß es solch einen Glauben als zumindest zeitweilig haltbar zeigt.

---

* »Little Gidding« ist der letzte Teil (1942) der 1935 begonnenen *Four Quartets* (*Vier Quartette* in Eliot, *Gesammelte Gedichte*, 332 f.).

Aber es ist Muirs *persona* in »Das Verhör«, die denn doch der wahrhaftigere unserer Repräsentanten scheint, betäubt und wirkungslos direkt am Nerv eines bedrohlichen Aufzugs – was Eliot das weite Panorama von Gewalt und Vergeblichkeit, das die Zeitgeschichte ist, genannt hat. Muirs Dichtung mag weit weniger autoritär und unbestreitbarer als Eliots sein, trotzdem ist in ihr eine Tonlage zu vernehmen, die sowohl wie eine Elegie für als auch ein Postscriptum zu eben der europäischen Zivilisation klingt, die sie hervorgebracht hat. Wir, die leben und dies im Englischen tun, wissen, daß dieser Ton genau der Welt eignet, in die wir als ihre Bewohner kamen, und das bis zu einem solchen (Un-)Maß, daß unsere jüngste Geschichte, diejenige unserer grenzenlosen Freiheit zum Konsum und der unheimlichen nuklearen Sicherheit, uns selber weniger authentisch erscheint als die tragisch geprüften Leben all derer, welche jenseits der Grenzen dieser verlogenen Übereinkünfte leben. Und darum ist der Ton, wie ihn übersetzte Dichtung aus jener Welt jenseits der Grenzen anschlägt – ernsthaft gestimmt und Okkupation, Völkermorden, Konzentrationslagern und dem gesamten Apparat des Totalitarismus zum Trotz – so glaubwürdig, so trostlos und so wiederbelebend.

Meine Überlegung ist daher die, daß in der englisch geschriebenen Dichtung in diesem Jahrhundert *ein* Weg nicht beschritten worden ist, ein Weg, den einst der junge Auden wie der mittlere Muir eingeschlagen hatten – weil wir das tragische Szenario nicht erlebt haben, das solche Geister uns als das unseren Zeiten angemessene Leben vorgeführt haben, und weil unsere Fähigkeit, innerhalb unseres heimischen poetischen Besitzes einen vollkommenen Glaubensakt zu vollziehen, unterminiert worden ist. In der Konsequenz sind wir denn auch um so empfänglicher für Übersetzungen, die uns erreichen wie Botschaften von jenen, welche die ihren auf einem von uns nicht mehr begangenen Stück Weges viel, viel weiter voraus mit sich nahmen – weil das, glücklicherweise, ein uns verschlossenes Wegstück war. Wenn wir Übersetzungen der Dichter Rußlands und Osteuropas lesen, dann ist das eben so: »Wir stehn auf Messers Schneide ... Und das Verhör geht immer weiter.«

Die Herrschaft der Sprache
(Die T. S. Eliot Memorial Lectures, 1986)

T. S. Eliot zu lesen und über T. S. Eliot zu lesen – das waren für meine Generation zwei gleichermaßen bildende Erfahrungen. Eines der Bücher über ihn, das mich außerordentlich ansprach, als ich es in den sechziger Jahren las, war *The New Poetic* des neuseeländischen Dichters und Kritikers C. K. Stead.* Der Titel bezog sich auf jene literaturkritische und selbst literarisch schöpferische Bewegung, die sich Ende des neunzehnten Jahrhunderts gegen das Diskursive in der Dichtkunst formierte und deren Kulminationspunkt Stead in der Veröffentlichung des *Waste Land* [Das wüste Land] 1922 sah. Eines seiner Anliegen war es, zu demonstrieren, auf welche Weise Eliot in seinem *Waste Land* vollständig brach mit jenen populären Dichtern jener Zeit, die Osip Mandelstam, der russische Dichter und Zeitgenosse Eliots, als »die Lieferanten von Bedeutungs-Konfektion« tituliert hatte – plumpe Deuter von Problemen oder Geschichten, die ebensogut hätten in Prosa dargestellt werden können. Zusätzlich lieferte Stead allerlei Aufschluß und Lesevergnügen dadurch, daß er Titel und Besprechungen von Büchern aufgestöbert hatte, gegen die »the new poetic« (die neue Poetik) breite Front gemacht hatte: darunter Anna Bunstons *Songs of God and Man* [Lieder über Gott und Menschen], von Literaturseiten mit »Frische und Geistigkeit« gesegnet; Augusta Hancocks *Dainty Verses for Little Folk* [Erlesene Verse für unsere Kleinen], die »in rechtem Geiste« geschrieben seien, sowie Edwin Drews *The Chief Incidents in the Titanic Wreck* [Die wichtigsten Ereignisse im Wrack der Titanic], von denen sich »jene angesprochen fühlen mögen, die in dieser entsetzlichen Katastrophe Angehörige verloren«. Diese populären Ausgaben (allesamt vom Februar 1913) waren mit der Wucht ganzer Pferdestärken bedeutungsschwanger mit dem, was man gemeinhin »gesunden Menschenverstand« zu

---

* Später unter dem Titel: *Pound, Yeats, Eliot and the Modernist Movement,* 1986.

nennen pflegt. Der Vers war ein metrischer Kolben, entwickelt zu dem einzigen Zweck, Gefühl oder Inhalt in das öffentliche Ohr zu hämmern. Das jedenfalls war Dichtung, die Sinn »machte«, und verglichen mit deren Reinheit und ehrbarer Begreifbarkeit tauchte dann *The Waste Land* auf wie eine irremachende Abartigkeit. Nein, eigentlich war Eliots Gedicht, um überhaupt als Verirrung verstanden zu werden, für den Durchschnittsleser damals so gut wie gar nicht zugänglich. Stead jedenfalls wies darauf hin, daß das Gedicht aus ebendiesem Grunde verteidigt oder empfohlen wurde ganz nach den Maßgaben der öffentlichen Erwartungen. So argumentierten seine ersten Verteidiger, daß, wenn Dichtung sinnvoller Diskurs sei, gerade das *Waste Land* Diskurs wäre, nur daß ihm ein paar Kleinigkeiten abgingen. Falsch, behauptet Stead. Dieses Gedicht »kann nicht angemessen gesehen werden, wenn es gelesen wird als ein Diskurs, dem man bestimmte ›Kettenglieder‹ entnommen habe.« Und: »Kein Kritiker, dem es primär um ›Bedeutung‹ geht, kann an das wahre ›Sein‹ der frühen Dichtung heran.«

The Waste Land ist nach Stead die Einklagung einer Dichtung des Bildes, der Textur und der An-Deutung; der Inspiration; einer Dichtung, die sich selber schreibt. Es stellt die Niederlage des Willens dar, eine Heraufkunft des Unleugbaren und des symbolisch Strahlenden aus den unterbewußten Tiefen. Die Strukturen des Rationalen sind überholt oder durchschossen worden wie eine Schallmauer. Das Gedicht verschmäht nicht den Intellekt, und doch darf Dichtung, da sie mit Gefühlen und Gemütsbewegungen zu tun hat, sich nicht der Gier des Intellekts nach Alleinanspruch unterwerfen. Sie muß auf das Erscheinen einer Musik warten, eines Bildes, um sich selber zu erkennen. Auf diese Weise hat Stead Eliot rehabilitiert als einen romantischen Dichter, durch und durch verpflichtet dem Vorgang des Träumens und so empfänglich für Gaben des Unterbewußten wie Coleridge, bevor dieser die »Person aus Porlock« empfing. Und so konnte der Figur des »Old Possum«*, einer jahrelang in fein gezogenen Fasern aus Kommentaren zu seinen Quellen,

---

* Kosename, den Ezra Pound für seinen Freund Eliot gefunden hatte

seinen Vorstellungen, seiner Kritik der modernen Welt und so fort wie in einem Netz gefangenen Gestalt, dazu verholfen werden, sich wieder wie Gulliver im Lande Lilliput zu erheben, und zwar nun nicht mehr länger als eine diffuse Kontur aus Philosophemen und literarischen Anspielungen, sondern als ein lebendes Prinzip, eine bei weitem natürlichere Kraft, als man bis dahin zu erkennen imstande gewesen war.

Als ich mir »die Herrschaft der Sprache« als Obertitel für diese Vorlesungen überlegte, da hatte ich diesen Aspekt der Dichtung als deren eigener schützenden Kraft im Sinn. In diesem Rahmen der Zuteilungen wurde der Sprache, dem Wort (indem es sowohl eines Dichters eigene Begabung zur Äußerung als auch die allgemein zugänglichen Resourcen der Sprache überhaupt meint) das Recht zu regieren zugestanden. Der Dichtkunst wird allgemein eine eigene Autorität zugetraut. Als Leser unterwerfen wir uns dem Gesetz der erarbeiteten Form, obwohl diese Form nicht kraft der moralischen und ethischen Forderungen des Geistes, sondern der sich selbst genügenden Operationen dessen erlangt wird, was wir Inspiration nennen – insbesondere, wenn wir an Inspiration denken im Sinne der polnischen Dichterin Anna Swir, die von ihr schreibt als von einem »psychosomatischen Phänomen« und dann fortfährt:

> Dies erscheint mir als die einzige biologisch natürliche Weise, in der ein Gedicht geboren werden kann und die dem Gedicht so etwas wie ein biologisches Existenzrecht verleiht. Dann wird ein Dichter zur Antenne, welche die Stimmen der Welt einfängt, ein Medium mithin für die Artikulation seines eigenen Unterbewußten wie auch des kollektiven Unterbewußten. Für einen Augenblick befindet er sich im Besitz eines Reichtums, der ihm für gewöhnlich verschlossen bleibt, und er verliert ihn auch wieder, sobald dieser Augenblick vorüber ist.

Der Sonderstatus der Dichtung unter den literarischen Künsten ergibt sich aus der Publikumsbereitschaft, ihr eine gleichwertige Wirksamkeit und ebensolche Mittel zu konzedieren. Man spricht dem Dichter eine Macht zu, unerwartete und unfrisierte Kommunikationen zwischen unserer Natur und der Natur derjenigen Realität zu bewerkstelligen, der wir innewohnen.

Der älteste Beleg für diese Auffassung erscheint in der griechischen Vorstellung, daß, wenn ein lyrischer Dichter seine Stimme erhebt, »es ein Gott ist, der da spricht«. Und diese Auffassung wirkt dann fort bis hinein ins zwanzigste Jahrhundert: Man denke an Rilkes Variation dieses Themas in den Orpheus-Sonetten; und im Englischen können wir das bekannte Beispiel des Essays »The Figure a Poem Makes« [Welche Figur macht ein Gedicht?] von Robert Frost anführen. Für Frost kommt jede Einmischung seitens des wissenden Intellekts in die vollkommen uneigennützig erworbenen Erkenntnisse der formensuchenden Phantasie einer antipoetischen Sabotage gleich, einem Affront jedenfalls gegen die legislativen und exekutiven Gewalten des Ausdrucks an sich. »Lest es hundertmal«, sagt er von dem wahren Gedicht. »Es wird niemals seinen Bedeutungszweck einbüßen, den es einst überraschend entfaltet hatte, als es aufs Papier gelangte.« »Es hebt an in Ergötzen, es neigt dem Impuls zu, es nimmt eine Richtung an mit der ersten Zeile, die geschrieben wird, es durchmißt eine Strecke zufälliger oder prädestinierter Ereignisse und endet in einer Aufhellung des Lebens – nicht notwendigerweise einer großartigen Aufhellung im Sinne von Erleuchtungen, auf denen Sekten und Kulte gegründet werden, wohl aber im Sinne eines kurzzeitigen Halts wider die Konfusion.«

In dieser Darstellung des erdichteten Werdens, eben der Entstehung des Gedichts, sehen wir also auch ein Paradigma für ein freies Handeln, das in auf befriedigende Weise erlangte Ziele mündet; wir sehen einen auf jene Dimensionen projizierten Weg, in denen, wie Yeats sagt, »Labour is blossoming or dancing where / The Body is not bruised to pleasure soul«, »Arbeit tanzt oder erblüht wo / Der Körper unversehrt der Seele Freude schenkt«. Und genauso wie das Gedicht innerhalb des Vorgangs seiner Genese eine Kongruenz exemplifiziert zwischen Impuls und rechtem Handeln, so gibt das Gedicht aufgrund ebendieser Ausgewogenheit eine Vorahnung von ersehnten und nicht ohne

Opfer erworbenen Harmonien. Auf diese Weise wird die Ordnung der Kunst zu einer Leistung, die zugleich die Möglichkeit einer über sie hinausweisenden Ordnung birgt, obwohl ihr Verhältnis zu dieser höheren Ordnung eher ein Versprechen bleibt als eine Verpflichtung. Die Kunst ist keine niedere Reflexion irgendeines vorbestimmten himmlischen Systems, sondern dessen Abbildung in irdischen Dimensionen; die Kunst zeichnet nicht die gegebene Streckenkarte einer besseren Realität nach, sondern liefert, nach Art und Weise einer Improvisation, deren inspirierte Skizze.

Mein Lieblingsbeispiel solcher Revision des platonischen Schemas ist Osip Mandelstams erstaunliche *fantasia* über den poetischen Schöpfungsakt mit dem Titel – weil Dante für das Thema den Vorwand lieferte – »Ein Gespräch über Dante«. Eine traditionelle Annäherung an Dante mochte, einsehbar genug, einiges an Aufmerksamkeit beanspruchen hinsichtlich der logischen, theologischen und numerologischen Bedeutungen, die sich etwa aus der Dreizahl entwickeln, zumal es sich in der Heiligen Dreifaltigkeit um drei Kräfte handelt, jede Strophe der *Divina Comedia* aus drei Zeilen besteht, das ganze Gedicht drei Bücher umfaßt, von denen jedes aus dreiunddreißig Gesängen besteht und sich das durchgängige Reimschema *terza rima* nennt. All das zusammen kann soviel Druck auf das Bewußtsein ausüben, daß Dante beständig zunehmend verstanden wird als eine Art immenser scholastischer Computer, der von Thomas von Aquin programmiert wurde und die triadischen Versprechungen ganz so einlöst, wie sie ihm in Form diskreter philosophischer, metrischer und arithmetischer Daten eingespeist worden waren. Dante wird, anders ausgedrückt, allenthalben studiert als das erhabene Beispiel eines Dichters, dessen Sprache regiert wird durch eine Orthodoxie, ein System, dessen a priori freie Ausdruckskraft sich der stringenten Kontrolle eines Universums von Regeln, von Regularien des Metrums bis hin zu den Geboten der Kirche unterworfen hat. Und dann kommt Mandelstam. Nichts, impliziert der, könnte von der Wahrheit weiter entfernt sein. Die dreischneidige Stanze habe sich von innen her entwickelt, wie ein Kristall, und sei eben nicht wie ein Stein von außen her bearbeitet worden. Das Gedicht sei also nicht regiert von externen Konventionen oder Auflagen, sondern es folge nichts anderem als den Gesetzen seiner eigenen Bedürfnisse. Dessen Komposition weise alle Spontaneität einer Kettenreaktion auf, vulgo die eines Naturvorgangs:

> Darum müssen wir versuchen uns vorzustellen, wie sich Bienen dieser dreizehntausendfach facettierten Form angenommen haben würden, Bienen, die versehen sind mit jenem hervorragenden stereometrischen Instinkt, der Bienen in größerer und immer größerer Zahl anzog, als nötig war ... Ihr Zusammenwirken erweitert sich und wird in dem Maße komplizierter, in dem sie teilhaben an dem Prozeß der Wabengestaltung, wodurch Raum tatsächlich aus sich selber erwächst.

Das ist außergewöhnlich lebendig und überzeugend, ein Glücksgriff in diesem Werk eines so verwirrend reichen Genius, der großartigste Lobgesang auf die Herrschaft, die dichterische Imagination ausübt. In der Tat ist die Sprache, die ich hier als Synekdoche für diese Herrschaft eingeführt habe, in diesem Kontext analog dem Stab des Dirigenten, wie Mandelstam ihn sich auf seine Weise zum Thema genommen hat. Seine Huldigung an den Baton ist zu lang, um hier vollständig zitiert zu werden; der folgende Auszug aber sollte hinlänglich zeigen, wie tief strukturiert in unserem ganzen Denken die Vorstellung der Phantasie als einem formenden Geist ist, dem man sich füglich nicht widersetze:

> Was ist zuerst da, das Hören oder das Dirigat? Wenn Letzteres nicht mehr ist als nur das sanfte Antippen der Musik, die ansonsten aus eigenem Antrieb voranstrebt – welchen Wert hat es dann, wenn das Orchester schon in sich selbst gut ist, wenn es ganz von alleine makellos spielt? ... Dieser Stab ist alles andere als nur ein äußerliches, administratives Accessoire oder eine Art besondere symphonische Polizei, auf die man, in einem Idealstaat, verzichten könnte.

Er ist in Wahrheit nichts weniger als eine tanzende chemische Formel, die dem Ohr wahrnehmbare Reaktionen integriert. Ich bitte Sie, ihn nicht einfach nur zu betrachten als ein zusätzliches, dabei stummes Instrument, erfunden zur besseren Sichtbarkeit und dazu, zusätzliches Vergnügen zu bereiten. In gewissem Sinn vereint dieser unverletzliche Stab in sich alle Elemente des Orchesters.

Wie immer schreibt Mandelstam jubelnd und überzeugend. Weit davon entfernt, verstanden zu werden als das Sprachrohr irgendeiner Orthodoxie, wird Dante für ihn zum Inbegriff des chemisch Unerwarteten, des freien biologischen Spiels, ein Bienenkorb, die Hast von Taubenscharen, eine Flugmaschine, deren Funktion es ist, andere sich selber produzierende Flugmaschinen hervorzubringen, sogar, in einem manisch gedehnten Vergleich, die Gestalt eines chinesischen Flüchtlings, der entkommt, indem er über einen von in allen Himmelsrichtungen fahrenden Dschunken verstopften Fluß durch das Springen von Dschunke zu Dschunke setzt. Dante wird so rekanonisiert als der Fürsprech in Sachen Impuls und Instinkt – also nicht ein Allegorienhüter bis hinauf zu seinen alten didaktischen Tricks auf der Mitte seines Weges, sondern ein lyrischer Holzschnitzer, der »im dunklen Wald« seines Kehlkopfes singt. Mandelstam bringt Dante aus dem Pantheon zurück zum Gaumen, untergräbt den uralten Eindruck, sein Werk sei geschrieben auf offiziellem Papier, und lokalisiert seine Autorität nicht in seiner kulturellen Repräsentanz, seiner religiösen Vision oder seiner unbeugsam ausdauernden Moralität, sondern vielmehr in seinem Status als ein Exemplar des rein kreativen, wesentlichen, experimentellen Aktes von Dichtung an sich.

Während ich immer vertrauter mit diesem Motiv werde, spricht aus einem anderen Teil von mir eine vorwurfsvolle Stimme. »Beherrsche deine Zunge«*, sagt sie und nötigt mich dazu, mir ins Gedächtnis zurückzurufen, daß meine Überschrift sehr wohl auch eine Verweigerung implizieren kann, nämlich

* engl. *tongue* kann Zunge oder Sprache heißen

die der Autonomie und der Bewilligung von Sprache. In dieser Lesart ist »die Beherrschung der Zunge« voller mönchischer und asketischer Strenge. Man entsinnt sich des Hopkinsschen »Habit of Perfection«, seiner »Gewohnheit der Perfektion« mit ihrer Verfügungsgewalt über die zu »enthülsenden« Augen, die Ohren, welche auf die Stille achten, die Zunge, die Sprache, die ihren Platz kennen soll:

> Form gar nichts, Lippen; seid köstlich-stumm:
> Das ist der Ab-Schluß, den das Abendläuten brachte,
> Von dort, wo jeglicher Verzicht herkommt,
> Der euch nur wörterreicher machte.

Sogar noch aufschlußreicher ist es, sich zu erinnern, daß Hopkins von der Dichtung abließ, als er den Jesuiten beitrat, »weil sie nichts zu tun hat mit meiner Berufung«. Darin manifestiert sich eine Welt, in der die vorherrschenden Werte und Bedürfnisse die Dichtkunst in einer verhältnismäßig unterprivilegierten Situation fesseln, indem sie von ihr verlangen, eine Position einzunehmen, die religiöser Wahrheit oder staatlicher Sicherheit oder öffentlicher Ordnung nachgestellt wird. So offenbart sie einen Zustand öffentlicher und privater Repression, wo das ungerichtete hedonistische Spiel der Phantasie bestenfalls als Luxus oder Ungehörigkeit angesehen wird, schlechtestenfalls als Häresie oder Verrat. In Idealrepubliken, Sowjetrepubliken, im Vatikan oder entlang des amerikanischen Bibelgürtels herrscht die Erwartung vor, daß der/die Schriftsteller/in seine oder ihre individuellen, riskanten und potentiell destruktiven Aktivitäten der Obhut einer offiziellen Doktrin überschreibt, einem traditionserprobten System, einer Parteilinie oder ähnlichem. In solchen Kontexten ist jede weitere Verfeinerung oder Erforschung der Sprache oder zeitgenössisch akzeptierter Formen statthaft. Eine Ordnung ist damit weitergegeben worden, die Gestalt der Dinge ist definiert worden.

Wir haben uns gewöhnt an das tragische Schicksal, dem diese Umstände Dichter unterwerfen, und ebenso an die Art und Weise, die »unbeherrschte« Dichtung und Dichter unter extrem totalitären Bedingungen die Form einer alternativen Regierung oder Exilregierung annehmen können. So hat mich beispielsweise tief bewegt, als ich erfuhr, daß Zeilen des Dichters Czesław Milosz in das Denkmal für die Solidarnosc-Arbeiter vor den Toren der Lenin-Werft in Gdansk eingearbeitet worden sind. Bestürzt aber war ich über das Bild, das Andrej Sinjawski geliefert hat über die subversive und unentbehrliche Funktion des Schreibens als Sageweise der Wahrheit, als er berichtet hat, wie, auf dem Höhepunkt des stalinistischen Terrors, Alexander Kutzenow seine Manuskripte in Einmachgläsern versiegelte und sie nachts in seinem Garten vergrub. Es ist alles da – die Idee heilender Kräfte in der Kunst, ihre bewahrte Redlichkeit und, schließlich, ihre Ansprache an den »Leser der Nachwelt«. Der Szene eignet die beunruhigende, fiktiv anmutende Realität eines wirklichen Traums und könnte stehen für jene Art von ominöser Vorahnung, wie sie ein Dichter erfahren mag, der in den frühen Morgenstunden wach wird und sich der Wirklichkeit gerade jener Dichtung entsinnt, die er einsperrt.

Im Moment indessen mache ich mir Sorgen um weniger repressive und weniger unheilvolle Sachlagen. Ich denke also nicht so sehr an autoritäre Zensur als an einen unerbittlichen Konsens, unter dem die annehmbaren Themen auf vielfältige Weise listenreiche Behandlung erfahren und unter dem die Treffsicherheit oder Korrektheit einer Werkausführung den auffälligen Brennpunkt der Aufmerksamkeit von Publikum und Künstler gleichermaßen herstellt. Es ist nicht richtig anzunehmen, daß solche Umstände immer nur mindere Kunst hervorbrächten. Als Dichter zum Beispiel ordnete sich George Herbert den Rahmenbedingungen des Glaubens und einer institutionalisierten Religion unter; nur war es bei ihm so, daß er in gutem Einvernehmen mit einer Doktrin zu leben imstande war, während er eine Dichtung verfaßte, die intellektuell makellos, emotional widerstandsfähig und vollkommen authentisch war. Ein unverkrampfter, ungebeugter Geist maß sich mit Zumutungen und Erwartungen, die für ihn sowohl fundamentalen als auch Zufallscharakter hatten. Seine Disziplin indessen stellte sich als seinen Herausforderungen ebenbürtig heraus, so daß beispielsweise ein Wortspiel mit *choler,* das einen Wutausbruch, aber auch ein Emblem der Unterwerfung bedeuten kann, das psychische und künstlerische Gleichgewicht zu halten imstande blieb; und so, daß ein Reim von »child« auf »wild« (Kind/wild) das Leid seiner unglücklichen Lage in eine göttlich geordnete Perspektive rücken konnte.

Und was für George Herbert gilt, trifft ebenso zu für den T. S. Eliot der *Four Quartets* [Vier Quartette]. Wie C. K. Stead auch betont hat, war dieser sehr verschieden von dem Dichter, der *The Waste Land* geschrieben hatte, nämlich einer, der sich von einem früheren Vertrauen in Prozeß und Bild abwendet, um sich dann die Ansprüche auf Idee und Beweisgang zu eigen zu machen. Diesem würdigen und großen Mann war das Beispiel Dantes ebenfalls wichtig, obwohl seine Bedeutung für Eliot von entscheidend anderer Art war als für Mandelstam. Beide wandten sich interessanterweise dem großen Florentiner in einer Phase der Midlife Crisis zu; Eliots erster *Dante*-Essay erschien 1929, und Mandelstams wurde geschrieben (wenn auch noch nicht veröffentlicht) in den frühen dreißiger Jahren. (Wieder denkt man an die Einweckgläser in dem dunklen Garten). Mandelstam war primär interessiert an Verteidigung vermittels Sprache, Eliot am Heil durch Konversion. Eliots Essay schließt mit einer Beschwörung der Welt der *Vita Nuova,* des unumgänglichen Versuchs, in sie einzudringen, eines Versuchs »so schwierig und so mühselig wie die Wiedergeburt«, und er verabschiedet sich mit der Erklärung, daß »es einen beinahe präzisen Moment im Glauben gibt, in dem das Neue Leben beginnt«. Hier also, noch zehn Jahre, bevor er ernsthaft mit der Arbeit an den *Quartets* beginnen wird, legt Eliots Schreiben bereits die Themen für jene Gedichte aus. Was indessen Mandelstam quälte und zum ungestümen, kritischen Gesang trieb – in Gestalt der sinnlichen Beutezüge und des Transports von aufs Wesentliche gebrachter poetischer Sprache –, scheint Eliot so gut wie gar nicht zu interessieren. Der ist sehr viel mehr beschäftigt mit den philosophischen und religiösen Sinngehalten, die man aus einem Kunstwerk destillieren kann, also dessen Wahrheitsquotienten mehr als dessen Technik/Schönheits-Quotienten, dessen Aura kultureller und spiritueller Kräfte. Ein strenges und didaktisches Profil ist dem Dante eigen, den Eliot beschwört, und indem er sich einen religiösen Glauben zu eigen macht, ordnet er sich genau diesem Profil unter, um es in seinem, Eliots Werk aufs neue zu erschaffen.

Der Eliot des *Waste Land* dagegen reproduziert in seinem Gedicht eine Botschaft von Bestürzung und Somnambulismus, einen Fluß schöpferischer expressionistischer Szenen, die an jene gemahnen, denen Vergil und Dante in der *Göttlichen Komödie* begegnen. Im *Inferno* wandeln Pilger und Führer unter den Schatten als Gefangene der Geschicke, deren Archetypen sie geworden waren, und sie tun dies in fast gleicher Weise wie Eliots Gedicht auf den unheimlichen Wassern seiner eigenen inventiven Kraft wandelt. In den *Quartets* aber begegnen wir einem Eliot, der neu erstanden ist aus symbolischer Romantik – in den strengeren Forderungen von *philosophia* und religiöser Tradition. Die inspirierte, spontane, wesentlich lyrische Sprache ist als Herrscherin abgelöst worden durch ein Organ, das eher funktioniert wie ein besorgter *grandseigneur* und sich doch, meditierend und voller Autorität, auch wehmütig seiner verlorenen Vitalität und Unbekümmertheit bewußt ist.

Diese Vitalität und Unbekümmertheit lyrischer Dichtung, das Genießen ihrer eigenen inventiven Kraft, ihr Charakterzug des Erbaulichen, all das setzt sich immer dann Bedrohungen aus, wenn Dichtung sich daran erinnert, daß ihre Zügellosigkeit nur verstanden werden kann als Affront gegen eine Welt, die zuvörderst beschäftigt ist mit ihren eigenen Unzulänglichkeiten, Schmerzen und Katastrophen. Welches Recht hat die Dichtung auf ihre Quarantäne? Sollte sie die Herrscher nicht vielmehr in den Dienst ihrer Freude stellen und ihren Gesang moralisieren? Sollte sie, wie Austin Clarke in anderem Zusammenhang meinte, den Klöppel von der Reimglocke abziehen? Sollte sie in ihrer Selbstverleugnung so weit gehen, wie Zbigniew Herberts Gedicht »Ein Anklopfer« es von ihr zu fordern scheint? Diese Übersetzung wurde zum erstenmal 1968 in den Penguin Modern European Series vorgestellt:

Da sind jene, die lassen
gärten auf ihren köpfen wachsen,
wege führn aus ihrem haar
in sonnige und weiße städte

für sie ist es einfach zu schreiben
sie machen ihre augen zu
sofort strömen ganze bilderschulen
an ihren stirnen runter

meine vorstellungskraft
ist ein stück brett
mein einziges instrument
ist ein stück holz

ich schlag an das brett
es antwortet mir
ja – ja
nein – nein

für andre die grüne glocke eines baums
die blaue glocke wasser
ich hab einen anklopfer
aus ungeschützten gärten

ich poch auf das brett
und es souffliert mir
des moralisten trockenes poem
ja – ja
nein – nein

Vordergründig verlangt Herberts Gedicht von der Dichtung,
ihren Hedonismus und die Flüssigkeit ihrer Rede aufzugeben,
eine Nonne der Sprache zu werden und ihre Luxuslocken zu
stutzen bis auf ein moralisch-ethisches Stoppelfeld. Ebenso vordergründig will es die Sprache aufgrund ihres sorglosen Genuß-
lebens absetzen und dem Stand der Dichtung als Herrscherin

einen Malvolio mit einem Knüppel schicken. Der würde dann die Verzückungen durch Poesie eindämmen und an ihre Stelle den ungeschminkten Ratschlag setzen. Doch seltsamerweise könnte das Gedicht ohne die flüssige Beschwörung von Glocken und Gärten und Bäumen und all solchen Dingen, die es so unzweideutig betrauert, den schmucklosen Anklopfer niemals dermaßen überzeugend kenntlich machen, wie es dies aber tut. Das Gedicht vermittelt uns das Gefühl, daß wir die moralische Äußerung der euphemistisch-apologetischen Bildhaftigkeit vorzuziehen hätten; nur, es tut dies eben auch, es vermittelt uns *Gefühl,* und indem es das tut, trägt es lebendige Wahrheit in unsere Herzen – und zwar ganz genauso, wie die Romantiker meinten, daß es sein sollte. Am Ende sind wir überzeugt davon, gegen die schuldhafte Versunkenheit lyrischer Dichtung in ihrem eigenen Prozeß zu sein, und überzeugt worden sind wir durch ein ganz und gar erfolgreiches Beispiel dafür, wie dieser Prozeß funktioniert: Hier nämlich haben wir Lyrik über einen Anklopfer, die geltend macht, daß Lyrik unstatthaft sei.

Alle Dichter, die über die erste Erregung, mit der Errungenschaft poetischer Form gesegnet zu sein, hinausgekommen sind, finden sich früher oder später konfrontiert mit der Frage, die in »Ein Anklopfer« auch Herbert konfrontiert. Und falls sie Glück haben, lassen sie sie – wie Herbert – hinter sich, statt sie direkt zu beantworten. Einige, wie Wilfred Owen, begegnen ihr, indem sie ein Leben führen, das sich so vollkommen dem Leid anderer verpfändet, daß der Mietzins für den Palast der Kunst ein Hundertfaches ausmacht. Andere, wie Yeats, promulgieren und praktizieren einen solchen Glauben an die absolut von aller Schuld freigesprochene Notwendigkeit der Kunst, daß sie niederringen können, was immer an Angriffen das Historische wie das Zufällige ihrer Gewißheit je auflasten mag. Richard Ellmanns Darlegung des Yeatsschen Falles wird damit anwendbar für jedes ernsthafte Dichterleben:

> Er wünscht zu zeigen, wie brutale Kraft vollständig umgewandelt werden kann, wie wir uns opfern können ... für unser »erdachtes« Selbst, das weit höhere Ansprüche stellt

als alles, was soziale Konvention je bieten könnte. Wenn wir schon leiden müssen, dann ist es besser, die Welt zu erschaffen, in der wir leiden; und genau das ist es, was Helden spontan, Künstler bewußt und alle Menschen ihrem Rang gemäß tun.

Jeder Dichter geht in der Tat auf der Grundlage solch einer Konvention vor, auch jene, welche in der Vermeidung der großen Geste die größte Gewissenhaftigkeit an den Tag legen, welche die Demokratie der Sprache achten und durch ihre Stimmlage oder die Gewöhnlichkeit ihrer Themen die Bereitschaft erkennen lassen, sich an die Seite derer zu stellen, die skeptisch sind in bezug auf das Recht von Dichtung auf irgendeinen besonderen Status. Tatsache ist, daß Dichtung ihre eigene Realität ist, und es spielt überhaupt keine Rolle, inwieweit ein Dichter dem korrektiven Druck sozialer, moralischer, politischer wie historischer Realität nachgeben mag – seine höchste Pflichttreue hat den Forderungen und dem Versprechen des künstlerischen Ereignisses zu gelten.

Das ergibt auch den Grund dafür, daß ich über »At the Fishhouses« [Bei den Fischhäusern] von Elisabeth Biscop sprechen möchte. Hier erleben wir, wie der unanfechtbare Impetus ihrer Kunst die verschwiegenste und sittsamste aller Dichterinnen zwingt, mit ihrer normalen Neigung zu brechen, das gesellschaftliche Publikum für sich zu gewinnen. Der Impuls zum Versöhnlichen basierte jedoch nicht auf Unterwürfigkeit, sondern auf ihrem Respekt für die Schüchternheit anderer Leute angesichts dichterischer Präsumtion: Im allgemeinen beschränkte sie sich auf eine Tonlage, die nicht einmal den diskreten Unterton im Gespräch zwischen Fremden beim Frühstück in einem Hotel am Meer hätte stören können. Ohne eine solch ungeheure, aber zugleich auch unvermeidliche Frage aufzuwerfen wie die, ob in einer Welt nach Auschwitz das Schweigen nicht doch angemessener wäre als das Verfassen von Gedichten, entschuldigt sie stillschweigend die Zweifel gegenüber den Privilegien der Kunst, die solch eine Frage aufwerfen muß.

Anders ausgedrückt, Elizabeth Biscop war von ihrer Mentalität her geneigt, an die Herrschaft der Sprache zu glauben – im Sinne von Selbstverleugnung. Persönlich war sie äußerst zurückhaltend, unfähig und im Widerstand zu jeglicher Selbsterhöhung, kurzum: die Verkörperung von gutem Stil schlechthin. Stil, Manieren, das bedeutet natürlich Verpflichtungen gegenüber anderen wie auch Verpflichtungen der anderen uns gegenüber. Es bedeutet die Insistenz auf Anständigkeit, im guten, umfassenden, ursprünglichen Sinn des Wortes, also auf alles das, was wertspezifisch und charakteristisch ist und naturgemäß zur Person oder zur Sache gehört. Es bedeutet auch die Implikation bestimmter Strenge, auch Verben wie »sollte« ins Spiel kommen zu lassen. Kurzum, es ist ein Attribut dichterischer Unternehmung, daß Manieren für die gesamte Breite und Tonlage dieser Unternehmung Grenzen festsetzen. Sie sind es, welche die Sprache regieren.

Doch praktizierte Elizabeth Bishop nicht nur gutes Benehmen in ihrer Dichtung. Ebenso unterwarf sie sich der Disziplin des Beobachtens. Beobachten war ihrer Natur gemäß, und zwar sowohl im mönchischen Sinne, als auch in seiner verbreiteten Bedeutung gewohnheitsmäßig wiederholten Handelns. Tatsächlich läßt sich sagen, daß Beobachtung an sich schon eine Manifestation von Gehorsam ist, ein Tun, das überwältigende Phänomene als Resultate praktizierter Subjektivität verabscheut und sich statt dessen damit zufrieden gibt, unterstützende Anwesenheit zu sein und nicht Druckausübung aus Hochmut. So verwundert es auch nicht, daß Bishops letztes Buch den Titel eines alten Schulbuches trug, *Geography III* [Erkunde 3]. Es ist, als pochte sie auf eine Affinität zwischen ihrer Lyrik und der Prosa solcher Lehrbücher, die durch beständige Aufmerksamkeit für das Detail wie durch ausgewogene Klassifikation und immer gleiche Tonlage verläßliche, undogmatische Beziehungen zur Welt herstellt. Das Epigraph zu dem Buch gibt zu verstehen, daß die Dichterin sich zu identifizieren wünscht mit diesen bewährten und elementaren Methoden des Verknüpfens von Wörtern und Dingen:

Was ist Geographie?
Eine Beschreibung der Oberfläche.

Was ist die Erde?
Der Planet oder Körper, auf dem wir leben.

Wie ist die Gestalt der Erde?
Rund, wie eine Kugel.

Aus was besteht die Erdoberfläche?
Land und Wasser.

Eine solchen katechetischen Vorgehensweisen verpflichtete
Dichtung muß tatsächlich erscheinen, als verweigerte sie sich
selber den Zugang zu Vision oder Offenbarung; und so beginnt
denn auch »At the Fishhouses« mit peniblen Notaten, die das
gradweise Vordringen der physischen Welt in die Welt der
dichter-eigenen luziden, jedoch von aller Emphase freigehalte-
nen Bewußtheit logbuchartig verzeichnet:

Obwohl es ein kalter Abend ist,
unten bei den Fischhäusern,
sitzt ein alter Mann beim Netzeflicken,
sein Netz, im Zwielicht fast nicht sichtbar,
ein dunkles Purpurbraun,
und sein Schiffchen abgenutzt und glatt.
Es riecht so stark nach Kabeljau,
daß die Nase läuft und die Augen tränen.
Die fünf Fischhäuser haben steilspitze Dächer
und schmale, verklampfte Laufplanken, die
hinaufführen zu Speichern unter den Giebeln,
damit die Handkarren rauf und runter kommen.
Alles ist silbern: Die schwere Meeresoberfläche,
die langsam steigt, als erwäge sie überzulaufen,
ist trübe, aber das Silber der Bänke,
der Hummertöpfe und Masten, verteilt zwischen
den wilden, zerklüfteten Felsen,

in von scheinbarer Durchsichtigkeit
wie die kleinen alten Gebäude mit dem Smaragdmoos,
das wächst an den Mauern zum Meer hin.
Die großen Fischfässer sind vollkommen durchzogen
mit Schichten von Heringsgeschupp,
und die Handkarren sind genauso bedeckt
mit cremefarbenem schillerndem Panzer,
mit kleinen schillernden krabbelnden Fliegen.
Oben auf dem kleinen Abhang hinter den Häusern
mitten in dem spärlichen Grasgesprenkel
steht eine uralte Winde aus Holz aufgebaut,
geborsten, mit zwei langen ausgebleichten Kurbeln
und ein paar melancholischen Flecken wie trocknes Blut,
wo das Metallzeug durchgerostet ist.
Der alte Mann nimmt eine Lucky Strike an.
Er war ein Freund meines Großvaters.
Wir reden über den Rückgang der Bestände
und über Kabeljau und Hering,
während er drauf wartet, daß das Heringsboot
                                          hereinkommt.
Er hat Ziermünzen an seiner Weste und an seinem
                                          Daumen.
Er hat die Schuppen abgeschabt, die eigentliche Schönheit
ungezählter Fische, mit diesem schwarzen alten Messer,
dessen Klinge fast schon nicht mehr da ist.

Unten an der Wasserkante, an der Stelle,
wo sie die Boote heraufziehn, die lange Rampe herauf,
die bis ins Wasser reicht, sind dünne silberne
Baumstämme waagerecht über die grauen Steine gelegt,
bis untenhin, in Intervalln von vier, fünf Fuß.
Kalt dunkel tief und vollkommen klar,
Keinem Sterblichen ist dieses Element erträglich,
für Fische und Robben ... Einer Robbe ganz besonders,
die sah ich hier Abend für Abend.
Sie war neugierig auf mich. Sie mochte Musik;
wie ich glaubte auch sie an totale Versenkung,

weshalb ich ihr baptistische Kirchenlieder vorsang.
Ich sang ihr auch »Ein feste Burg ist unser Gott«.
Sie stand im Wasser auf und musterte mich
ruhig, nur mit ganz kleinen Kopfbewegungen.
Dann verschwand sie, tauchte dann ganz plötzlich
wieder auf, fast an derselben Stelle, und zuckte die Achseln,
als wenn es wider bessres Wissen wäre.
Kalt dunkel tief und vollkommen klar,
das klare graue eisige Wasser ... Dahinten, hinter uns,
fingen die würdevollen großen Kiefern an.
Bläulich verschmolzen sie mit ihren Schatten,
eine Million Weihnachtsbäume steht da
und wartet auf das Fest. Das Wasser scheint über
den rundgeschliffnen grauen und blaugrauen Steinen
                                            zu schweben.
Ich hab das immer und immer wieder gesehn, dasselbe
                                            Meer, das
gleiche mähliche, indifferente Geschlenker über den
                                            Steinen,
eisig frei über den Steinen,
über den Steinen und dann der Welt.
Wenn man die Hand da eintaucht,
schmerzt das Handgelenk sofort,
fangen die Knochen an zu schmerzen und die Hand
                                            zu brennen,
als wär das Wasser ein transmutiertes Feuer,
das sich von Steinen nährt und brennt mit dunkelgrauer
                                            Flamme.
Wenn mans probiert, schmeckt es erst bitter,
dann salzig, und dann verbrennts die Zunge.
Das ist, wie uns das Wissen zu sein scheint:
Dunkel, Salz, klar, in Bewegung, unübertrefflich frei,
gezogen aus dem kalten harten Mund
der Welt, ein Kind der Felsenbrüste
ewiglich, in Fluß und gezogen, und weil
unser Wissen historisch ist, in Fluß und entsprungen.

Hier wurde uns neben anderem das Zeitlupen-Schauspiel einer äußerst disziplinierten dichterischen Phantasie geboten, die dazu verführt werden soll, einen großen Sprung zu wagen, zögert und dann, mit machtvoller Gewißheit, den Sprung tatsächlich unternimmt. Ungefähr durch zwei Drittel des Gedichts hindurch hält uns die restriktive, selbstverleugnende, im höchsten Maße vollkommen aufmerksame Schreibweise für die Oberflächen einer Welt lebendig: Der Ton ist umgangssprachlich, wenn auch auf Präzision aus, die Kulisse ist keusch, geliebt und die von Vorfahren: Großvater ist hier gewesen. Dennoch erlebt diese alte Welt noch immer Erneuerung durch die Ziermünzen aus Heringsschuppen, die kleinen Flecken Gras und die kleinen, heftig tanzenden Fliegen. Auf typische Weise wird, Steinchen für Steinchen, eben durch die Schichtung einer Beobachtung auf die andere, eine Welt zum Leben erweckt. Hier dominiert der Eindruck geordneter, akribischer Inaugenscheinnahme, der sicheren Position einer Beobachterin, die den Blick mal dem Meer, mal den Fischfässern, mal dem alten Mann zuwendet. Und die Stimme, die uns von alldem erzählt, ist gefaßt, aber nicht sich selbst der Mittelpunkt, erfüllt von diskreter und intelligenter Unterweisung und dem tiefen Wunsch zur präzisen Zeugenschaft. Die Stimme ist nirgends atemlos oder desinteressiert; sie ist durch und durch ausgefüllt, ganz wie die Meeresoberfläche, die »langsam steigt, als erwäge sie überzulaufen«, um dann, erregenderweise und erst auf halbem Wege, tatsächlich überzulaufen:

Kalt dunkel tief und vollkommen klar,
Keinem Sterblichen ist dieses Element erträglich,
für Fische und Robben ... Einer Robbe ganz besonders

Gerade eben habe ich gesagt, daß das gewohnheitsmäßige Beobachtungsverhalten keine Garantie für das Eindringen des Visionären bedeutet hat. Und doch ist es da, ein rhythmischer Anhub, der nahelegt, daß irgend etwas geschehen wird – wenn auch nicht sofort. Die umgangssprachliche Tonlage kommt zurückgekrochen, und die Versuchung zur inspirierten Äußerung wird durch die Robbe, die zum Teil als Bote aus einer anderen Welt, zum Teil als ein blödgesichtiger Komödiant des Wassers daherkommt, in ihre Schranken verwiesen. Gleichwohl wird sie zur Chiffre für die Initiierung eines Wunders, indem sie nämlich in jene Tiefenregion zurücktaucht, in die das Gedicht ihr folgen wird, hineingelockt wird in das Mysteriöse in perfekter zeitlicher Abstimmung. Der Blick auf die Welt der (Wasser-)Oberfläche steht schließlich und endlich nicht nur wider das bessere Wissen einer Seerobbe; er steht am Ende ebenso wider das bessere Wissen einer Dichterin.

Das heißt allerdings nicht, daß die Dichterin den Glauben mit den Konstituenten der wahrnehmbaren Welt, der Welt menschlicher Beziehungen brechen würde, durch Großväter, Lucky Strikes und Weihnachtsbäume. Aber es ist da ein andersartiges, entfremdendes und furchterregendes Element, das sie am Ende fasziniert: die Welt meditierter Sinnhaftigkeit, eines Wissensbedürfnisses, das menschliche Wesen absetzt von Robben und Heringen und die Dichterin in ihrer Isoliertheit absetzt von ihrem Großvater und dem alten Mann, indem diese Dichterin das kalte Meereslicht ihres eigenen *wyrd* [Schicksals] und ihrer eigenen Sterblichkeit erleidet. Plötzlich wird ihr wissenschaftlicher Drang mit vorsokratischer Scheu an seine Wurzeln zurückgestoßen, und Wasser steht ihr unvermittelt deutlich vor Augen als die Ur-Lösung:

> Wenn man die Hand da eintaucht,
> schmerzt das Handgelenk sofort,
> fangen die Knochen an zu schmerzen und die Hand
> zu brennen,
> als wär das Wasser ein transmutiertes Feuer,
> das sich von Steinen nährt und brennt mit dunkelgrauer
> Flamme.
> Wenn mans probiert, schmeckt es erst bitter,
> dann salzig, und dann verbrennts die Zunge.
> Das ist, wie uns das Wissen zu sein scheint:
> Dunkel, Salz, klar, in Bewegung, unübertrefflich frei,

gezogen aus dem kalten harten Mund
der Welt, ein Kind der Felsenbrüste
ewiglich, in Fluß und gezogen, und weil
unser Wissen historisch ist, in Fluß und entsprungen.

Diese Schreibweise birgt noch eine erkennbare Ähnlichkeit zu
den einfachen Angelegenheiten des Erdkundebuchs. Es gibt da
keinen Satz, dem nicht eine vergleichbare Klarheit und Unan-
fechtbarkeit eignen würde. Dennoch, weil diese abschließenden
Zeilen Dichtung sind und keine Erdkunde, ist ihnen eine traum-
hafte Wahrheit, aber auch eine taghelle Wahrheit inne, sind sie
so halluzinatorisch wie genau. Ebenso besitzen sie jenes *sine qua
non* aller poetischer Sageweise, eine durch und durch überre-
dungsstarke innere Kadenz, die untrennbar eng verbunden ist
mit den befrachteten Wassern der höchsten Flut. Den Zeilen
wohnen zutiefst wahre Töne inne, die, wie Robert Frost das
ausgedrückt hat, »vor den Wörtern waren, lebend in der Höhle
des Mundes«, und sie bewirken, was Dichtung in ihrem tiefsten
Wesen eben zu bewirken pflegt: Sie bestärken unsere Neigung,
den Eingebungen unseres intuitiven Seins zu vertrauen. Sie
helfen uns, tief in den ersten Schlupfwinkeln unseres Seins, im
schüchternsten, noch präsozialen Teil unserer Natur zu sagen:
»Ja, ich weiß auch von so etwas. Ja, das stimmt; danke dafür, das
in Wörter gefaßt und es mehr oder minder offiziell gemacht zu
haben.« Und so verdient sich die Herrschaft der Sprache unsere
Wählerstimmen, und Anna Swirs Proklamation (die auf den
ersten Blick ein wenig überzogen gewirkt haben mochte) wird in
der sinnlichen Erfahrung des Lesens sogar einer gegenüber
bardischen Vermessenheiten so befangenen Dichterin wie Elizabeth Bishop wahr:

Dann wird ein Dichter zur Antenne, welche die Stimmen
der Welt einfängt, ein Medium mithin für die Artikulation
seines eigenen Unterbewußten wie auch des kollektiven
Unterbewußten.

In den drei nun folgenden Vorlesungen werde ich die Wege erkunden, auf denen W. H. Auden, Robert Lowell und Sylvia Plath es jeder auf seine Weise bewerkstelligt hat, »eine Antenne« zu werden. Und indem ich diese hier schließe, möchte ich zwei weitere »Texte« zur Meditation anbieten. Der erste stammt von T. S. Eliot. Vor vierundvierzig Jahren, im Oktober 1942, also im London der Kriegszeit, als er gerade an »Little Gidding« arbeitete, schrieb Eliot in einem Brief an E. Martin Browne:

> Mitten im Fortgang der gegenwärtigen Dinge fällt es sehr schwer, sich an einen Schreibtisch zu setzen und weiter darauf vertrauen zu können, daß das Vergeuden von Morgen auf Morgen mit Wörtern und Rhythmen ein zu rechtfertigendes Tun sei – zumal deshalb, als es nie irgendeine Gewißheit geben kann, daß das Ganze nicht doch in den Abfall wandert. Und auf der anderen Seite hat äußerliches oder öffentliches Handeln mehr von einer Droge als diese einsame Plackerei, die häufig so sinnlos erscheint.

Dies ist das große Paradoxon der Dichtung wie der imaginativen Künste schlechthin. Im Angesicht der Brutalität des geschichtlichen Ansturms erweisen sie sich als praktisch unbrauchbar. Dennoch verifizieren sie unsere Isoliertheit; sie bringen das Erz des Selbst, auf dem jedes individualisierte Leben fußt, zum Tönen und markieren zugleich dessen Grenzen. In einem Sinne ist die Wirksamkeit von Dichtung gleich Null – kein Vers vermochte je einen Panzer zu stoppen. Im anderen Sinne ist sie unbegrenzt. Dann ist sie wie die Schrift im Sand, deren Anblick Kläger wie Beklagte sprachlos macht und neu erstehen läßt.

Dabei denke ich an die Schrift Jesu, wie sie im achten Kapitel des Johannes-Evangeliums aufgezeichnet ist – mein zweiter und abschließender Text:

> Aber die Schriftgelehrten und Pharisäer brachten ein Weib zu ihm, im Ehebruch ergriffen, und stellten sie in die Mitte dar

und sprachen zu ihm: Meister, dies Weib ist ergriffen auf frischer Tat im Ehebruch.

Mose aber hat uns im Gesetz geboten, solche zu steinigen; was sagst du?

Das sprachen sie aber, ihn zu versuchen, auf daß sie eine Sache wider ihn hätten. Aber Jesus bückte sich nieder und schrieb mit dem Finger auf die Erde.

Als sie nun anhielten, ihn zu fragen, richtete er sich auf und sprach zu ihnen: Wer unter euch ohne Sünde ist, der werfe den ersten Stein auf sie.

Und bückte sich wieder nieder und schrieb auf die Erde.

Da sie aber das hörten, gingen sie hinaus (von ihrem Gewissen überführt), einer nach dem andern, von den Ältesten an bis zu den Geringsten; und Jesus ward gelassen allein und das Weib in der Mitte stehend.

Jesus aber richtete sich auf; und da er niemand sah denn das Weib, sprach er zu ihr: Weib, wo sind sie, deine Verkläger? Hat dich niemand verdammt?

Sie aber sprach: Herr, niemand. Jesus aber sprach: So verdamme ich dich auch nicht; gehe hin und sündige hinfort nicht mehr!

Das Zeichnen solcher Charaktere ist wie Dichtung, ein Bruch mit dem gewohnten Leben, aber keine Flucht vor ihm. Dichtung ist, wie die Schrift, willkürlich und markiert die Zeit in jedem möglichen Sinn dieses Satzes. Sie sagt nicht zu der anklagenden Menge oder zu dem hilflos Beklagten: »Jetzt wird sich eine Lösung zeigen«, sie beabsichtigt nicht, instrumental oder effektiv zu sein. Statt dessen erzwingt Dichtung in der schmalen Lücke zwischen dem, was geschehen wird und was immer wir zu geschehen uns wünschen, die Aufmerksamkeit für einen Raum; sie wirkt nicht als Ablenkung, sondern als reine Konzentration, ein Brennpunkt, in dem unsere Konzentrationskraft sich zurückkonzentriert auf uns selber.

Das ist es, was der Dichtkunst ihre Macht zur Herrschaft verleiht. In ihren großartigsten Momenten versucht sie, wie Yeats es faßte, in einem einzigen Gedanken Realität und Gerechtigkeit zu binden. Aber auch dann erweist sich ihre Funktion als weder im Kern demütig werbend noch als transitiv. Dichtung ist eher eine Schwelle denn ein Weg, eine, der man sich ständig nähert und von der man ständig ausgeht, an der Leser und Schreibende jeder auf seine Weise die Erfahrung durchmachen, zugleich vorgeladen und auf freien Fuß gesetzt zu sein.

Auden klingen lassen

Was ich in dieser Vorlesung erkunden möchte, ist die sich verschiebende Beziehung zwischen der Art dichterischer Autorität, wie sie Auden suchte und erlangte, und dem, was beschrieben werden könnte als die Musik seiner Dichtung. Mit dichterischer Autorität meine ich die Rechte und das Gewicht, die einer Stimme nicht nur aufgrund einer historischen Kontinuität des Sagens der Wahrheit zuwachsen, sondern auch kraft ihrer Tonalität, der Macht, die sie über die Tiefen des Ohres und, dadurch, über andere Bereiche unseres Bewußtseins und unserer Natur gewinnt. Mit Musik von Dichtung meine ich die technischen Mittel, die mehr oder weniger beschreibbaren Wirkungen von Sprache und Form, durch die eine bestimmte Tonalität bewirkt und bewahrt wird. Ich werde mich einhören in einige Passagen aus Audens Werk und zu beschreiben versuchen, was dort gehört wird; ich werde außerdem versuchen, einigen der Echos nachzugehen, welche die Passagen erzeugen, und danach fragen, auf welche Weise diese Echos Beiträge für das poetische Spektrum leisten oder auf seine Begrenzungen verweisen.

In seiner Prosa kehrte Auden immer wieder zurück zur Doppelnatur der Dichtung. Zum einen konnte danach Dichtung angesehen werden als magische Beschwörung, im wesentlichen also als eine Sache von Klang und der Kraft von Klang, das Begriffsvermögen unserer Köpfe, Herzen und Körper innerhalb eines akustischen Komplexes zu binden; zum anderen ist demnach Dichtung ein Stoff zur Herstellung weiser und wahrer Bedeutungen, der über unsere emotionale Zustimmung durch intelligente Organisation und Hinterfragung menschlicher Erfahrung verfügt. Tatsächlich bilden die meisten Gedichte – also auch Audens – zeitweilige Stützen gegen die Konfusion, welche droht durch die Neigung des Bewußtseins, beide Aspekte der Dichtung zu akzeptieren, trotz der potentiellen Gefahr ihrer gegenseitigen Ausschließung. Wahrscheinlich aber ist Konfusion ein bei weitem zu starkes Wort dafür, zumal Auden in der Lage ist, eine diesen Widerspruch auflösende Parabel der Dualität zu liefern, indem er den Schönheit/Magie-Anteil Ariel und den Wahrheit/Bedeutung-Anteil Prospero zuordnet und zu bedenken gibt, daß jedes Gedicht, mehr noch, jeder Dichter, einen Dialog zwischen beiden verkörpert. Ariel steht also für die zauber-hafte Kraft von Dichtung, für unser Bedürfnis nach Verzauberung: »Wir wollen, daß ein Gedicht schön sei, das heißt, ein irdisches Paradies aus Wörtern, eine zeitlose Welt des reinen Spiels, die uns gerade aufgrund ihres Kontrastes zu unserer historischen Existenz Freude schenkt.« Dieser Wunsch natürlich, sofern gänzlich erfüllt, muß Dichtung in Selbstbetrug und damit in die mit gleicher Kraft entgegenwirkende Gegenwart Prosperos führen, dessen Vertrag mit der »Wahrheit« und nicht mit der »Schönheit« geschlossen ist – »und ein Dichter kann uns keinerlei Wahrheit bringen, ohne in seine Dichtung das Problematische, das Schmerzliche, das Ungeordnete, das Häßliche eingebracht zu haben«.

Alles das ist selbstverständlich. Wie wir allerdings Fragen zum Wert der Dichtung Audens beantworten, wird von den relativen Werten abhängen, die wir poetischem Sinn und poetischem Klang beimessen. Es wird davon abhängen, wie wir die Frage beantworten, die Auden sich selber in seinem herrlichen kurzen Gedicht »Orpheus« stellte: »Was erhofft sich der Gesang … Bestürzt zu sein oder beglückt, / Oder, vor allem, Kenntnis vom Leben?« Audens eigene unbefriedigende Lösung einer gleichen Krux, seine berühmte Änderung von *oder* in *und* in der Zeile »Einander lieben oder sterben müssen wir« mag auf den ersten Blick eine schnelle Antwort nahelegen: Der Gesang hofft, glücklich zu sein *und* das Wissen um das Leben zu besitzen. Nur, so flink zu einer solch glatten Lösung zu kommen, würde uns des Vergnügens berauben, das Gefüge der Dichtung selbst zu erforschen.

Verbissen, auf aggressive Weise zeitgemäß in der Art, in der sie Kenntnis nahm von der gefallenen zeitgenössischen Landschaft, dabei jedoch empfänglich für die unverdorbene Szenerie eines erdachten angelsächsischen England, hatte Audens ursprüngliche Stimme nicht prognostiziert werden können und war dann ihrer Zeit doch durch und durch gemäß. In den späten zwanziger und frühen dreißiger Jahren nahm er die heimische englische Lyrik am Schlafittchen, stieß ihr die Nase steil in die Modernität hinein, ließ sie sich über den Schock des Verlaufs einer Dekade schütteln und juxen und gestattete es ihr erst dann, mit ihrem behaglichen heimischen Erbe eine liebenswürdige Beziehung aufzunehmen. Sein Opus steht am Ende für das, worauf seine Einsichten zu Anfang bestanden: für die Notwendigkeit eines Bruchs, die Flucht vor der Gewohnheit, die Flucht vor dem Gegebenen; und er besteht auf der Notwendigkeit dieser Akte der Selbstbefreiung nur darum, ihr letztlich illusorisches Versprechen zu denunzieren.

Damit stimmt überein, wie seine eigene Laufbahn die volle Drehung des Rades von seiner anfänglichen Verweigerung eines Milieus und einer Tradition bis zu seiner schließlich willfährigen Einbettung in beide repräsentiert. Es ist, als erleide er, wie Tiresias, alles im voraus und wüßte zugleich doch, bei allem, was er weiß, daß er weder Entkommen noch Erfüllung finden könnte. Oder vielleicht sollte man statt dessen sagen, daß er weder Vergebung noch Heil finden kann – Dinge, die nur durch die Inbeziehungsetzung historischer Zeit zu einem anderen ewigen Leben, das der Geschichte selber über die Schulter schaut, gefunden werden können:

> Sie suchte jenseits seiner Schulter
>   Nach Reben und Olivenbäumen,
> Marmornen gutregierten Städten
>   Und Schiffen auch auf ungezähmter See
> Dort aber auf das schimmernde Metall
>   Hatten statt dessen seine Hände
> Künstlich eine Wüstenei gesetzt
>   Und einen Himmel wie von Blei.*

Hier ist es die Göttin Thetis an der Schulter des schmallippigen Waffenschmieds Hephaistos, und das Gedicht, aus dem das Zitat

---

* abcbdefe

stammt, »The Shield of Achilles« [Der Schild des Achilles], gibt uns einen Auden in seinen schon gesetzteren, gleichermaßen gereifteren Dichterjahren, dessen langer, universeller Blick bekümmert auf die historischen Zyklen gerichtet ist. Die melodiöse Tonlage dieser Zeilen und ihre Leidenschaftslosigkeit sind das Resultat jener Art synoptischer Weisheit, in der dieser Dichter gesiedelt, auf die er hingewirkt hatte. Aber ich möchte doch mit einem sehr viel früheren Gedicht beginnen, das er schließlich »Venus Will Now Say a Few Words« [Venus wird nun ein paar Worte sagen] betitelt hat. Hier steht Venus für das Tor und den Ansporn zum Leben, den konstanten und ewigen Geschlechtstrieb. Sie – oder er, der Trieb – wendet sich an ein nicht spezifiziertes Subjekt, das charakteristischerweise auf dem Sprung ist zu etwas, von dem er hofft, es möge bedeutungsvolles Handeln sein. Und, wie gewöhnlich, werden seine Wahl, Krise und Handlung wahrgenommen als ebenso notwendig wie unerwünscht:

Daß du dein Haus verschließt und allen Mut
                         zusammennimmst
Und in die Wildnis ziehst, um dort zu beten,
Bedeutet, daß ich gehn und weiterziehen möchte
Und eine andere Gestalt annehmen, mag sein die
                         deines Sohnes;
Obwohl er dich verschmähn, die gegnerische Mannschaft
                         wähln,
Ein andermal zu spät oder zu früh zur Stelle sein mag,
Werd ich ihn anders nicht behandeln – er kriegt ein
                         Trinkgeld,
Wir heulen, den Vortrag besiegeln, antworten – gestutzt.

Glaub nicht, daß du verzichten könntest;
Bevor du an der Grenze bist, wirst du geschnappt;
Das haben andere versucht und werdens wieder tun,
Um abzuschließen, was sie nie begonnen:
Ihr Los muß immer aussehn wie das deine,
Verluste zu erleiden, die sie fürchteten, jawohl,
Beharrer auf nur einer Position, im Irrtum jahrelang.

Dies hat die für den jungen Auden so typische Kombination von Untergangsbetrachtung und bockbeiniger Energie. Die Stimme des Unvermeidlichen spricht, die Stimme evolutionärer Kraft, die Stimme dessen, was er schließlich und hinlänglich bekannterweise in der letzten Strophe von »Spain« Geschichte nennen wird. Und damit erweist es sich als angemessen, das Gedicht sich mit kolbengetriebener Unvermeidlichkeit bewegen zu lassen und seine Triebkraft zu erzeugen durch das Couplet, diesen kleinen Hammer unter den Metren, hämmernde, klopfende, stoßende, schlagende Zeit. Und ebenso erweist sich das Gedicht als unfähig, »Hilfe oder Gnade« klingen zu lassen, diese Palliative, welche die Geschichte, in der entscheidenden, acht Jahre später geschriebenen Strophe noch immer nicht auf die Besiegten auszuweiten fähig sein wird. Da, indessen, würde der Geschichte zugestanden werden, *Leider* zu sagen, und obwohl die Botschaft der oben zitierten Zeilen tatsächlich nichts verzeihen mag, wird die Stimme durch Audens Dämpfung der Rhythmustrommel davor bewahrt, übers Ziel hinaus zu schießen und ein Organ der Straf- und Rachsucht zu werden:

> Ihr Los muß immer aussehn wie das deine,
> Verluste zu erleiden, die sie fürchteten, jawohl,
> Beharrer nur auf einer Position, im Irrtum jahrelang.

Parareim, Wilfred Owens technisch simple, aber emotional komplizierte Neuerung, ist von Owen selbst am systematischsten in das Gedicht »Strange Meeting« [Seltsames Treffen] eingearbeitet worden, in dem das Zusammentreffen von Doppelgängern dramatisiert und der Zusammenbruch des Vertrauens in den Fortschritt und lauter solche melioristischen Vorstellungen beklagt wurden. Weiterhin hat Owen erklärt, daß »Alles, was ein Dichter heute kann, ist: warnen«. Damit erwies es sich, poetisch und historisch, als angemessen, daß auch Audens warnendes Gedicht Parareim verwendet und so ein Echo des früheren darstellt.

Darum reichen die Verszeilen wie Lotleinen bis hinunter in

den Schlamm von Flandern, bis zurück zu jenem »Kriegsdienstverweigerer mit einem sehr abgestumpften Gewissen«, Owens
Meldung zum Kriegsdienst, seine Ausbildung von Rekruten
zum Töten und Getötetwerden, die schreckliche Anspannung,
die er sich aufbürdete, indem er im Angesicht persönlichen
Ekels und Traumas patriotische Courage bewahrte – all das
befreite ihn nicht von der Erkenntnis, daß durch sein Opfer
nichts verbessert würde. Auch dies machte Owen zu einem
wahren Vorläufer für den Auden von »Spain«, den Dichter, der
stillschweigend duldete, was er beklagte, das, was er zu Anfang
den »notwendigen Mord« nennt und dann, in einer allgemein
nachsichtigeren Revision, den »Fakt des Mordes«.

Owen muß Auden im Kopf gewesen sein, wenn auch nur als
technisches Vorbild. Aber ich möchte fortfahren, Dinge klingen
zu lassen, vielleicht sogar über das erforderliche Maß hinaus,
und noch weiter zurückgehen. Der Bezug auf die Köpfung – also
das Hängen – eines Sohnes hat mich erinnert an Walter Raleghs
Sonett für *seinen* Sohn, seinen Possenreißer, seinen hübschen
Schurken; und die Erinnerung an Raleghs Zeilen, auch im
Schlagschatten öffentlicher Gefahr zu Papier gebracht, bedeutet
den Gewinn einer neuen Perspektive auf Auden. Raleghs Gedicht ist zart und morbid, heimgesucht von der unterdrückten
Überzeugung, daß das, was es darstellt als eine fröhliche und
zugleich bedrohliche Phantasie, in Wahrheit den Status eines
entsetzlichen Traums hat. Der Oberflächenklang nimmt sich
heiter aus, die Musik im Hintergrund aber ist ein qualvoller,
unaufhörlicher Lauf der Räder eines Schinderkarrens:

Drei Dinge seien es, die stark gedeihn
Und blühn, derweil sie auseinanderwachsen;
Doch eines Tages werden sie an einem Ort sich treffen,
Und wenn sie's tun, verderben sie einander.
Und diese sind: das Holz, das Kraut, der Schelm.
Aus Holz wird aufgestellt der Galgenbaum;
Das Unkraut schnürt des Henkers Sack am Hals;
Der Schelm, mein kleiner Schuft, der zeigt auf dich.
Bedenke wohl, geliebter Sproß, solang sie nicht vereint,

Sprießt grün der Baum, gedeiht der Hanf und tollt der
                Schelm;
Doch wenn sie's tun, dann muß das Holz verrotten,
Dann ziert's den Strang und würgt das Kind.
Dann hüte dich, sei auf der Hut und laß uns beten,
Daß diesen Tag der Einung uns nichts trennen mag.

Lange bevor das Unterbewußte sich als ein Freudsches Konzept in die Sprache gedrängt hat, umspielte es bereits wie ein Elmsfeuer die Zeilen eines Gedichtes wie dieses. Der entscheidende Unterschied zwischen Audens Erwägung des Bildes vom gehenkten Sohn und Raleghs poetischer Zwanghaftigkeit ihm gegenüber liegt in genau dieser Aufteilung zwischen prä-freudianischer und post-freudianischer Bewußtheit; und indem Auden aufgrund des Fortschritts an poetischer Strategie zulegt, verliert er einiges an poetischer Energie. Wo Raleghs Version des Furchtbaren sich erhebt wie eine aus dem Holz folkloristischer Phantasie geschnittene Ballade und eine Aura von *déjà vu* und Unheimlichem trägt, läßt sich die Audens mehr empfinden wie das Ergebnis der Konsultation eines Motivregisters. Das Ratt-ta-tatt-tatt der Bewegung des Audenschen Gedichts, die halbgravitätische Erwartung, daß wir eine Allusion auf Horaz' Flüchtling mitbekommen, der über die Meere hastend zwar die Himmel, nicht aber sein Schicksal wechselt, die Rede von einem »gegnerischen Team« innerhalb eines Kontextes, der eigentlich Anspruch auf das Orakelhafte erhebt, der schrittweise Anwuchs einer schnellen Tonlage über einer ernsten Begebenheit, all das kommt aus Audens strategischer Intelligenz, die eben nur ein klein wenig zuviel Kontrolle über die Dinge hat.

 Was hier augenfällig wird, ist seine Fähigkeit, eine neue Art des englischen Gedichts zu schreiben mit dem, was er in seinem Gedicht für Christopher Isherwood eine »strenge, reife Feder« genannt hat. Als er dies in seiner Einführung zu seinem Buch *The Auden Generation* behandelt, charakterisiert Samuel Hynes die begehrte neue Kunst wie folgt:

Auden drängte auf eine Art des Schreibens, die affektiv, unmittelbar, mit Ideen beschäftigt, moralisch und nicht ästhetisch in ihrer zentralen Absicht, sowie organisiert sein sollte durch ebendiese Absicht statt durch ihre Entsprechung in der beobachteten Welt. Das Problem, das er aufgab, war nicht einfach nur ein formales – das Finden einer Methode des alternierenden Schreibens georgianischer Lyrik und eines realistischen Romans –, sondern etwas Schwierigeres: er forderte alternative *Welten*, Welten der Imagination, die bestehen sollten aus neuen, signifikanten Formen und durch welche die Literatur in einer Zeit der Krise eine moralische Rolle spielen könnte.

Das ist gut ausgedrückt und könnte auf ein anderes Gedicht angewendet werden, das ich in eine Linie bringen würde mit »Venus Will Now Say a Few Words«, um herauszufinden, was am Ende an Audens Gedicht doch noch immer unbefriedigend bleibt. Hynes' Beschreibung könnte sich nämlich ebenso gut beziehen auf ein Werk, das, ein paar Jahrzehnte nach Auden, von den historisch geprüften Vorstellungen von Nachkriegsdichtern in Osteuropa geschaffen werden sollte; und wirklich – das Gedicht, bei dem wir verweilt haben, gehört zu einem Genre, das sich erst nach dem Trauma der Nazi-Erfahrungen voll herausgebildet hat. Audens Genius hat zwar die Möglichkeiten skizziert, aber es sollte dann die Aufgabe der Polen und Tschechen und Ungarn sein, sie der Literatur erst vollständig dienstbar zu machen. Die Art von Werk, an die ich dabei denke, findet ihren Repräsentanten in Czesław Miłoszs »Ein Kind Europas«, dessen Abschnitt IV lautet:

Aus dem kleinen Korn der Wahrheit züchte die Pflanze
                              der Lüge,
Folge nicht jenen, die lügen und die Wirklichkeit
                              mißachten.

Die Lüge sei logischer als das Geheimnis,
Damit die erschöpften Wanderer darin Linderung finden.

Nach dem Tag der Lüge versammeln wir uns im
                                   passenden Kreis
Und klopfen uns auf die Schenkel vor Lachen, wenn
                         jemand unsere Taten erwähnt.

Die Anerkennung teilen wir aus im Namen der raschen
                                            Einsicht
Oder im Namen der Größe eines Talents.

Wir Letzten, die aus Zynismus Freude schöpfen können.
Die Letzten, deren Durchtriebenheit der Verzweiflung
                                            nah ist.

Schon kommt die tödlich ernste Generation zur Welt,
Die alles wörtlich nimmt, was wir mit Lachen quittieren.

Was Miłoszs Gedicht auszeichnet, ist seine Grundströmung vollkommener Gewißheit, die Gestalt der Dinge betreffend. Obwohl
dies eine Übersetzung ist, bin ich doch überzeugt, daß wir der
Wahrheit des polnischen Originals insofern nahekommen, als
die Dichtung, um ein Wort Wilfred Owens zu paraphrasieren, in
der Anlage des Konstrukts liegt. Oder – um zurückzukehren zu
einem der Begriffe, die ich am Beginn der Vorlesung eingeführt
habe – die Dichtung stellt wahre Bedeutungen her und verfügt
über unsere emotionale Zustimmung durch die intelligente Organisation ihres Stoffes, mit dem sie menschliche Erfahrung
hinterfragt.
    »Ein Kind Europas« ist zugleich historisch und allegorisch, es
ist weit hinter die Simplizität der Beichte zurückgegangen, und
seine Verschwiegenheit ist das Verstummen am Morgen nach
der Barbarei. Es ist der Aufschrei einer moralischen Kreatur, die
gequält wird durch die Wendung, welche die Geschichte in
Europa in den vierziger Jahren nimmt, und im gleichen Maße ist
es ein psychisches Modell, das einer Quelle irgendwo zwischen
Alptraum und Stolz entsprang, Wort für Wort die Konkretisie-
rung persönlicher Tiefen wie Raleghs *frisson* auch. Was nichts
anderes heißt, als daß seine Reichweite hinein von gleicher

Intensität ist wie seine Reichweite hinaus, daß es also gleichermaßen wirkungsvoll ist als Satire wie als Selbstprüfung. Damit verglichen, liegen Audens Zeilen eingedockt zur Überholung in Sachen Intelligenz, obwohl dies zu sagen dem Dichter gegenüber ungerecht ist, der seinen Durchbruch zu dieser Zeit mit einer Art von Gedicht hatte, das die englische Lyrik weit über die heimischen Sicherheiten der ersten Person Singular hinausbeförderte, es sogar noch beförderte zu jenem Typus unpersönlicher, eschatologischer Dichtkunst im Nachkriegs-Europa, von dem die zeitgenössische englische Lyrik erst jetzt Kenntnis zu nehmen beginnt.

Von Anfang an war Audens Vorstellungsvermögen darauf aus, eine Verbindung herzustellen zwischen dem großen Bild dessen, was draußen in Europa und in England geschah, und dem kleinen, das in ihm selbst gezeigt wurde: Er spürte die Krise in einer zwischen Erneuerung und Katastrophe hin- und herschwankenden öffentlichen Welt als Analogon zu einer seinem eigenen Leben drohenden Krise des Handelns und der Freiheit der Wahl. Dichter mit einem »frisierten« Bewußtsein ihrer selbst und ihrer Kunst verfügten in der Vergangenheit über eine Vielzahl von Reaktionsmöglichkeiten auf solche destabilisierenden Drucksituationen: therapeutische autobiographische Essays wie *The Prelude* oder *In Memoriam;* meditative Klagen wie »Dover Beach«; Projektionen des in revolutionärem Zauber strahlenden Selbst in der »Ode to the West Wind« oder eine Zurschaustellung seiner aristokratischen Autonomie in *The Tower*. Aber all diese Arbeiten stammten von Dichtern, die bereits Gewohnheiten der Ansprache etablierten, also sicheren Stand in einer gesellschaftlichen und literarischen Landschaft, welche sie als mehr oder minder sozial ansehen konnten.

In der Zwischenzeit war natürlich, zumal unter Bedingungen, unter denen sich der Boden ihrer Gegenwart jederzeit auftun konnte, ein neuer Ansatz verfügbar geworden, den Eliot »die mythische Methode« getauft hatte. Und die bestand aus einer Kunst, die ein klassisches Netz unter die unsicher balancierenden Daten alles Zeitgenössischen, alles Parallelisierenden, alles Schattierenden, Archetypifizierenden hielt – jener Kunst, wie sie praktiziert worden ist im *Ulysses,* im *Waste Land* und in Ezra Pounds ersten *Cantos*-Sektionen. Das kam dem, was Auden brauchte, näher, nur war Auden im Unterschied zu den Meistern, die diese Werke hervorgebracht hatten, weder Expatriat noch Antagonist; er war Engländer, also dort, wo er hingehörte, und er brannte darauf, Bericht zu erstatten. Die Konsequenz war, daß er den traditionellen Modi englischer Dichtung mehr Treue entgegenbrachte, als es die ersten Modernisten taten, und daß er in heimischer englischer Landschaft und Historie mehr zu Hause war. Doch hatte er allerdings auch eine starke Intuition in bezug auf die Unverläßlichkeit des Schutzes, den all dies gewährte, und indem er es naturgemäß hegte, drängte es ihn gleichermaßen, sich von alledem zu befreien.

Es hungerte ihn nach einer Form. In seinen ungeformten Bedürfnissen und Beweggründen probte er das Szenario, das Martin Buber in *Ich und Du* wie folgt umreißt:

> Dies ist die zeitlose Quelle der Kunst: Eine Form gibt sich einem Menschen zu erkennen, die durch ihn in ein Werk gebracht zu werden wünscht. Diese Form ist kein Sproß seiner Seele, sondern sie ist eine Erscheinung, die zu ihr aufschließt und von ihr die Wirkungskraft fordert. Der Mensch ist besorgt um einen Akt seines Seins. Wenn er ihn bewältigt, wenn er der Form, die erscheint, aus seinem Sein das Urwort zuspricht, dann ergießt sich die Wirkungskraft, und das Werk entsteht.

Dies ist recht eigentlich eine überzeugende Darstellung dessen, was an der Erfahrung schwer faßbar und dunkel ist; und mit ihrer Idee einer ausströmenden Kraft und dem Werk, das entsteht, da das allererste Wort gesprochen ist, repräsentiert sie eine Möglichkeit der Anerkennung jener Art von herrschender Macht, zu der sich die Sprache des jungen Auden immer dann Zugang zu verschaffen vermochte, wenn Akte seines Seins aus seinen eigenen Worten hervorgingen, jene ganz und gar unwiderstehlichen, ja entfremdeten und entfremdenden Worte seiner frühesten Gedichte.

Diese neue Lyrik war gewissermaßen von einem Unpersonalpronomen dominiert, das vieles umschloß, was fabel-haft, leidenschaftlich und gelegentlich obskur war. Seine Manifestationen waren ein »Ich« oder »wir« oder »ihr« oder »du«, das den Leser in einem Zuge fesseln, durcheinanderbringen und prüfen konnte. Er oder sie schien mitten in einer kalten Landschaft mit verbundenen Augen ausgesetzt, schnell herumgewirbelt, dann von der Augenbinde befreit, zum Losmarschieren und schließlich noch dazu aufgefordert worden zu sein, von da an etwas mit jedem x-beliebigen ominösen Gegenstand anfangen zu sollen. Das neue Gedicht verwandelte den Leser in einen Komplizen, der auf unerklärliche Weise durch die schmeichlerische Implikation an die Führungsstimme gebunden war; sie und er teilten ein Wissen, das nur entweder schmählich oder subversiv sein konnte. In Hynes' Verständnis bot es eine alternative Welt. Nicht einmal Eliots Gedichtanfänge konnten, so bestürzend sie sein mochten, mit denen Audens in Sachen entwöhnender Abruptheit mithalten. Eliot trieb das Gedicht durch die Strömungskraft rhythmischer Erwartung immer weiter hinaus, die Wörter trieben ungehindert davon, immer in Richtung erreichbarer syntaktischer oder szenischer oder narrativer Ziele:

Komm, wir gehen, du und ich,
Wenn der Abend ausgestreckt ist am Himmelsstrich ...

Na gut. Also, gehn wir.

April, der ärgste Monat, heckt
Flieder mit der toten Flur, verquickt
Erinnern und Verlangen, langt ...

*Alles klar. Red' weiter. Was hat
dich noch genervt?*

Hier bin ich, ein alter Mann in einem dürren Monat,
Warte auf Regen, ein Junge liest mir vor.

Klar, Opa! Natürlich tust du das.

Audens Aufgänge wurden andererseits *gegen* den Strom vom Stapel gelassen. Das Handwerkliche selbst fühlte sich schon schiffsförmig an, seine Bewegung schien aber unberechenbar; sie fing auf mittlerer Höhe an, um dann ins Schlingern zu geraten:

> Wer steht, die Krux der Wasserscheide blieb,
> Auf jenem nassen Weg zwischen dem Gras, das Wunden
> reibt ...

> *Zwischen Gras? Was meinst du denn?*
> *Wo überhaupt soll das sein?*

> Größer heut, erinnern wir uns gleicher Abende
> Und wandern zu zweit durch den windstillen
> Obstgarten ...

> *Was, wieso größer? Wessen Obstgarten?*
> *Wo denn?*

Diese berühmten frühen Gedichte haben mir als Student enorme Schwierigkeiten bereitet. Vertrauensselige Lehrer sprachen dann von Geoffrey Grigsons Rat an die Dreißigerjahre-Dichter: »Erstattet gründlich Bericht. Fangt an mit Objekten und Ereignissen.« Diese Dichter hatten soziale Anliegen, wurde uns gesagt; sie waren durch den Kommunismus versucht, wollten in ein Stück Verhandlung treten mit der Popularkultur und das Mobiliar der modernen technologisierten Welt in ihre Texte einbringen. Na schön. Das war in bester Ordnung, soweit es die nackten Riesenmädels hinter Spenders Pylonen und die lärmende Farce von Louis MacNeices »Bagpipe Music« [Dudelsackmusik] betraf. Aber es sah so aus, als würde Auden der wichtigste Mann sein – also, wo brachte einen dieser ganze Vorlesungsmitschreibkram hin, wenn man sich dann in der Einsamkeit seiner Bude konfrontiert fand mit den Stakkatoimperativen in Passagen wie dieser:

Geh heim jetzt, Fremder, so stolz auf deinesgleichen,
Fremder, dreh dich nochmal um, enttäuscht und
mißgestimmt:
Dies Land ist abgeschnitten, hat keinerlei Verbindung,
Kein Nebeninhalt mehr für einen planlos Suchenden
Nach Antlitzen viel eher dort als hier.
Lichtkegel deines Wagens mögen Schlafraumwände
kreuzen,
Sie wecken keine Schläfer; mag sein, du hörst den Wind
Der kommt, getrieben von der ignoranten See,
Um sich an Fensterglas zu schneiden, an Rüsterborke,
Wo Harz ganz ungehindert steigt, im Frühjahr;
Doch selten dies. Bei dir, größer als Gras,
Wägt das Ohr ab vor der Entscheidung, wittert Gefahr.

Meine Lehrer hatten das Wort »Telegrammesisch« benutzt, und
darum nahm ich an, ich hätte es hier genau damit zu tun, mit
dem Rätselhaften und Abrupten in diesem Ding, das genauso
viel vom wirklichen Geratter einer Signale übermittelnden Ma-
schine hatte wie vom kondensierten Idiom einer dekodierten
und gedruckten Botschaft. Na gut, in Ordnung – Telegrammesisch. Nur, zu welchem Zweck? Ich fühlte mich ausgeschlossen.
Mir waren tatsächlich die Augen verbunden, ich war herumgewirbelt worden, und das nur, um mich danach von einer Landschaft eingeschüchtert zu finden, die mich sowohl überzeugte als
auch hinwegfegte.

Es wäre besser gewesen, wenn diese Lehrer die Möglichkeit
gehabt hätten, zu zitieren, was Geoffrey Grigson vier Jahrzehnte
später schreiben würde, in dem Band mit den von Stephen
Spender herausgegebenen Gedächtnishuldigungen. Darin
sprach Grigson über das erste Audensche Gedicht, mit dem er je
Bekanntschaft gemacht hatte, eines, das dann nie wiederveröf-
fentlicht wurde, und darüber, daß es einem »Englischsein«
entsprungen wäre, das bis dahin weder überhaupt ausgedrückt
noch in einem Gedicht isoliert worden war.

In dem Gedicht sah [Auden] die Blutspur von Grendelm, nachdem dessen Arm und Schulter ihm von Beowulf ausgerissen worden waren. Das Blut leuchtete, es phosphoreszierte im Gras ... Es war, als hätte Auden ... durch seine Vorstellungskraft etwas Ort und »Realität« verliehen, das zwar für Schulprüfungen ausgebeutet worden, aber doch in englischen Ursprüngen verwurzelt war.

Grigson sprach auch von »Assonanzen und Alliterationen, die sich vereinigen, um eine neue verbale Wirklichkeit herzustellen, eine, die aus Fels sein könnte oder aus Quarz« – genau der Grund für das, was ich empfand, als ich dieses Versstück zum erstenmal sah, und dafür, daß ich mich noch immer daran erfreuen kann. Es sind Reaktionen und Formulierungen wie die von Grigson, die zwar wenig aussagen über die wechselnden Ergebenheiten gegenüber Marx und Freud seitens der jüngeren Dichter; aber das sind auch diejenigen, die auf längere poetische Sicht am meisten zählen, weil sie die der Kunst der Sprache gegenüber bei weitem empfindlichsten sind.

Viel ist geschrieben worden über die ideologischen und theologischen Anstrengungen, welche die Karriere dieses Dichters gefordert haben. Vieles an Kommentaren ist erzeugt worden durch die nachträgliche Revision oder Beschneidung seines Werkkanons, wo es viele ausgesprochen politische und mahnende Äußerungen aus der Zeit seiner leidenschaftlichen Appelle an die Öffentlichkeit betraf. Weniger scheint gesagt worden zu sein über jene »poetische Musik«, die ich eingangs erwähnt habe und der sich Grigson hier mit besonderem Einfühlungsvermögen widmet. Impressionistisch und textzentriert, wie diese Art von Kritik auch sein mag, bietet sie doch immer Raum für die Verifizierung poetischer Realität in der Welt. Das mag zwar vom Idiom her nicht gar so zeitgemäß sein wie das, was man bei neueren Auden-Kommentatoren wie Stan Smith finden kann, dessen dekonstruktivistisches Instrumentarium viele exzellente Einsichten abwirft: Smith hält beispielsweise dafür, daß der frühe Auden sowohl belastet als auch inspiriert ist durch seine Wahrnehmung, daß er eher das Produkt denn der Produzent einer Reihe weltgestaltender Diskurse ist. Es mag sein, daß Grigsons Art, über Gedichte zu reden, im strengeren Sinne nicht so analytisch ist wie diese; die Art und Weise aber, in der er die kulturellen Implikationen und Verknüpfungen herausfiltert, wie sie jedem poetischen Kraftfeld einwohnen, hat als kritische Aktivität nicht ihresgleichen, weil sie, als Akt des Lesens, so eng mit dem verwachsen ist, was im Akt des dichterischen Schreibens geschieht.

Ein neuer Rhythmus, das ist letzten Endes neues, der Welt geschenktes Leben, eine Wiederbelebung nicht einfach nur des Ohres, sondern der Wurzeln des Lebens überhaupt. Die rhythmischen Disjunktionen in Audens Zeilen, die korrespondierend damit gebrochenen Elemente von Erzählung oder Problemstellung, das sind Erweckungen hin zu einer neuen Realität, poetische Äquivalente des Fehlers, den er im Leben seiner Zeit intuitiv aufspürte. »The Watershed« [Die Wasserscheide] ist, wenn man Edward Mendelsohns Einführung zu *The English Auden* folgt, das früheste der für die Standardausgabe der *Collected Poems* aufbewahrten Gedichte, und es liest sich an manchen Stellen, als hätte ein Erdrutsch gerade in dem Moment stattgefunden, in dem die Zeilen formuliert wurden, oder als hätte sich zwischen Geist und Buchseite irgendein Durchschlupf gemogelt:

Dies Land ist abgeschnitten, hat keinerlei Verbindung,
Kein Nebeninhalt mehr für einen planlos Suchenden
Nach Antlitzen viel eher dort als hier.

Was mich störte und ausschloß, als ich das während meiner Studentenzeit las, schließt mich noch immer aus, stört mich aber nicht mehr. Der Unterschied ist der, daß ich mich heute damit zufriedengebe, daß Auden überhaupt solchen Widerstand gegenüber den Erwartungen der Leser praktiziert *hat;* ich habe mein Vergnügen an seiner Dunkelheit und bin bereit, seine Unverständlichkeit zu akzeptieren – auch dann noch, wenn sie beabsichtigt gewesen sein sollte – als ein Symptom für die bewußte Insistenz dieses Dichters auf dem Abstand zwischen Kunst und Leben. Das soll nun nicht heißen, daß es zwischen Kunst und

Leben keine Beziehungen gäbe, aber es *soll* heißen, daß, wie Lazarus im Glück gegenüber Dives im Schmerz insistierte, da eine Kluft vorhanden ist.

Ein Gedicht treibt in enger Nachbarschaft, parallel, zum historischen Wimpernschlag. Was mit uns als Lesern vor sich geht, sobald wir an Bord des Gedichtes gehen, hängt davon ab, welcher Art von Beziehung es in bezug auf unser historisches Leben Raum gibt. In den häufigsten Fällen ist die Beziehung besänftigender oder palliativer Art, und das Gedicht massiert eher unser Gefühl dafür, wie es ist, in der Erfahrung lebendig zu sein, statt es aufzuwühlen. Das gewöhnliche Gedicht bleibt der Art unseres Redens bei Tisch treu, mehr noch: der Art, wie wir zuvor andere Gedichte zu uns haben sprechen hören. »Out on the lawn I lie in bed, / Vega conspicuous overhead / In the windless nights of June«, »Im Bette lieg ich draußen auf der Wiese, / Vega über mir ein Riese / In Juninächten weht kein Hauch.« Ja, ja, denken wir, mehr, mehr davon; ist doch schön, schreib' weiter so was. Die Melodie lindert die Sorgen, das ozeanische Gefühl von Mutterleibseinheit regt sich, Freude erfüllt das Gewölbe des Geistes, wie der Nachhall eines Chorsängers sich in einer Kathedrale bricht:

> Daß später wir, wenn auch getrennt,
> Noch immer diese Nächte wissen, als
>   Angst auf seine Uhr nicht sah;
> Der Löwen Gram tatzte aus dem Schatten,
> Auf unsern Knieen ruhten ihre Schnauzen,
>   Und Tod legte sein Buch beiseite.*

Das illustriert exemplarisch den Kirchenliedeffekt von Dichtung, seine Wirkungskraft als Auflöser von Differenzen, und solange sie in dieser Weise operiert, bewahrt sie ihre Funktion, die Erzeugung eines Gefühls des Daheimseins in der und Vertrauens in die Welt. Das einzelne Gedicht mag ganz bestimmte Notsituationen aufgreifen, Tod etwa oder Bürgerkrieg oder ein

---

* aab ccb

Begreifen der traurigen Tatsache des Verrats zwischen Liebenden. Solange aber seine Melodie eingespielt wird in die vorbereiteten Erwartungen unseres Ohres und unserer Natur, solange das Begehren nicht verweigert oder zugelassen wird, nur um enttäuscht zu werden – solange wird die Wirkung des Gedichts das Angebot eines Gefühls möglichen Trostes sein. Vielleicht liegt es in Audens Empfänglichkeit für diese bis zum Erbeben ergötzliche Kraft von Dichtung begründet, daß er ständig vor ihr warnt. »Insofern als man von Dichtung oder jeder anderen der Künste sagen kann, daß sie einen tieferen Zweck erfüllt, besteht dieser, indem er die Wahrheit sagt, in Entzauberung und Ernüchterung.«

Auden allerdings praktizierte mehr *Verzauberung*, als aus diesem Ausspruch zu schließen wäre, und damit ist es auch nicht weiter verwunderlich, daß es ihn drängte, den kritischen Zwischenrufer in sich wachzuhalten. Nach den mittdreißiger Jahren mußten die jambischen Melodien und der formal traditionelle Gehorsam seiner Gedichte, die eher handwerkliche denn sinnliche Entwicklung des angelsächsischen Metrums in *The Age of Anxiety* [Das Zeitalter der Angst] ein Schwächerwerden der Neuheit und Andersheit seines Beitrags zu den Reichtümern, wenn nicht gar zur Versorgung von Dichtung selber bedeuten. Als er reifer war, mag er die Schuftigkeit bedauert haben, mit der er in seinen jüngeren Tagen herumgespielt hatte, als er, wie Christopher Isherwood berichtet,

> sehr faul war. Er haßte das Feilen und Korrigieren. Wenn ihm ein Gedicht nicht gefiel, warf er es weg und schrieb ein neues. Wenn er eine Zeile mochte, bewahrte er sie auf und arbeitete sie dann in ein neues Gedicht ein. Auf diese Weise wurden ganze Gedichte montiert, die einfach Anthologien meiner Lieblingszeilen waren und sich nicht im geringsten um Grammatik oder Sinngehalt scherten. Das ist die einfache Erklärung für vieles an Audens so gefeierter Dunkelheit.

Kein Zweifel, daß diese Praxis (sofern Isherwoods fröhlichem Bericht Glauben zu schenken ist) einen Mangel an Verantwortung hinsichtlich der Verständlichkeit verrät; aber sie zeugt auch von einem starken Lebensdrang im Künstler selbst. Den Konsens und die Klärung einer Bedeutung zu verhindern, die sich das Publikum doch nur wie ein Sprungtuch festmacht, bizarr zu sein, feurig, gegensätzlich, sich das Recht zur Impertinenz zu bewahren, in Wut zu versetzen, das Publikum in Schlaflosigkeit hineinzuquälen – dies alles zu tun, mag nicht nur zu billigen, sondern sogar notwendig sein, *wenn* Dichtung auf ihrem Weg in ein volleres Leben weitergehen soll. Was auch der Grund dafür ist, daß ich, wie ich schon gesagt habe, jetzt bereit dazu bin, mich ohne Furcht diesen seltsam unparaphrasierbaren, immer wiederholten Motiven zu widmen.

Zu Beginn von »The Watershed« ist der Wind »chafing«, zürnend, reibend, scheuernd – ein Wort, das bis dahin bar jeden onomatopoetischen Lebens schien: Nun aber gestattet es uns, durch seinen nachwirkenden Vokal und seinen eher streichelnden Reibelaut hindurch das Gewisper und Reiben des Windes einen Bergkamm entlang wahrzunehmen. Aber dieser ungehinderte Atemgang wird kompliziert durch die Bedeutung von etwas Reibendem, von etwas, das gereizt und wundgerieben und so entzündet wird. Das Wort signalisiert, daß die topographische Krux (der Wasserscheide), die zunächst ausgeklammert blieb, nun erlebt wird als und ersetzt wird durch eine psychologische Krux, einen Zustand des zwei gegensätzlich wirkenden Zuständen Unterworfenseins, in dem zugleich ein tiefes Schweigen und ein *susurrus* von heftiger innerer Bewegung erlitten werden. Ebenso wird der grammatische Frieden dieses Partizipiums der Gegenwart gestört durch eine lauernde Mittelstimme: Das Gras ist »chafing«, mithin: aktiv; doch insofern, als das einzige, was hier reibt und scheuert, es selbst ist, ist es auch passiv. Das Partizip besetzt aber auch noch einen mittleren Zustand zwischen Transitiv und Intransitiv und funktioniert deshalb insgesamt wie eine Passage, die beträchtlich beschleunigt, ein semantisches Kabinettsstückchen, das den Leser zermürbt und über einem Tal der Ungewißheit in der Schwebe hält. Bis zur zweiten

Zeile ist der Leser schon zu jenem »Fremden« gemacht worden, der in Zeile neunzehn direkt angesprochen werden wird. Tatsächlich stellen die ersten zwei Wörter den Leser auf die Probe, denn wir können im Englischen nicht von vornherein wissen, ob »Who stands …« ein Fragesatz, »Wer steht …« oder ein Nominalsatz, »Der steht …« ist. Dieses Hinauszögern einer genaueren Vorstellung der syntaktischen Richtung ist ein perfektes technisches Äquivalent für jenen Mangel an Gewißheit und Intuition für eine bevorstehende Katastrophe, der dem Gedicht seinen klanglosen Höhepunkt und seine Geschlossenheit verleiht.

Trotz allem, was an »chafing« richtig ist, spricht kein Eindruck dafür, wie und warum es gewählt worden ist; es ist vollkommen frei von jenem unausgesprochenen »Here be sport for diction-spotters«, »Hier sei Kurzweil für Diktionenschnüffler«, das über dem bedachtsamen, lexikalisch ausgerichteten Auden der letzten Jahre liegt, als er begonnen hatte, selber einer umfassenden, schwer mit den Buchdeckeln klappernden, mobilen Ausgabe des Oxford English Dictionary in Hauspantoffeln zu ähneln. Erinnern Sie sich an das abspulende Wollknäuel des Titelgedichts in Thank You Fog [Danke Nebel]:

Eingeschworner Feind des Trippelschritts,
Einschüchterer von Chauffeuren und Maschinen,
Lenkräder, klar, werden Dir zürnen,
doch wies mich freut,
daß du geködert wurdest, Wiltshires
bestrickende Umgebung zu besuchen
für eine ganze Weihnachtswoche.

Dieses »witching« (bestrickend) ist schön, permissiv, auf schiefe und nachzüglerische Weise literarisch, obschon gerade das Aroma seiner Gewandtheit einen Stich ins Langweilige hat, sogar für den Dichter (und das gleiche gilt mehr noch für »Festination« [Trippelschritt] und »Volants«). Wo das »chafing« noch den felsigen Kern der Sprache rührt und aus dem Riß unvermittelt Leben austreibt, sind die späteren Wörter einfache Sammlerstücke, ausgehoben in tyrannisierendem Vergnügen, doch ohne das Bedürfnis und die Freude, die der früheren Entdeckung eigen gewesen war.

Glücklicherweise besteht keinerlei Notwendigkeit, damit fortzufahren. Der spätere Auden ist eine andere Art von Dichtung; mittlerweile ist die Zeile doktrinär in ihrer Häuslichkeit, darauf aus, zu trösten wie ein Wollfaden, statt zu schockieren wie ein nackter Draht. Der ganzen Vorstellung wohnt eine selbstmitleidlose Gestik des »Let us grieve not, rather find / Strength in what remains behind«, »Uns sei kein Harm, vielmehr die Stärke / Der hinter uns gelegnen Werke« inne, und ich zitiere die Nebelpassage auch nur, um Sie nochmals zu erinnern an das Ausmaß, in dem Audens Dichtung ihre linguistische Haltung binnen vier Dekaden geändert hat. Ganz am Anfang wurden die Akzente des angelsächsischen Metrums und das aphoristische Klackern angelsächsischer Phrasierung wie eine Egge gegen das natürliche Gefälle sozialer Sprechweise und jambischer Lyrik geschleppt. Das Gedicht segelte nicht mit der Strömung, es verwirrte sich und scheuerte sich wund, »hurt itself on pane, on bark of elm«, »sich an Fensterglas zu schneiden, an Rüsterborke«. Was da geschah in solch raren musikalischen Strudeln, war, was T. S. Eliot »Konzentration« genannt hat, ein Begriff, den er einführte, als er sich der ewig bohrenden Frage der Relation zwischen Emotionen, die vom Dichter tatsächlich erlebt, und den Emotionen, die in einem Gedicht ausgedrückt – oder besser: erfunden – werden, zuwandte. »Wir müssen einfach glauben, daß ›in Ruhe erinnerte Gefühle‹ eine inexakte Formel ist«, schrieb Eliot in »Tradition und individuelle Begabung« und fuhr dann fort:

> Denn da gibt es weder Gefühl noch Erinnerung, noch, ohne Verzerrung der Bedeutung, Ruhe. Es ist eine Konzentration und etwas Neues, das der Konzentration einer sehr großen Anzahl von Erfahrungen entspringt; es ist eine Konzentration, die nicht bewußt oder wohlerwogen geschieht. Diese Erfahrungen sind nicht »erinnert«, und am Ende vereinen sie sich in einer Atmosphäre, die »ruhig« ist nur insofern, als sie ein passives Teilhaben an dem Ereignis ist.

Wir haben es mit einer solchen Konzentration zu tun, wenn wir ein Gedicht wie »Taller To-day« [Größer heut] lesen. Diese Lyrik ist offenkundig weder darauf angelegt, mit unserer gewöhnlichen praktisch-nüchternen Sprach-Gangart in Gleichschritt zu verfallen, noch ist sie in irgendeiner Weise darauf aus, die emotionale und linguistische Normalität »eines Mannes, der spricht wie du und ich« zu simulieren; vielmehr präsentiert sie uns jenes »Neue«, das, wie ich zu bedenken gegeben habe, in dichter Nachbarschaft und parallel zu gelebter Erfahrung verweilt, das aber, trotz aller vollkommenen Sympathie für jene, die solche Erfahrung leben, überhaupt nicht den Wunsch verspürt, unter jenen zu weilen:

> Geräusche wenn der Tag kommt werden manchem
> Freiheit bringen, nicht aber diesen Frieden,
> Den kein Vogel widerlegen kann: vergänglich, doch genug
> jetzt.
> Denn etwas erfüllte diese Stunde, geliebt oder ertragen.

Die Ruhe hier hat genauso viel mit dem zu tun, was die Wörter erreichen, wie mit dem, was sie erinnern. Vielleicht nicht den Frieden, der noch das Verstehen übertrifft, eher wohl das, was jeglichem Paraphrasieren widersteht; einen Frieden immerhin, den »no bird can contradict«, »kein Vogel widerlegen kann«.

Aber bedeutet denn die Bewegung eines Vogels nicht letzten Endes eine Störung oder einen Widerspruch auch in einer solch tiefen Stille und Erfüllung? Irgendwie aber erlangt der Vogel in der Passage kaum genügend physische Präsenz, um in der Lage zu sein, irgend jemandem oder irgend etwas zu widersprechen. Wenn wir ihn beispielsweise neben Hardys Falken überm gefallenen Tau sehen, »crossing the shades to alight / Upon the wind-warped upland thorn«, »die Schatten kreuzend niedergeht / Auf des Hochlands windgebeugtem Dornenstrauch«, dann verstehen wir Hardys als eine dunkle Vergänglichkeit von Flügelschlag, einen greifbar, von der Luft emporgetragenen Flug, ein Phänomen *dort draußen*, im Abenddämmer, wogegen Audens Vogel ein Ereignis *hier drinnen* ist, eine Aktivierung von Energie, die dann eintritt, wenn kecke, dünne, klickende Vokale in flinker Reaktion miteinander verbunden werden: »but not this peace / No bird can contradict: passing, but is sufficient now / Fir something fulfilled this hour, loved or endured«, »nicht aber diesen Frieden / Den kein Vogel widerlegen kann: vergänglich, doch genug jetzt / Denn etwas erfüllte diese Stunde, geliebt oder ertragen«. Die kontrapunktische, gelängte, unterbrochene Schaukelbewegung dieser Zeilen ist so wichtig wie ihre so schön ausgearbeitete und unkomplizierte Bedeutung. Das Hämmern des modernen englischen Metrums, das Robert Graves die Schmiedearbeit des *ti-tamm ti-tamm* nannte, geht weiter während des tieferen, längeren Ruderwerks des Altenglischen, und das Ohr wohnt, unabhängig davon, was es über die Herkunft dessen, was es hört, weiß oder nicht weiß, dem Wettstreit bei. Dieser Wettstreit, wunderbar ausgeglichen, wogend und dennoch im Gleichgewicht, findet statt zwischen den navigatorischen Anstrengungen einer einzelnen, geleiteten Intelligenz und dem schweren Schlagen und Wogen des Elements, durch das sie sich hindurchmüht – das Element der Sprache selbst.

Audens Werk funkelt, von Anfang bis Ende, von aktiver Intelligenz – der größten Intelligenz des zwanzigsten Jahrhunderts, wenn man der Ansicht Joseph Brodskys folgen mag. Tatsächlich legen Brodskys Essays über Auden, versammelt in seinem kürzlich erschienenen Prosaband *Less Than One* [Flucht aus Byzanz], auf erregende Weise Zeugnis ab davon, was geschehen kann, wenn »die Worte eines Toten verändert werden in der Begriffswelt der Lebenden« und ein Dichter schließlich zu seinem Bewunderer wird. Es wird keinen großartigeren Preisgesang der Dichtkunst als den Atem und keinen reineren Geist allen menschlichen Wissens geben als Brodskys Zeile-für-Zeile-Kommentar zu »September 1, 1939«, falls »Kommentar« das Wort sein kann, das auf eine so jauchzende, so dankbare und so herzerfrischend *ex cathedra* gehaltene Schrift angewendet werden kann. Ausdrücklich zollt er Audens brillanter Nutzbarmachung aller traditionellen poetischen Mittel für seine eigenen Zwecke seine uneingeschränkte Hochachtung – seinem Verschmelzen von Reim, Metrum, Vokabular und Allusion im

Lichte seines zivilisierten und schließlich und endlich demütigen Geistes. Gleichwohl *ist* es möglich, der Gerechtigkeit in Brodskys Lobpreis die Ehre zu geben und zugleich in Audens Dichtung den Verlust eines Elements des Unheimlichen, einer Spur der Raleghschen *frisson,* des sprachursprünglichen »chief woe, world-sorrow«, »größten Leids, Jammers der Welt« zu bedauern. Der Preis einer Kunst, die so unverbrüchlich gebunden ist an Ernüchterung und Rauschentzug, die unter der welligen Haut die heraldische Kontur sucht, die dazu gedrängt ist, nicht nur das Gesetz darzulegen, sondern auch eine zivilisierte Sprache aufrecht zu erhalten – der Preis für alles dies ist eine gewisse Minderung der Sprachautonomie, eine nicht unkritische Erziehung ihrer wilderen Triebe.

Um ein weiteres Mal Buber zu bemühen, kann man sagen, daß, je mehr Audens Dichtung über die Welt des Es zu herrschen kam, desto weniger kraftvoll wurde sie in ihrer Ansprache an die intime Welt des Du. Diese dunklen frühen Gedichte sind ungefällige und unfreiwillige Anstrengungen gewesen, das elementare und zutiefst überzeugende Wort zu treffen. Sie waren, sowohl im wörtlichen als auch im umgangssprachlicheren Sinn des Ausdrucks, »far out«, »ganz weit draußen« – sogar auch dann noch, als sie der Enge der metrischen Regeln unterworfen blieben und die erste Sprache der Lesebücher für Kinder sprachen:

Verhungernd durch den laublosen Forst
Rennen Kobolde meckernd um ihr Brot,
Eulen und Nachtigall rufen kein Wort,
Und der Engel bleibt fort.

Kalt, unmöglich, hebt voraus
Der Berg sein wunderschönes Haupt.
Sein weißer Wasserfall könnt weihn
Der Reisenden letzte Pein.*

* aabb ccdd

Obwohl dies in keinem rhythmischen Winkel zurückschlägt wider die Erwartung des empfindlichen Ohres, bleibt seine metaphysische Geographie doch sehr verschieden von den trostreichen Konturen der »realen Welt« des Vertrauten. Lange vor der Parabeldichtung im Nachkriegs-Europa gelangte Auden zu einem Modus, der erfüllt war von Vorahnungen eines Schrecklichen und das Format dafür bot, diesen Ahnungen Ausdruck zu verleihen durch streng poetische Mittel. Diese vereinheitlichte Sensibilität aber wurde rissig, als Auden unvermeidlicherweise dazu getrieben wurde, sich über die Übermittlung intuitiv erfaßten Wissens hinaus zu bewegen, über poetische Andeutung und Implikation hinaus, und diese Intuition in einer expliziteren, analytischeren und moralisch bestätigten Rhetorik zu ergründen. Durch das Schreiben eines Gedichts wie »Spain«, unbesehen der atemberaubenden Kondensierung von Perspektiven oder der Ehrbarkeit seiner Absicht, oder eines Gedichts wie »A Summer Night«, unbesehen des Mozarthaften seines verbalen Äquivalents zu *agapé*, brach Auden mit seiner Isolation und seiner Eigenartigkeit. Seine Verantwortung gegenüber der menschlichen Gemeinschaft wurde auf intensive und bewundernswerte Weise kraftvoll, und das Resultat waren die herrlich gescheiten, meditativen, präzis urteilenden Gedichte der vierziger, fünfziger und sechziger Jahre. Man kann durchaus sagen, daß dieser Bonus, zu dem ein frühes Meisterwerk wie »Letter to Lord Byron« und ein späteres wie »In Praise of Limestone« [Ein Lob dem Kalkstein] gehören, eine Antwort auf die in »Orpheus« erhobene Frage darstellt. Und diese Antwort neigt dazu, zu sagen, daß »Gesang« zuallererst auf »die Kenntnis des Lebens« hofft, und sie neigt sich fort von dem »bestürzt«-Quotienten in der angebotenen Alternative: »bestürzt zu sein und glücklich«. Um es anders auszudrücken – am Ende zog Auden das in etwas »Reichem« konzentrierte Leben dem »Seltsamen«, »Fremdartigen« vor, eine Präferenz, die verständlich wird, wenn uns der konstante Antrieb der Dichtung gewahr wird, ganz und gar Prospero, nutzbar zu sein dem rationalen Projekt, der Menschheit in kosmischer Sicherheit eine Wohnstatt zu schaffen. Und trotzdem haben Verhängnis und schlechtes Omen, Charakteristika der »seltsamen« Dichtung der frühen Dreißiger, ihre bestürzten und beunruhigenden Visionen, die nationale englische Dichtung so nahe wie nie zuvor an den imaginativen Rand des Schrecklichen gebracht und ein Beispiel dafür geboten, wie insulare Erfahrung und der von der Menschheit des zwanzigsten Jahrhunderts erlittene universale Schock in der englischen Sprache fortklingen können. Darüber hinaus gewinnt in seiner späten Dichtung die Poesie unausweichlich an Denkwürdigkeit und Intensität:

Weder mit Geld noch Mitleid ausgestattet,
Hocken mit roten Beinchen kleine Vögel
Auf ihren buntgetupften Eiern,
Beäugen jede grippeheimgesuchte Stadt.

Und ganz woanders streifen Riesen-
Rentierherden Meiln und
Meiln durch goldnes Moos,
Ganz still und rasend schnell.*

* abba cddc

171

Lowells Verfügung

Vor Jahren schrieb Michael Longley einen Essay über Dichter aus Nordirland, in dem er eine Trennlinie zog zwischen dem Feuergeborenen und dem Sedimentären als poetische Kompositionsweisen. In der Geologie ist Erstarrungsgestein entstanden aus Magma oder Lava, die sich unter der Erdoberfläche verfestigt hat, wogegen Sedimentgestein sich formierte aus der Ablagerung und Aufhäufung mineralischer und organischer Stoffe, die durch die Einwirkungen von Wasser, Eis und Wind bearbeitet, heruntergebrochen und wieder neu an- und aufgebaut wurden. Schon der Klang der Wörter läßt ahnen, was für jeden der Fälle die Konsequenzen sein müssen. Feuergeborenes, Erstarrtes ist eruptiv, unvorhergesehen und peremtorisch; Sedimentäres ist beständig, wohlbegründet, abgestuft.

Wenn allerdings diese Begriffe einen Prozeß bezeichnen, der eruptiv anhebt, um sedimentär zu enden, dann wäre dieser derjenige, der die Dichtung Robert Lowells am besten charakterisierte. Lowell verfügte über einen machtvollen Instinkt dafür, früh und als erster den geschmolzenen Stoff in Sprache auszudrücken, dann aber immer wieder dorthin zurückzukehren, um ihn mit den heißen und kalten Witterungen seiner revidierten Intelligenz zu bearbeiten – zuweilen sogar dann noch, wenn er bereits in Buchform erschienen war. Er war sich der doppelten Natur des Schreibvorgangs außerordentlich bewußt: »Ein Gedicht ist ein Ereignis«, gab er seinen Seminarklassen zu verstehen, »nicht die Aufzeichnung eines Ereignisses« – womit er *Ereignis* gleichsetzte mit dem, was ich *eruptiv*, und *Aufzeichnung* mit dem, was ich *sedimentär* genannt habe. Die Unterscheidung wird noch auf andere Weise erhellt durch Äußerungen in seinem Interview für die *Writers-at-Work*-Serie [Wie sie schreiben]. So sagt er: »Das Redigieren, also das Bewußtsein, das an einem Gedicht herumflickt – das hat etwas zu tun mit Unterrichten und mit Kritik. Aber der Urantrieb, der den Anfang eines Gedichts ergibt und ihm irgendeine Bedeutung verleiht, ist etwas ganz

anderes als das Unterrichten.« Und dann: »Ich bin sicher, daß
Schreiben kein Handwerk ist, das heißt, irgend etwas, für das
man Fertigkeiten erwirbt, um es dann ins Werk zu setzen. Es
muß vielmehr aus irgendeinem tiefen Impuls, einer tiefen Inspiration kommen.«

Dennoch brachte das Bewußtsein für diese Unterscheidung
zwischen dem wesentlichen selbsterzeugten Impuls und dem,
was er schließlich jene »glückseligen Strukturen, Reim und
Fabel« nennen wird, Lowell nicht dazu, diese Strukturen zu
verschmähen. Seine Überzeugung, daß Dichtung mit Handwerk
nicht gleichgesetzt werden könne, hat seine Achtung vor dem
Handwerklichen keineswegs geschmälert. Handwerk, das steht
immerhin auch für des Dichters Kontrakt mit seiner Gruppe
und der Sprache seiner Gruppe, und dieser Kontrakt basiert auf
dem einvernehmlichen Verständnis, daß das poetische Wagnis
letzten Endes nützlich sei, unabhängig davon, wie solipsistisch es
zunächst erscheinen mag. Obwohl Lowell also, wenn er redigierte, seine Zeilen nicht auf irgendein funkelndes neoklassi-
sches Ideal von »Korrektheit« hinpolierte, suchte er dennoch
nach einer Sprache, welche die Versprachlichung seines Vermögens, sich selbst zu beurteilen, zum erhellenden Blitzschlag nicht
nur für sich selber, sondern für unsere Zeit machen könnte.
Seine obsessive Subjektivität bedeutete keine Absage an das
gewöhnliche Leben mit den es begleitenden moralischen Kodi-
zes und Verpflichtungen. Im Gegenteil übernahm Lowell ganz
bewußt – manchmal durch öffentliche Abwendung und Maßre-
gelung, manchmal mit Hilfe des introspektiven oder bekennen-
den Beispiels – die Rolle des Dichters als *conscience*, als Gewissen,
als jemand, der uns die Augen für eine mögliche Etymologie
ebendieses Wortes öffnet, die unsere Fähigkeit bedeutet, alle
gemeinsam um ein und dieselbe Sache zu wissen. Solches Wissen
freilich macht uns auch empfänglich für Dichtung als einer
Erinnerung daran, daß wir, gemeinsam, das Vergessen gewählt
haben könnten, und diese erinnernde Funktion ist eine, die
Robert Lowell, mehr oder weniger aus freien Stücken, sein
ganzes Leben lang ausgeübt hat.

Wenn ich indessen von seiner »Verfügung« [im Sinne von

geistiger Beherrschung, fachlicher Qualifikation] spreche, dann denke ich nicht ausschließlich an seine »Anmaßung« des Rechts, zu einem oder für ein Publikum zu sprechen, sondern auch an die Art und Weise, in der die Aneignung durch den Tonfall seiner Dichtung, seine besondere »Verfügung« über literarische Bildung und ungebildetes Ohr Bestätigung erfährt. Bis zum vollen Erreichen seiner mittleren Jahre hatte Lowell sich hierin Autorität erworben, indem er in Übereinstimmung mit traditioneller Praxis und mit den Mitteln der musikalisch-dramaturgischen Klimax, des dramatischen Gestus oder der ironischen Zeichnung in seinen Zeilen Spannung und Intensität auf gleiche Höhe brachte und sich und seinen Lesern ständig durch die Darbietung der Kunst als der fragilen »Stütze gegen die Konfusion« in der Entdeckung einer eindeutig überprüften Kontur die Begegnung mit einer Formalgestalt ins Gedächtnis zurückrief.

Es ist wahr, daß Lowell während dieses ersten Aktes seiner Entwicklung überwechselte von einer Anlage zum Schreiben auf Abstand bedachter, autarker Dichtung zu einer Suche nach Dichtung, die ein Mehr an Auge-in-Auge-Kontakt mit seinem Leser und dessen Welt würde erreichen können. Und doch suchte er immer, ohne Rücksicht darauf, wie nahe er sein Werk an einen Status des Diskurses heransteuern könnte oder würde, die Logik des Arguments durch die Kraft von Bild oder Orakel schlau auszustechen oder zu überwältigen. Offenbarung, nicht Demonstration, das war das Ziel, das er zu erreichen begehrte. »Der Herr lebt länger als der Regenbogen seines Willens.« »Deine altmodische Tirade – / Zärtlich, eilig, gnadenlos – / Bricht sich auf meinem Kopf wie der Atlantik.« »Gewöhnlich siegtest du – / bewegungslos/ein Eidechs in der Sonne.« Schlußzeilen wie diese bebten im Zentrum des Ohres wie ein Pfeil im Ziel und ließen die Assoziationswellen weite Kreise werfen. Der Eindruck von etwas zutiefst Vollkommenem wetteiferte mit dem Eindruck von etwas durch Verwunderung in Weite und Freiheit Gelangtem. Dem Leser wurde die sinnlose Wahrnehmung eines Bedeutungsganzen zugebilligt, das zugleich ins Schloß fällt und aufspringt, eine momentane Illusion, daß die im Ohr erlebten

Befriedigungen Bedeutungen und Erfüllungen umfaßten, die in der Welt erfahrbar wären. Egal also, in welchem Maße das Gedicht auf Zusammenbruch oder die Evakuierung von Bedeutung aus der Erfahrung insistierte – sein Sturz auf einen wertelosen Limbo zu wurde unterbrochen durch das makellos aufgespannte Sicherheitsnetz poetischer Form selbst.

Life Studies [Lebensstudien] beispielsweise erregte zuerst Aufsehen, weil seine Offenheit so extrem war, und heute erweist es sich als so standhaft und zugänglich wie ein öffentliches Ehrenmal. Scherenschnittartig projiziert es seine Figuren auf das Leben ihrer Zeit; seine harten, intelligenten Zeilen und der Ton der Einsichtigkeit, die seine kraftvolle Sprache prägen, lassen durchscheinen, daß zu dem, was sie artikuliert, eine soziale Dimension gehört. Sie vertraut darauf, ein Publikum zu haben, und ist daher in der Lage, sich mit einer gewissen Geste der Verbindlichkeit bis in das unerhörte oder doch enervierende Geschäft des Autobiographischen vorzuwagen. So kann Lowell schreiben:

> Schrecklich dies alte Leben für die Ehre
> ohne unziemliche Intimität
> oder Streiterei, als die unemanzipierte Frau
> noch ihren Freudschen Papa und das Hausmädchen hatte!

Dennoch ist der äußere Anstand von *Life Studies* sogar dort noch untrennbar verbunden mit jenem alten Leben, wo es seine eigene Auflösung diagnostiziert, seinen völlig deplazierten Hochmut im Angesicht eingeschnappter Rasiermesser, durchgedrehter Soldaten und elektrischer Stühle. Dieses Dekorum, dazu die technische Meisterschaft des Buches und sein Drang zum Unpersönlichen, sind ebenso Teil des Lowellschen Geburtsrechts wie sein Patronymikum auch. Als Künstler war er der typische Bostoner, immer mit dem Rücken zur Wand der Tradition. Seine dichterische Kunst, so eigensinnig sie gelegentlich auch sein mag, vermag sich nie von der immanenten Forderung zu lösen, nicht lediglich eine Form der Nachgiebigkeit gegenüber sich selbst sein zu dürfen. Es mußte vielmehr etwas Chirurgisches in den Schnitten sein, die er plazierte, etwas in der

Freilegung Professionelles und Öffentlichkeitsbewußtes. Das Ganze war eine Belastungsprüfung, und zwar seiner selbst wie auch der Ressourcen seiner Dichtung, und in *Life Studies* erwiesen diese Ressourcen sich als belastbar für neue Spannungen, sowohl im musikalischen als auch im gewichtenden Sinne des Wortes.

Lowell praktizierte keine unschuldige Nummernstammelei. Unschuld war ohnehin nichts, dem er sonderliche Bedeutung beimaß, weder in sich selbst, noch in anderen, und sein gesamtes *œuvre* ist bemerkenswert frei vom Seufzer über das verlorene Paradies. Alles hebt außerhalb des Gartens an, im Lernprozeß, in Schweiß und Anwendung. Kein Gestammel. Die Stimme ist, da sie spricht, schon gebrochen. Sie ist in der Schule gewesen, wörtlich wie bildlich. Lowells erste Stilebene, das sollte nicht vergessen werden, wurde geprägt in den Englischen Seminaren von Kenyon College, Vanderbilt College und Louisiana State University. Seine Mentoren waren, angemessen genug, Dichter, und diese kannten sich in der Dichtung bestens aus, und doch waren sie ebensowohl (und dafür auch berühmter) *Lehrer* in Sachen Lyrik, Parteigänger des New Criticism, getrieben von der Leidenschaft, jedem Gedicht auch noch das letzte Geheimnis – wenn nötig durch die Ausgrabung noch seiner siebenten Vieldeutigkeit* – zu entreißen. Kein Wunder also, daß Lowell in einem späten Gedicht eher säuerlich, aber durchaus passend, sein Frühwerk verglich mit der Sieben-Mauern-Festung Trojas, wo der Sinn hinter Ringen aus hochanspruchsvoll beabsichtiger Kunst eingekerkert blieb. Aber wenigstens bedeutete dies, daß er, in den Worten F. W. Dupres, schrieb, »als wäre Dichtung noch immer große Kunst und nicht nur ein ehrfurchtgebietender Zeitvertreib«. Mitten unter den Angehörigen einer Generation eifriger und brillanter Dichter-Kritiker, die darum beteten, vom Schreiben besessen zu sein, und darum, daß ihre Gebete erhört würden, strebte Lowell danach, sein eigenes nicht nur durch Meisterschaft in den klassischen, englischen, europäischen und amerikanischen Dichtungskanons zu beherrschen; er strebte ebenso danach, die Besten unter seinesgleichen durch

---

* Heaney spielt an auf William Empsons *Seven Types of Ambiguity*.

Ausfallschritte zu überrunden, die alle ganz aus ihm selbst kamen: dogmatische, abstammungsbewußte, politische. Dogmatische, indem er zur katholischen Kirche konvertierte und damit nicht nur einen Glauben verriet, sondern gleich noch eine bürgerliche Solidarität mit. Abstammungsbewußte, indem er sein dynastisches Recht beschwor, das er von den Winslows und den Lowells ableitete, und sich herausnahm, zu reden wie ein Kurator amerikanischer Geschichte und Kultur. Politische schließlich, als er 1943 als Kriegsdienstverweigerer ins Gefängnis ging, obwohl er sich gerade ein Jahr zuvor freiwillig (jedoch ohne Reaktion) für die Marine und das Heer gemeldet hatte.

Gerade in diesem Akt der Kriegsdienstverweigerung verschmolzen Doktrin, Abstammung und Politik in einem selbstverfügten Streich, und damit vereinte Lowell erfolgreich den ästhetischen Instinkt mit der Verpflichtung zur moralischen und bedeutsamen Zeugenschaft auf dem Sektor des politischen Handelns. Darüber hinaus hatte Lowell mit dem, was William Meredith einmal seinen »gewundenen Scharfsinn« genannt hat, Dissens und psychische Befreiung öffentlich in eins gebracht; die Weigerung, sich einziehen zu lassen, war für seine Angehörigen ein Affront, ein weiterer Schlag in seinem Feldzug für die Sache von Individuation und Loslösung, der so kraftvoll begonnen worden war, als er mit einem rebellischen Hieb während seines ersten Studienjahres in Harvard Ende der dreißiger Jahre seinen Vater niederrang. Insgesamt kam die Weigerung, sich einziehen zu lassen, wie Magma emporgeschossen und zog eine Art der persönlichen Verbrühung nach sich. Die mag die verrückte Meldung eines »feuerspeienden Schleifers« gewesen sein – jedenfalls brannte sie sich ein mit der machtvollen, geringschätzigen Rhetorik und Erwähltheit und Gegenanklage.

Zunächst einmal hatte Präsident Roosevelt ihn vom moralischen Standpunkt her in seinem Anschreiben auf dem völlig verkehrten Fuß erwischt: »Sie werden verstehen, wie schmerzhaft eine solche Entscheidung für einen Amerikaner ist, dessen familiäre Tradition ebenso wie die Ihre es stets als ihre Erfüllung angesehen hat, Freiheit und Ehre unseres Landes ... aufrecht zu erhalten.« Dann wurde, in dem öffentlichen Statement namens

»Erklärung zur Persönlichen Verantwortung«, die amerikanische Demokratie insgesamt der machiavellischen Verachtung der Gesetze von Justiz und Barmherzigkeit zwischen den Völkern bezichtigt. In ihrer Entschlossenheit zur Führung eines Krieges »ohne Gnade und Prinzipien, mit dem Ziel der dauerhaften Zerstörung Deutschlands und Japans« verbündeten sich die Vereinigten Staaten selber mit »dem Demagogentum und der Herdenhypnose totalitärer Tyranneien« und hätten damit den Guten Patriotischen Krieg kriminalisiert, der lediglich als Antwort auf die Aggression von 1941 begonnen worden war. Die üblichen Bilanzierungen dieses Dokuments tendieren zur Konzentration auf Lowells Ausbruch gegen die immense Gleichgültigkeit der Alliierten gegenüber dem Leben von Zivilisten, als sie Hamburg und das Ruhrgebiet bombardierten; die Haupttendenz, so wie ich das verstehe, ist die Beschuldigung, die Vereinigten Staaten würden wie jene Tyranneien werden, denen sich zu widersetzen immer ihr Ziel gewesen war. Und darum schließt das Statement dann damit, daß

> ich nach reiflicher Überlegung hinsichtlich meiner Verantwortlichkeiten mir selbst, meinem Land und meinen Vorfahren gegenüber, die an seiner Entstehung verantwortlich teilhatten, zu der Schlußfolgerung gelangt bin, daß ich nicht ehrenhaft an einem Krieg teilnehmen kann, dessen Fortführung, soweit ich dies zu beurteilen vermag, einen Verrat an meinem Land darstellt.

Man ist nicht weiter überrascht, hier etwas vom Tonfall einer Rede von der Anklagebank aus zu entdecken. Doch auch dann noch, wenn man in Rechnung stellt, daß das Profil zugunsten des ritterlichen Effekts gewahrt bleibt und daß der moralischen Haltung der Rhetorik eine gewisse stolze Gangart zugeschlagen ist, erzielt Lowell doch eine glaubhafte und würdige Rücknahme von Zustimmung zu der beklagenswerten Richtung, in der die Dinge sich zu bewegen begannen. Tatsächlich ist das, trotz des gewaltigen Unterschieds zwischen dem Ernst der Anlässe, gar nicht so weit entfernt von jenem Yeats, der am Premierenabend von Sean O'Caseys *The Plough and the Stars* [Der Pflug und die Sterne] das Publikum des Abbey Theatre dafür tadelt, sich »schon wieder« selber zu entehren – was selbstverständlich nichts anderes meint, als daß es *ihn* entehrt habe. In beiden Fällen ist die gewohnheitsmäßige Verfügungsgewalt etwas, das der dichterischen Schloßherrnmentalität entspringt. Zugegeben kommt weder Yeats noch Lowell aus einer Familie, die unmittelbar mit Angelegenheiten des Staates oder des Gemeinwesens zu tun gehabt hatte, und trotzdem haben sie sich ein Gefühl der Verantwortung für ihre Länder, ihre Kulturen und die Zukunft beider zu eigen gemacht.

Für Lowell indes war es charakteristisch, sich in eine Position hineinmanövriert zu haben, aus der heraus er mit der Kraft des Überlegenen das Wort ergreifen konnte. Seine Sache war es äußerst selten, »einen Pokal vorübergehen zu lassen«, dafür aber um so häufiger die des »Wie kann ich meine Hand an den Pokal heranbekommen?« Zwischen der stilistischen Hitze seiner frühen Gedichte und solch durch und durch geplanten und ausgekosteten Situationen wie der Einberufungsverweigerung gibt es eine deutlich auszumachende Schnittstelle. Die hat zu tun mit der Entschlossenheit, ein bestimmtes Thema durch Druckausübung seines Willens zu forcieren, durch den gestaltenden Instinkt, den er schließlich in sich selbst deshalb züchtigen wird, weil er es ist, der ihn dorthin bringt, wo er »Unrecht gegen andre nicht vermeidet«, aber auch gegen sich selber nicht; sie hat, anders ausgedrückt, zu tun mit der taktischen, kritischen, revidierenden Seite seines Wesens. Lowell war stets jemand, der Opposition herausgefordert, den Fehdehandschuh hingeworfen hat; so gab es also sogar in seinem Wunsch, die Rolle des Zeugen zu übernehmen, einen übermächtigen Antrieb. Gleichwohl war dieser Wunsch authentisch und kann dem Vergleich mit einer entsprechenden Situation der Kollision individuellen Moralbewußtseins mit den Forderungen des historischen Augenblicks im Leben Osip Mandelstams durchaus standhalten.

Mandelstam lebte natürlich unter einer Tyrannei, während Lowell in einer Demokratie lebte. Das ist, buchstäblich, eine lebenswichtige Unterscheidung. Nichtsdestotrotz halte ich es

179

nicht für unpassend, die Krise Lowells im Jahr 1943 Seite an Seite zu betrachten mit der Krise, in welcher der russische Dichter sich Anfang der dreißiger Jahre befand. Zu jener Zeit hatte Mandelstam, nach fünf Jahren dichterischen Schweigens, in denen er versucht hatte, eine gewisse innere Anpassung an eine sowjetische Realität zu erringen, die seine Natur jedoch instinktiv ablehnte, etwas völlig Uncharakteristisches unternommen. Er schrieb sein einziges direkt politisch kommentierendes Gedicht, eine Reihe von Couplets voller Verachtung für Stalin; und er komplizierte das Verbrechen noch durch die Komposition eines weiteren Dokuments immensen Zorns und ebensolcher therapeutischer Kraft, unter dem Titel »Vierte Prosa«. Beides waren selbstreinigende Akte und tragische Vorbereitungen. Auch wenn sie nicht wagten, sich als öffentliche Stellungnahmen im Sinne der Lowellschen »Erklärung zur Persönlichen Verantwortung« zu präsentieren, waren sie dennoch grundlegende Erklärungen ebendieser Verantwortlichkeit, die dann nicht ins Gefängnis, sondern zum Tode führen sollten. Das mutet an, als habe Mandelstam sich in Erwartung der Guillotine eigenhändig die Haare aus dem Nacken geschnitten; und doch war dies für ihn die einzige Möglichkeit, seine Selbstrechtfertigung sich darstellen zu lassen. Was dann kam, war, daß der Hedonismus und das Frohlocken an der rein lyrischen Schöpfung eine innere moralische Dimension entwickelten. Des Dichters zweifache Verantwortung – die Wahrheit ebenso gut zu sagen wie eine Sache herzustellen – würde hinfort einzig in der formalen Leistung des einzelnen Gedichts entlastet werden können.

Natürlich wäre es eine Übertreibung und eine Anmaßung, Lowells Geste mit Mandelstams Opfer gleichzusetzen; dennoch würde ich zu bedenken geben, daß Lowells Rechtfertigung seines spezifischen, Dichtung hervorbringenden Selbst ganz und gar aufging in seinem Protest und seiner Gefängniserfahrung – in genau der gleichen Art, in der Mandelstams immaterielle Befreiung für einen noch schrecklicheren Preis erworben war. Das Gefängnis drückte das *maudit*-Zeichen in die Stirn des blaublütigen Knaben. Es machte ihn zum Villon der Republik, nicht zu deren Vergil. Es gestattete ihm, zu erspüren, daß die Entladung gewalttätiger Energie aus dem Kessel seines Wesens eine positive Funktion der Zeugenschaft hatte, daß er durch das Schmieden eines poetischen Klangs, der ein Widerhall des resoluten Hämmerns in seinem Wesen war, ein Bewußtsein für seine Zeit schmiedete.

So entstammt denn die robuste symbolistische Opazität der ersten Bücher wahrscheinlich zumindest teilweise solcher persönlich beglaubigten Überzeugung in bezug auf die autonome Kraft von Dichtung. Das West Street Jail und das Danbury Correction Center lieferten eine geistige Genehmigung dafür, sich aus der Sprache der kompromittierenden Menschenzunft zu verabschieden, und verstärkten die geistige Disposition, aus der poetischen Aufgabe eine Sache des kompakten Engagements für die rein literarischen Ressourcen des Mediums selbst zu machen. Die Rhythmus- und Bläsersektionen des Sprachorchesters werden hart vorangetrieben, und, in einem großartigen frühen Zyklus wie »The Quaker Graveyard in Nantucket« [Der Quäkerfriedhof in Nantucket], hat die Streichersektion kaum eine Chance. Geplagte Holzbläser durchwogen die Landschaft; ungezähmte und untröstliche Dissonanzen durchreiten das Geschmetter. Hart Crane, Dylan Thomas, Arthur Rimbaud, selbst Lycidas – wiederentdeckt als eine Sprache turbulenten Meeresklangs – drängen allesamt in die vier Ecken der Buchseite herein, Genien des Sturms mit prallen Wangen, versessen darauf, ihre Macht hineinzublasen in die leere Mitte einer Seekarte der Eastern Seaboard. Der Leser sieht sich gefangen in expressionistischer Windstärke acht, und vergeben könnte ihm allenfalls werden, daß er glaubte, ein Aeolus würde sie nur für ihn persönlich aufbringen. Hier ist zum Beispiel der Teil V des Gedichts:

Wenn des Wals Gedärm verströmt, faulig
Sein Ausfluß diese Welt dann überflutet,
Über Nantucket, baumgebeugt, Woods Hole
Und Martha's Vineyard hinaus, wird dann, Seemann,
Dein Schwert fauchend tauchen in den Tran?
Im Tale Josaphats, der großen Aschengrube,

Schreit Gebein nach Blut des weißen Wals;
Die Fettflossen peitschen um sein Ohr,
Die Todeslanze wühlt ins Heiligtum, reißt
Und drischt mit stählern blauem Flügel,
Hackt heraus das lebende Gekröse; zerrt
Und schlitzt, zerfetzt des Pottwals Zwerchfell;
Tranklumpen treiben in Wind und Wetter,
Seemann, und Möwen kreisen um versproßte Spanten;
Die Morgensterne brechen in Gesang aus,
Und Donner wühlt die weiße Gischt, zerreißt
Die rote Fahne, angehämmert an den Mast. Birg,
Jonas Messias, unsern Stahl in Deiner Seite!

Es ist erregend, sich unter solchen poetischen Bedingungen nicht zu verschließen, sondern zu fühlen, was Yeats »das Aufschrecken der Bestie« genannt hat, souveräner Diktion gewärtig zu werden und den Abdruck von etwas Metrischem, Bewußten und Unerbittlichen zu erfahren. Zu sagen, solche Dichtung führte gegen uns Böses im Schilde, wäre ungefähr so untertrieben wie zu sagen, Zeus hätte sich Leda im Karnevalskostüm vorgestellt. »Nimm Notiz, Hopkins«, schreit es. »Nimm Notiz, Melville. Und Leser, nimm dies!« Und doch, eine Dichterkarriere auf dieser Tonhöhe anzufangen, das hatte schon etwas von Samuel Goldwyns Streben nach dem Äußersten an kinematographischer Aufregung – etwas, da mit einem Erdbeben anfängt und sich erst dann zum Höhepunkt hocharbeitet. Es hatte etwas von der Schaffung einer majestätischen Monotonie, die dazu verdammt war, den menschlichen Zungenschlag des Dichters zu übertönen, der zuallererst nach Majestät gestrebt hatte. Lawrence hat von dem jungen Poeten gesprochen, der seinem *daimon* die Hand auf den Mund legt; Lowell aber reichte ihm statt dessen gleich ein Megaphon. Irgendwie mußte das Ganze also abgemildert werden, wenn die aufgebaute Verfügungsgewalt nicht sehr rasch zur Kakophonie verkommen sollte, also zu etwas Unmoduliertem und Monomanischem.

Während des folgenden Jahrzehnts wurde nachgedacht über einen neuen Stil, und Lowells Leben fing an, eine festere Gestalt anzunehmen. Vielleicht trotz, vielleicht aber auch aufgrund der grausamen Zyklen von Manie und Arbeitssucht schrieb Lowell ungewöhnlich und gelangte zu beträchtlichem Ansehen. Zur Zeit seiner Eheschließung mit Elizabeth Hardwick und seines Einzugs in die New Yorker Szene war er zu einem etablierten literarischen Phänomen geworden, das den Pulitzerpreis und den Posten des Beraters für Dichtung an der Library of Congress bereits hinter sich hatte. Es ist nicht mit Sicherheit zu sagen, bis in welches Ausmaß die krenelierten Mengen früher Lyrik eine Festung gegen die Krankheit seines Geistes oder schon deren Folge darstellten; kein Zweifel aber besteht hinsichtlich der definitiven Stärke des Werkes selbst. Was ich jetzt indessen näher betrachten möchte, ist das nicht ungewöhnliche Schauspiel eines Dichters beim Eintritt in sein viertes Lebensjahrzehnt, mit nichts weiter als einem schwer errungenen individuellen Stil und dem Wissen, daß alles wieder von vorn angegangen werden muß. Wieder passen hier Worte von Anna Swir, die ich bereits in der ersten dieser Vorlesungen zitiert habe:

> Das Ziel von Wörtern in der Dichtung ist, dem Inhalt gewachsen zu sein, und doch kann dieses Ziel niemals erreicht werden, weil nur ein kleiner Teil der psychischen Energie des Dichters in Wörtern Gestalt annimmt. Mehr noch – ein Gedicht hat das Recht, eine neue Poetik zu fordern ... Wir können in einer paradoxen Verkürzung so weit gehen, zu sagen, daß sich einem Schriftsteller zwei Aufgaben stellen. Die erste – seinen eigenen Stil zu schaffen. Die zweite – seinen eigenen Stil zu zerstören. Die zweite ist schwieriger und nimmt mehr Zeit in Anspruch.

Dieses Zweite unternahm Lowell zweimal in seinem Leben, und jedesmal wußte er, was er tat – was es zweckmäßiger und gewissenhafter machte. Wenn ich sage, daß er wußte, was er tat, dann meine ich nicht, daß er über ein vorprogrammiertes System verfügte für das, was er zu erlangen suchte, also irgendein poetisches Äquivalent einer Vorlage in einem Ausmalbuch. Es meint vielmehr, daß er auf so besessene Art literarisch und die kritische, lehrende Seite seines Bewußtseins so unablässig aktiv waren, daß seine Verfügungsmacht über das Medium der Dichtung nie frei von Befangenheit und – im guten, elisabethanischen Sinne – von Schlauheit war. Er war geprägt worden von der Vorstellung »poetischer Entwicklung« durch die unmittelbar zugänglichen Beispiele der Lebensläufe von Yeats, Eliot und Auden und durch den beharrlichen Druck von Geistern wie Randall Jarrell und Allen Tate; dennoch vermochte nur eine Sensibilität mit einem Kern vulkanischen individuellen Genius' eine professionelle Schleifung zu überleben, wie sie Lowell von dort und von anderswoher durchgemacht hatte. Er hätte sich leicht festfahren können in einer parnassischen Sackgasse; statt dessen kamen die epochemachenden *Life Studies* 1959 heraus, als Lowell zweiundvierzig war. Zum ersten Male in seiner Laufbahn bewahrheitete sich an ihm Anna Swirs Gesetz. Später würde er dieses Abschnitts seines Lebens in einem bekannten Bericht über seine Erfahrungen beim Lesen seiner symbolüberfrachteten und vorsätzlich schwierigen Gedichte in Kalifornien gedenken, vor Hörern, die gewöhnt waren an die locker gewebten Schriften der Beat-Dichter. Schon da hatte er gespürt, »daß fast alles, was er vom Schreiben wußte, hinderlich war«, daß sein altes Werk »steif, humorlos und belastet durch seinen schwerfälligen stilistischen Panzer« war.

Ich werde mich dennoch nicht länger aufhalten bei den Attributen der meisterhaften neuen Dichtung, die sich aus der Hülle seiner alten Rhetorik schälte. Der wesentliche Punkt, auf dem ich bestehen muß, ist ihre Freiheit von der Besorgnis, kanonisch zu klingen, ist die Art und Weise, in der sie ihrer Autorität eine Wohnstatt entdeckte, und zwar nicht durch die Assimilierung literarischer Tradition, sondern auf Grundlage der erweckten poetischen Stimme. Nochmals soll ein Satz Mandelstams hier kritische Dienste leisten, ein Satz, der seiner Prosaarbeit *Reise nach Armien* entstammt. Das Schreiben dieser Prosa hatte Mandelstam geblendet mit dem Wissen, das er zu unterdrücken versucht hatte, daß nämlich seine Dichtung einer nicht-renegaten, prärevolutionären Sensibilität entsprang, die verantwortlich war nicht etwa auferlegten Beschränkungen, sondern natürlichen Prozessen, die durch die Phänomene der Welt simultan offenbart und im Spiel der Sprache bezeugt werden. Sein Ausdruck dieser erneuerten Bewußtheit war intensiv und indirekt, so wie in seinem Ausruf: »Wenn ich an den Schatten der Eiche und an die Standfestigkeit der sprachlichen Artikulation glaube – wie kann mir da unsere Zeit zusagen?«

»Die Standfestigkeit sprachlicher Artikulation«: Das ist ein Ausdruck, der auch die dominierende Musik in Lowells poetischen Anfängen charakterisiert, von *Life Studies* über *For the Union Dead* [Für die Toten der Union] bis *Near the Ocean* [Nah der See]. Aber Ausdruck geleitet uns sogar noch bis zur Quelle dieser Musik selbst, nämlich zur Überzeugung vom Recht der Sprache auf Freiheit und Klang, sowie zur weiteren Überzeugung von ihrer Fähigkeit, die Wirklichkeit wenn schon nicht enthüllen, so doch bedeutsam bereichern zu können. Denn während diese Bücher häufig verhängt sind von einem großen, schweren Netz puren »Inhalts« autobiographischer, kultureller und politischer Art, sind sie doch zunächst nicht interessiert an Kommentar oder Meinung zu solchen Inhalten. Noch sind sie primär interessiert am Errichten von Strophen wie Magazine, um sie darin zu lagern. Vielmehr sind sie daran interessiert, wie man ein Ereignis daraus macht, wie Formen und Energien eben als Ereignis projiziert werden können. Sie sind natürlich nicht immer nur erfolgreich damit, doch wenn sie es sind, dann berufen sie sich auf keine andere Autorität als die der Gerichtsbarkeit und der Vitalität ihrer eigenen Mittel.

Die patrizierhafte Gelassenheit des »mittleren Lowell«, die Entfernung, die seit der bangen Erhabenheit des Frühstils durchmessen wurde, zeigt sich auf charakteristische Weise, wenn man den Protest Lowells gegen die Kriegsführung seiner Gesellschaft in den Vierzigern mit demjenigen gegen den Vietnamkrieg in den Sechzigern vergleicht. Was letzteren betrifft, so war seine Weigerung, einer Einladung Präsident Johnsons ins Weiße Haus zu folgen, so gut wie frei von Getöse und Effekthascherei gewesen. Dieses war nicht mehr der Fall des Schriftstellers, der sich selber auf die Probe stellt, indem er die Doppelrolle von Barde und Sündenbock übernimmt. Hier war es vielmehr der Präsident, der in der Defensive war. Die Dichtkunst rief, in der Vorstellung dieses schlohhäuptigen Brahmanen aus Boston, die Politik auf, für sich selber Rechenschaft abzulegen. Und doch – Lowells Autorität gründete mittlerweile mitten im Mysterium seiner bereits geschaffenen Kunst und nicht mehr in seinem Stammbaum oder in der Rechtsprechung irgendeiner öffentlichen Kontroverse, die er womöglich in Gang setzen wollte:

> Als ich letzte Woche angerufen und gebeten wurde, im Rahmen des White House Festival of the Arts am vierzehnten Juni zu lesen, habe ich wohl, so fürchte ich, etwas zu rasch und begierig zugesagt. Ich hielt solch ein Ereignis für einen rein künstlerischen Höhepunkt, obwohl jeder ernsthafte Künstler weiß, daß er sich öffentlicher Wertschätzung nicht erfreuen kann, ohne der Öffentlichkeit gegenüber subtile Verpflichtungen eingegangen zu sein. Nach einer Woche des Nachdenkens bin ich zu dem Entschluß gekommen, daß ich meinem Gewissen gegenüber dazu verpflichtet bin, Ihre freundliche Einladung abzulehnen.

Die Bücher des Lowell der mittleren Jahre sind, wie diese ernste und sehr wohl angebrachte politische Protest, verständig im Dialog mit der Welt und verständig im Monolog über sie. »For the Union Dead« und »Waking Early Sunday Morning« [Früh erwachen am Sonntagmorgen] sind zwei der hervorragendsten »öffentlichen« Gedichte unserer Zeit, obwohl sie sich keineswegs an die Welt wenden, um sie zu korrigieren. Sie lowellisieren sie statt dessen, lassen sie erklingen, machen sie zu einer Plattform, gegen welche die Stimme des Dichters ausholt, gepackt wird und dadurch entweder sich selbst verstärkt oder fortschwenkt. Hier ist sie, verstärkt, am Ende von »Früh erwachen«:

> Erbarmen dem ausgebrannten Planeten,
> dem trauten vulkanischen Scherben;
> Friede unsern Kindern, sie sterben
> im Kleinkrieg auf des Kleinkriegs Fersen –

die Erde bis zum Ende der Zeit
polizistenumzingelt, ein Geist,
der ewig und verloren kreist
in monotoner Erhabenheit.

Und hier, in »Middle Age« [In mittleren Jahren] schwenkt sie ab:

Vater, vergib mir
meine Schuld,
wie ich vergebe,
an denen ich
geschuldigt!

Burg Zion hast Du nie
erstiegen, doch
Dinosaurier-
Todesspuren mir auf die harte Krume
vorgezeichnet.

Bevor ich schließe, wird noch mehr zu sagen sein über diese nun
weniger aggressive Stimme; im Augenblick aber wollen wir sie
grüßen als einen guten Sieg Lowells über seine ihn beherrschende Leidenschaft, siegreich klingen zu wollen, seine Versuchung, die Trompete zu heben oder mit der linken Hand die
rechte zu stärken für einen kraftvollen zustimmenden oder
ablehnenden Baß. Wie er selbst sehr wohl wußte, gab es in ihm
eine »unvergleichliche, wandernde Stimme«, die er oft und
gewohntermaßen zur Gefangenen dessen machte, was er auch
das »Labyrinth eiserner Komposition« nannte.

Solche Sätze stammen aus dem wunderschönen, geschmeidi-
gen letzten Sonett in Lowells Buch *The Dolphin* [Der Delphin]
und bilden so die letzten Zeilen des großen, in Lowells Fünfzigern komponierten Triptychons, aus dem schließlich die drei
Bücher *History* [Geschichte], *For Lizzie and Harriet* und *The Dolphin* wurden. Wenn ich hier den mächtigen Wurf dieses Werks
nur überfliege, dann nicht deshalb, weil ich Lowells Verfügungs-
kraft im Klang seiner Zeilen vermissen würde, ganz im Gegen-

teil. Diese erstaunlichen, absichtsvoll starken Zeilen stehen allzu sehr unter dem Einfluß einer aufgebürdeten Macht. Es kann keinen Zweifel geben an den guten künstlerischen Intentionen für das, was er da tut, und auch keinen Zweifel an der Schmelzofenhitze, in der Massen standardgeformter, vierzehnzeiliger, ungereimter Gedicht-Stahlbarren eingeschmolzen und neu gegossen werden. Um eine andere Metapher zu benutzen: Man bewundert einmal mehr das Schauspiel eines Dichters, welcher der Brechstange zu perfektioniertem Stil verhilft: Diese neuen unmelodiösen, impaktierten Formen sind wohlerwogene Verweise gegen die klassischen Kadenzen der Ausgaben aus den sechziger Jahren. Zeile für Zeile sind, in lokalen Manifestationen, Genius und Verwickeltheit noch immer bei bestem Wohlbefinden; aber dem Triptychon die Stirn bieten heißt, einer Phalanx die Stirn bieten. Ich fühle mich aus dem Felde der Freiheit meiner Leser vertrieben durch die massive, vernietete Fassade, den panzerschweren Schritt, die jedem Zugeständnis abholde Dichte des Ganzen.

Womit ich mich statt dessen beschäftigen möchte, ist das sanftere, herbstliche Werk in Lowells letzter Sammlung *Day by Day* [Tag für Tag]. Dort anzukommen nach der Zwölftonleiter dieser vorhergegangenen Bücher, hat den Effekt eines Umzugs aus einem von der gelegentlichen hochtönigen Schönheit jenes emsigen Brecheisens erfüllten Fabrikgeschoß in einen Raum voller Ölgemälde von, sagen wir, Bonnard. Eine Optimismus verbreitende Güte in der Farbe, eine nicht gelöschte, jedoch von aller Gier befreite Sinnlichkeit in der Luft, eine Warmherzigkeit direkt im Zentrum oder von diesem nicht allzuweit entfernt. Die Stimme kommt eher aus Kopfkissen- denn aus Podiumshöhe, nachgiebig, jedoch nicht getäuscht, geschult in Gegenseitigkeit, eher dem trockenen Humor zugeneigt denn dem Pathos. Sie kann große Entfernungen überbrücken durch einen einzigen Wechsel der Tonlage oder des Bildes oder der Zeile. Die typischen Wirkungen sind die grüblerischer Rede (»Marriage« [Vermählung] und »Last Walk« [Letzter Gang]) oder verdrehter Sprichwörtlichkeit (»For Sheridan«) oder auch die Überlappung beider Stillagen (»Ants« [Ameisen]). Und all dies kommt in der

Tat, wie es sich eine Figur in einem der Gedichte wünscht, »a little nearer / the language of the tribe«, »ein wenig näher / der Sprache des Stamms«, obwohl seine primäre Absicht es weder ist, um die Lesergunst zu buhlen, noch der Ideologie des Schreibens *in the American grain** in die Fußstapfen zu treten. Die Gedichte werden durch freie Assoziationen vorgebracht, wie Helen Vendler beobachtet hat; sie sind so zerzaust, so liebenswert zudringlich und behaglich unvoraussagbar wie Liebende, wenn sie sich am Ende einer leicht erotisierten, etwas trunkenen Party durch warme Zimmer winden.

Zugleich aber ist der Ton auch nicht vertraut oder einschmeichelnd persönlich. Man hat das eigenartige Gefühl, auf Abstand gehalten zu werden und trotzdem immer noch nah genug zu sein, um die Erregung von Impulsen zu verspüren, wie sie sich selber in Sätze übertragen. Der jeweilige Aggregatzustand des Seins wirbt um dramatische persönliche Äußerung – Lowell spricht zu seiner Frau, besten Freunden, seinem Sohn, zu sich selber –, die jedoch in eine Melodie zerfällt, welche zufällig, unpersönlich und orakelhaft ist; »Dinge in die Luft geworfen«, wie ein Gedicht sagt, »lebendig im Fluge«, Dinge, die den Spänen ähneln, die dann fliegen, wenn »das Unsterbliche ungefragt vom Sterblichen geschabt« worden ist.

Lowell hat stets die Neigung, solch einzelne Zeilen und Sätze an das Firmament des Gedichtes zu schleudern, und er hat tatsächlich in den Blankvers-Sonetten auf diese Weise versucht, Zeile für Zeile lodernde Gedichte zu machen, daß sich der Leser immer mal wieder vorkommen mußte wie jemand, der glatzköpfig in einen Meteoritenschauer geraten ist. Jene Gedichte waren nicht so sehr beladen mit Edelmetall als randvoll mit Goldplomben, um beim Zubeißen ordentlich zu funkeln. In *Day by Day* allerdings ist seine wilde Vorsätzlichkeit beruhigt und ersetzt durch einen gemäßigten Wellengang in Bild oder Verallgemeinerung. »Die spätre Lebensblüte ist Champagner«, sagt eine Zeile, die über dem Diskurs von »Milgate« schwebt. »Eine falsche

---

* Heaney spielt hier an auf William Carlos Williams' *In the American Grain* (1925), dt. *Amerika im Fleische*.

Ruhe ist die beste Ruhe«, spricht eine verwaiste Zeile in »Suburban Surf [Vorstadt-Brandung]. Und so fort. »Wenn du weiter deine Verluste kappst, / gibt's keinen Verlust mehr zu kappen« (»In the Ward« [Unter Beobachtung]). »Wenn man dich bei der Gurgel hat, wird ein Strick gefunden werden« (»Domesday Book«).*

Wir sind, wahrhaftig, weit abgekommen von der Verfügung, die dieser Dichter suchte und in seinem Frühwerk ausübte, in welche die Wahrheit durch Metrum und kondensierte Allusion hineingestemmt wurde. Nun wird die Verfügung erlangt durch die seltsam geschrägte Weisheit der Eingänge, deren indirekte Klarheit und Anwendbarkeit, deren gedankenvolle Fremdheit. Der Ton ist weder gezwungen noch zwingend, die Stimme des Gedichts kommt nicht auf den Leser herab, sondern wächst seiner eigenen Oberfläche zu. Den Anfängen und der Gestaltnahme der Gedichte ist nun eher eine wasserartige denn eine feurige Qualität eigen, und das nirgendwo mehr als in dem Band »Ulysses and Circe«, insbesondere im Teil V. Und der ist denn auch meine Lieblingsstelle des ganzen Buches. In den Auftaktzeilen behält Lowell alte Meisterschaft bei, um sich am Ende einem abgedämpften Anklang an den homerischen Periplus** zu nähern. Was dazwischen geschieht, ist kaleidoskopischer Natur, eine Folge aphoristischer Stanzen, kleiner fragmentarischer Gedichte für sich, zusammengehalten durch die Erinnerung an und die Stimme von Odysseus.

Dieser Odysseus tritt auf wie ein Mann, der kurz davor steht, postum für sich selber zu sein, und (durch die autobiographische Stimme Robert Lowells) der bauchredet über sein Zwischenspiel mit Circe, über seine sinnliche Selbsterkenntnis und seine gestillten Sehnsüchte. Odysseus fängt das Gedicht an wie ein schläfriger Lüstling und wird es beschließen als ein Killer, der im Begriff ist zu streiken und damit handelt wie eine Art von Korrektiv für

* Das Domesday Book meint das Reichsgrundbuch Englands von 1085/86. Möglicherweise ist ein Echo von »doomsday« = jüngster Tag beabsichtigt.

** Der Periplus, ein Begriff, der für die moderne epische Dichtung von Pound re-aktiviert wurde, meint die (griechische) Umschiffung der heimischen Küsten vornehmlich zum Zwecke der Erstellung von Landkarten.

den zwischen seinen Ehen und Manien gefangenen Dichter. Das
Gedicht wird in mittlerer Tonlage gesprochen, also weder genau
als dramatischer Monolog noch als Bekenntnislyrik: In Anführungszeichen eingeschlossen, durchfährt es einen umhergewir-
belten Kurs zwischen der nahen Küste des Autobiographischen
und der weiter entfernten Küste des Mythischen:

>Lange auf Wasserlinie und oft auf Grund,
fand ich beim großartigen grünen Ampellicht der See
Meine Erschöpfung,
das Licht der Welt.

Die Erde ist nicht die Erde,
wenn meine Augen auf dem Mond sind,
was ihr ähnlich sieht erfaßt
im Sekundenbruch der Leere –
duplizit,
allen Menschen offen, untreu.

Nach so vielen Jahrtausenden,
Circe,
bist du müde,
Schweine in Schweine zu verwandeln?

Wie kann ich dir gefalln,
wenn ich kein Mann bin?

Vom Überleben wurden mir die Knochen schwarz –
mir, der ich hoffte, die Erde jünger
zu verlassen als bei meiner Ankunft.

Das Alter ist das Schlagwasser,
das nicht vom Mop zu schütteln geht.

Das Alter bewandert unsere Gesichter –
am Ende des Tunnels,
falls der Glaube geglaubt werden kann,
wird unser Fleisch heller sein.«

Dieses Gedicht *hat* seine Offenheit, und dennoch hat es im Kern eine kompromißlos auf jede Anmut verzichtende Färbung. Und es ist gerade diese Kombination von völlig unparteiischer Stille in seinem Zentrum und etwas Toleranterem und Zauberhafteren an seiner Oberfläche, die es mit einem der schönsten und eigentümlichsten Momente in Lowells Frühwerk verbinden. Ich denke an den Waksingham-Abschnitt in »Quäkerfriedhof in Nantucket«, in dem die Stille konzentriert ist an einem Ort im Angesicht der Marienstatue, die »Ausdruckslos die Gottheit aus«drückte. Um diese Achse des Unschönen herum wogten und donnerten die ozeanischen Symphonien, und sie waren auf die Ruhe der Statue mehr angewiesen als auf das massierte Instrumentarium des Vokabulars für ihre schlußendlichen Auswirkungen an Turbulenz und Tragik. Das Antlitz war wie ein Stern, dessen Licht im Augenblick der Ankunft auf ewig eine Energiequelle war. Warum diese Figur der Jungfrau in das Gedicht hineinkommen mußte, könnte auf intellektuellem Niveau erklärt werden, indem man sie in Gegensatz setzt zu den plündernden, calvinistischen, blutvergießenden Walfängern; poetologisch gesprochen, empfinden wir statt dessen ihre »Richtigkeit« als eine Sache der emotionalen Wirkung, ein Ergebnis der sie betreffenden Zeitwahl und Plazierung. Was sie vermittelt, ist, was T. S. Eliot in »Little Gidding« vermitteln wollte, wie er an John Hayward schrieb:

> Woran das ganze Gedicht krankt, ist nach meinem Gefühl der Mangel an einiger scharfsinniger persönlicher Reminiszenz (die natürlich nicht expliziert sein dürfte, sondern von weit unterhalb der Oberfläche Kraft vermitteln müßte).

Genau dieser sinnliche Eindruck der von unterhalb der Oberfläche emporwirkenden, keinerlei Erläuterungen bedürfenden Kraft ist es, was der Leser in dem Walsingham-Abschnitt in »Der Quäkerfriedhof« findet.

Ich bin abgeschweift, weil ich zeigen wollte, daß die Qualität der besten Gedichte in *Day by Day* daher stammt, daß sie auf gleiche Art und Weise getragen werden von dem Energieauf-

schwung aus den Tiefen »scharfsinniger persönlicher Reminiszenz«. Dennoch ist die Reminiszenz in sich kein Mysterium, weil
sie sich bezieht auf eine unmittelbare Vergangenheit oder eine
gerade abgeschlossene Gegenwart: Was nicht ungefährlich ist,
ist das Gefühl, sich im Zentrum einer Unruhe zu befinden, in
einem emotionalen Ruhezustand, der vollkommen unpersönlich ist, einem Zustand zumal, der ebenso weit entfernt ist von
der unbegrenzten Indifferenz auf der Minusseite der Skala wie
von der grenzenlosen Gelassenheit im anderen Extrem. Wenn er
am besten ist, kann Lowell die Koordinaten für diesen Punkt
finden und sich in einen Zustand hineinnavigieren, der weder
statis noch *crisis*, mehr Dynamik als erstere und weniger Instabili-
tät als letztere bezeichnet. In weniger inspirierten Augenblicken
wird dieser echte Gleichmut simuliert: Wir begegnen an seiner
Statt einem beharrlichen verbalen Ehrgeiz, unsere irritierte Aufmerksamkeit zu retten – etwas, das häufig genug der Fall ist in
den Büchern mit den Blankvers-Sonetten, deren Lektüre des-
orientierend wirkt.

Nichts Desorientierendes dagegen in der Lyrik, die wir eben
gelesen haben, *qua* Lyrik, egal, wie beunruhigend die Dinge auch
sein mögen, die sie zu sagen hat über das Altern und das Enden:
»Das Alter ist das Schlagwasser, / das nicht vom Mop zu schütteln
geht.« Ablehnung, Reife, Grauheit, Erschwernis – alles das ist
vorhanden, direkt in der Formung der Silben, von der nicht
unschmackhaften, gar saftigen Verführungskraft von »Das Alter ist das Schlagwasser« mit seinen im Englischen (»Age is the
bilge«) fast vanillesoßigen Vokalen, und gelatineartigen Konsonanten bis hin zu dem Schauder und der unwirksamen Vitalität
von »das nicht vom Mop zu schütteln geht». Das ist zugleich
berauschend und ernüchternd, genau die rechte Art von Weisheit, um den Anspruch auf übernatürliche Klarheit und schwer-
stes Erdulden von weiter oben zu rechtfertigen: »fand ich ... /
Meine Erschöpfung, / das Licht der Welt«. Dieses Gedicht bringt
es zuwege, dort anzuheben und weiterzugehen, wo *Samson Ago-
nistes* in »calm of mind, all passion spent«, »Frieden im Geiste,
erlitten alle Leidenschaften« endete. Es stellt die poetische Anti-
welt zur Welt von Sam Goldwyns apokalyptischen Anfängen dar.

Anders als die postmoderne Stimme, die in Derek Mahons »Lives« [Lebens-Arten] spricht und »zu viel weiß, um noch je zu wissen«, bewahrt sich Lowells Sprecher eine Art von letzter heuristischer Glückseligkeit. Wenn ihm die Redlichkeit des Danteschen Odysseus auch noch so einfältig und Tennysons Rhetorik noch so unglaubwürdig erscheinen mochten, so schließt doch der allwissende Ton dieses Sexualveteranen die Möglichkeit noch bevorstehender Verzückungen nicht aus. Zwar bewegen die Kadenzen sich nicht zu irgendeinem großartigen, aufgeblähten Versprechen; aber verabschiedet von jeglicher Erwartung eines erneuerten Erfahrungsschocks haben sie sich auch nicht.

Das alles repräsentiert ein letztes verfügungsmächtiges Aufbrechen jenes Stils, der in »Für die Toten der Union« anderthalb Jahrzehnte zuvor saure Themen in süße verwandelt hatte. Dort, in den ersten Gedichten von scharfsinniger persönlicher Reminiszenz, »Wasser« und »In mittleren Jahren«, entspannte Lowell die Methode entschiedener Konfrontation, der er in *Lebensstudien* gehuldigt hatte. Nun wurde der wuchernde Ingrimm der Intelligenz, der das frühe Werk charakterisierte, durch eine Stimmungslage ersetzt, die zwar noch immer wachsam und erregbar, aber nicht mehr so ungezähmt oder so intensiv gerichtet war.

Diese »entspannte« Dichtung in »Für die Toten der Union« stellt eine Art Vorecho der Ausführung des besten Werks in *Tag für Tag* dar. Es rüttelt auf und bannt nicht mehr. Einige wenige Striche, ein Notat, ein Anstoßen und ein Grüßen – solch zwanglose Mittel sind typisch für eine Schreibweise, die in sich selbst nicht einfach nur zwangloses Notat ist: Kleine Rätseleinheiten werden erhoben zur Befähigung für Dichtung. Diese Gedichte sind auf hervorragende Weise Ereignisse und nicht Berichte über Ereignisse – wie dieses wunderbar reine und friedfertige Gedicht, »Fall 1961«, »Herbst 1961«, demonstriert:

Den ganzen Herbst das Scheuern und Knarren
des Atomkriegs;
wir redeten unsere Abschaffung dem Tod zu.

Ich schwimm wie ein Torpedo
hinter meinem Arbeitszimmerfenster.

Unser Ende treibt näher herbei,
der Mond hebt sich,
strahlend vor Entsetzen.
Der Staat
ist ein Taucher unter einer Glasglocke.

Ein Vater ist kein Schild
für sein Kind.
Wir sind wie ganz viele wilde
Spinnen, die zusammen weinen,
aber ohne Tränen.

In solchen Momenten ist Lowells Dichtung auf schöne Weise
ihrem Anlaß gewachsen. Da läßt sie nicht mehr den literarischen
Muskel spielen. Da ist ihr Ton zwar emphatisch, kommt jedoch
aus einer Art von Weisheit, die sich, während sie selbst sich für
gegeben akzeptiert, unentbehrlich weiß. Ich gehe so weit, zu
sagen, daß Lowells Verfügung schließlich in seiner Selbstvernei-
nung eine Heimat fand – diese Bereitschaft, das poetische Ereignis nicht zu requirieren, sondern statt dessen seine eigenen
Einsichten ihre eigenen rätselvollen Wahrheiten artikulieren zu
lassen:

Jenseits der Fünfzig lernen wir verblüfft und versiert
in selbstmörderischer Absolution,
daß, was wir beabsichtigt und nicht erreicht haben,
nie hätte eintreten können –
und besser gemacht werden mußte.

Die unermüdlichen Hufschläge:
Sylvia Plath

Ich habe früher von der Notwendigkeit für den Dichter gesprochen, über das Ego hinauszugehen, um zu einer mehr als lediglich autobiographischen Stimme zu werden. Auf der Ebene der poetischen Sprache steigen, sobald dies geschieht, Klang und Sinn aus der Sprache auf wie eine Flutwelle, um die Äußerung des Individuums fortzutragen auf einer mächtigeren und tieferen Strömung, als das Individuum sich das je geträumt hätte.

Unterschiedliche Dichter haben unterschiedliche Vorstellungen davon, wie so etwas bewerkstelligt werden könnte. Für Robert Frost gab es eine originale Kadenzierungsweise, die er den »Klang des Sinns« nannte und die er für die Vorbedingung zur Dichtung hielt: Die Melodien einzelner Gedichte mußten diesen Klang neu ins Werk setzen, bevor sie als gegeben und unvermeidlich wahrgenommen werden konnten. Das ist so, als wäre das Gedicht ein einzelner Fußgänger, der sich unter die Prozession der Sprache mischt und dadurch ganz automatisch in das allgemeine Tempo und den massierten, natürlichen Schritt einfällt. Als Frost von »Satzklängen« und von »Tönen« als vokalen Entitäten in sich sprach, von vorbestimmten Konturen der Stimme noch vor Inhalt und artikuliertem Sinn, da zauderte er ganz offenkundig, dadurch Zeugnis abzulegen für die angeborenen Rechte von Dichtung, daß er ihre Konformität an diesen linguistischen Normen festmachte.

Auch T. S. Eliot war außerordentlich geprägt von der Vorstellung, daß Dichtung ältere und tiefere Energieebenen beherbergte als jene, die durch expliziten Sinn und unmittelbaren rhythmischen Stimulus dargebracht werden. Dies ist seine Formulierung der »auditiven Phantasie«. Diese sei

> das Empfinden für Silbe und Rhythmus, das tief unterhalb
> der bewußten Ebenen von Denken und Fühlen eindringt
> und jedes Wort mit Leben erfüllt; zum Primitivsten und

Vergessensten hinabsinkt, zurückkehrt zu einem Ursprung und etwas mit zurückbringt ... die ältesten und zivilisiertesten Mentalitäten vereint.

Wieder einmal, wie auch im Falle Frosts, ist in alledem ein defensives und selbstrechtfertigendes Motiv am Werke. Impliziert ist ein Argument für die tiefe Humanität des erarbeiteten Gedichts, seinen Zugang zur Evolution des Ohres der Rasse selbst. Die auditive Phantasie vereinigt für den Dichter nicht nur die ältesten und zivilisiertesten Mentalitäten; sie vereint auch Leser und Dichter und Gedicht in einer Erfahrung der Erhöhung, des Hinausreichens über die Begrenzungen der ersten Person Singular, der Erweiterung der rezeptiven Linse bis dorthin, wo sie die Welt jenseits des Selbst erreicht und von ihr erreicht wird.

Auch Yeats spricht vom Schreiben fürs Ohr, genau wie die alten Schreiber der Welt, nur daß er sich in seinen kritischen Schriften weniger darum kümmert, von den tatsächlichen Tonlagen und Klängen poetischer Sprache zu reden, als vielmehr die entpersönlichte, entpersönlichende, maskenhafte Sageweise zu beschwören, für die er alle Dichtkunst hält. Wir werden daran erinnert, daß *persona* von *personare* abstammt, das soviel bedeutet wie »durch / vermittels etwas klingen«, daß die Beseelung des Verbs in der substantivartigen Leidenschaftslosigkeit der Maske auflebt. Für Yeats ist der Dichter jemand, durch den hindurch gesprochen wird. Er wird in seiner Kunst wiedergeboren als etwas Beabsichtigtes und Vollkommenes. Die Beständigkeit eines erlangten Stils stellt einen Sieg über die Subjektivität dar und eine Fähigkeit, beherrscht zu werden von einer archetypischen Stimme. Dichtung, Drama und Mythos laufen zusammen; was die gesamte Menschheit je gewußt und erlebt hat, ist potentiell verfügbar durch die Zeremonie des Gedichts, und darum ist, einmal mehr, das Recht des Gedichtes auf einen Platz in der Welt, seine universelle Gültigkeit, gesichert.

Ich erinnere an diese verschiedenen Apologien, Verifikationen und Erklärungen von Dichtung, vokal, auditiv und dramatisch / mythisch, weil all diese Dinge in Beziehung stehen zu einer

Einschätzung der Verdienste von Sylvia Plath, einer Dichterin, die bis zu einem Punkt wuchs, an dem sie sich selber die Identifikation mit der Offenbarung zugestand und sich aufgab, um zum Vehikel einer Obsession zu werden; einer Dichterin, die einen Stil der direkten Sprache suchte und fand, der beseelt war von den Modulationen einer Stimme, die in Erregung und die spontan spricht; einer Dichterin, die sich der auditiven Phantasie bis zu einem Punkt ergab, an dem ihre Abschiednahme von der Welt identisch wurde mit einer Selbstentblößung in Worten und Echos. »Words« [Worte], eines der letzten halbdutzend Gedichte, die sie im Februar 1963 schrieb, ist die Quelle für den Titel dieser Vorlesung:

Äxte
Nach deren Schlag das Holz klingt,
Und die Echos!
Echos die laufen
Fort von der Mitte wie Pferde.

Der Saft
Steigt auf wie Tränen, wie das
Wasser das drängt
Zurück zu seinem Spiegel
Über dem Felsblock,

Der fällt und sich dreht,
Ein weißer Schädel,
Zerfressen von Unkrautgrün.
Nach Jahren sehe ich
Sie auf der Straße –

Worte, trocken und reiterlos,
Der unermüdliche Hufschlag.
Aber
Unverrückbare Sterne vom Grund des Teiches
Lenken ein Leben.

Ich werde später auf dieses Gedicht zurückkommen; für den Moment aber möchte ich es einfach stehenlassen als eine Gedächtnisstütze dafür, welcher Art die Dichtkunst war, die sich Sylvia Plath in ihrem Band *Ariel* und in den Vorläufer-Gedichten erarbeitet hatte. Das war die Dichtung, in der, wie Judith Kroll bemerkt hat, sie in ihrem autobiographischen Selbst die Identifikation mit ihrer Persona als inspirierter Dichterin gestattet hatte und der eine Freiheit und Endgültigkeit eigen war, die durch und durch charakteristisch ist. Sie stellt die letzte Stufe ihrer künstlerischen Verdienste dar, die offensichtlich und wohlbekanntermaßen eng verknüpft waren mit ihrem psychologischen und häuslichen Leben. Um es, nach Yeatsscher Art, kurz zu machen: Von Oktober 1962 bis zu ihrem Tode 1963 lebte Sylvia Plath nicht etwa wie ein Bündel aus Zufall und Zusammenhanglosigkeit; sie setzte sich nicht zum Frühstück hin, sondern zum Schreiben; sie erwachte in einen Zustand ruhiger Gefaßtheit in »etwas Beabsichtigtes, Vollkommenes« hinein, mit einem Gefühl »wie ein sehr gut funktionierendes Werkzeug oder solch eine Waffe, die benutzt und verlangt wird von einem Augenblick zum anderen«. Am 29. September, kurz vor einer neuen Springflut von Arbeiten, schreibt sie an Aurealia Plath:

> Liebste Mutter, es geht auf halb sieben in der Früh, und ich bin eine Frau in ihrem Arbeitszimmer, der Pifco ist an; die erste Tasse Kaffee.

Am 12. Oktober ist der Durchbruch perfekt:

> Jeden Morgen, so um fünf, wenn meine Schlaftablette aufgehört hat zu wirken, bin ich auf und mit Kaffee in meinem Arbeitszimmer und schreibe wie verrückt – jetzt schaffe ich ein Gedicht pro Tag vorm Frühstück. Alles Gedichte fürs Buch. Fürchterliches Zeug, als hätte mich die Häuslichkeit erstickt.

In dieser Stimmung schrieb sie das Werk, in dem Robert Lowell »perfekte Kontrolle« bemerkte, »wie die Kontrolle eines Skiläufers, der jeder Todesfalle ausweicht, bis er den letzten Abhang erreicht« – obwohl man sagen sollte, daß Lowells Bild der Todesfalle zu gleichen Teilen aus gesicherter Rückschau und aus den Gedichten selbst stammt.

Die große Anziehungskraft von *Ariel* mit seiner dort gebündelten Lyrik ist das Gefühl unwiderstehlicher Ergeben-heit. Es wohnt dieser Dichtung eine Empfindung des überraschten Ankommens, des erstaunten Seins inne. Die Gedichte wurden schnell niedergeschrieben und übermitteln dem Leser etwas vom Unerwarteten des eigenen Werdens. Hinter ihnen steht der Druck des absoluten *fiat:* Eine Gruppe von Bildern kommt plötzlich zu Leben und Bewegung, als folgte sie einem absonderlichen, aber doch nicht zu ignorierenden Befehl. Sie sind typisch für eine extreme Erweiterung des imagistischen Parameters, den Pound charakterisiert hatte als Ausdruck eines emotionalen und intellektuellen Komplexes innerhalb eines Augenblicks. Ihr metamorphotisches Tempo und ihre metaphorische Ungeduld werden angetrieben von der Logik ihrer eigenen assoziativen Kraft, und so eilen sie jeder Lösung entgegen, die in ihren Elementen ruht. Diese Gedichte sind Transporteure ihrer eigenen Antriebe, und es war völlig richtig, daß der Titel, der sie zusammenband, nicht nur an Shakespeares reinen Geist, sondern auch an den ungestümen Galopp eines durchgegangenen Pferdes erinnern sollte. Sie sind in sich voller Heiterkeit, der Heiterkeit eines Bewußtseins, das in einer Art von spöttischem Geist schöpferisch wirkt und die Person, die gelitten hat, hinter sich läßt. Sie bewegen sich ohne Zögern und beanspruchen das Recht, gehört zu werden; sie, die Gedichte, sind es, denen wir uns hingeben – nicht der Dichterin. Sie sind, um mit Robert Lowell zu sprechen, eher Ereignisse denn Berichte von Ereignissen, und als solche stehen sie für den Triumph von Sylvia Plaths romantischem Ehrgeiz, expressive Kraft und voll erlangte Individualität in Übereinstimmung zu bringen. Die Sprache wächst jäh ihrer Herrscherrolle zu; und sie hat die Quelle ausgemacht, in der die Sterne sich spiegeln werden und von der aus sie ihre spontanen und unheimlich vertrauenswürdigen Signale aussenden.

Bevor das alles aber eintreten konnte, wurde Plaths Sprache selber beherrscht von den Disziplinen des Metrums, des Rhythmus, der Etymologie, der Assonanz und des Enjambements. Auch wenn ihr Mann uns keine Vorstellung von ihr als Novizin gegeben hätte, hätten wir das ableiten können aus den Vorgehensweisen ihrer frühen Lyrik. »Ihre frühen Gedichte schrieb sie sehr langsam«, berichtet uns Ted Hughes, »mit dem Thesaurus aufgeschlagen auf den Knien, in ihrer großen, eigenwilligen Handschrift, wie ein Mosaik, in dem jeder Buchstabe ganz für sich steht, sich selber eine Hieroglyphe ... Jedes Gedicht erwuchs ganz und gar seinem eigenen Wurzelwerk, in dieser mühseligen Langsamkeit, als quälte sie sich mit einem mathematischen Problem, sich auf die Lippen beißend, dicke dunkle Tintenkreise um jedes Wort ziehend, das sie auf der Seite des Thesaurus irgendwie erregte.« Das war Ende der fünfziger Jahre, als Sylvia Plath den Band vorbereitete, der in England 1960 als *The Colossus* veröffentlicht werden würde und im Zuge dessen sie ihre dichterische Aufmerksamkeit immer mehr nach innen richtete und schließlich eine charakteristische Methode der Selbsterkundung fand.

Dies gründete zuweilen in der Allegorisierung persönlicher Erfahrung in Form eines Emblems oder Bildes, zuweilen in der Vermengung von Autobiographischem und Mythologischem. »Full Fathom Five« [Volle fünf Faden] und »Lorelei«, zwei nach der Lektüre von Jacques Costeau entstandene Gedichte, sind typische Beispiele dieser Praxis. Die autobiographischen Themen, auf die sie sich beziehen, sind der Tod ihres Vaters, als sie noch ein Kind von acht Jahren war, und der nachfolgende Umzug der Familie von der See ins Inland, wonach, wie Plath in »Ocean 1212-W« schrieb, »jene ersten neun Jahre meines Lebens sich verschlossen wie ein Flaschenschiff – schön, unzugänglich, nicht mehr da, ein zarter, weiter, flüchtiger Mythos.« Das autobiographische Element enthält außerdem ein Eingeständnis ihres Selbstmordversuchs vom August 1953 und untersucht offensichtlich etwas genauer die nachfolgende psychiatrische Behandlung mit ihren bewußten Versuchen in Selbst-Verständnis und Selbsterneuerung. Das alles aber ist abgeschieden hinter den literarischen und mythologischen Aspekten der Gedichte selbst, welche die Produkte reifenden Könnens sind.

Was ich darum vorschlage, ist die Untersuchung einer Anzahl charakteristischer Gedichte aus verschiedenen Perioden der erstaunlich schnellen Plathschen Entwicklung, um noch einmal diese Art des poetischen Phänomens zu prüfen, das sie darstellt, und um einmal Zeuge des Schauspiels zu sein, wie aus einer begabten Schriftstellerin eine richtige wird. All das möchte ich erörtern als ein literarisches Wagnis mit einer festen Heilungsabsicht im Leben der Dichterin, aber ebenso werde ich etwas darüber zu sagen haben, wie die makellos künstlerische Kraft ihrer Leistung mit anderen Strängen in der von ihr bewohnten Kultur verwoben wurde und wie eine Tätigkeit, die im wesentlichen Triumph war, als Bestrafung dechiffriert werden mußte.

Ich sehe in ihrer poetischen Reise drei Etappen, die drei Stufen der dichterischen Leistung zu exemplifizieren scheinen. Und weil ich es stets für instruktiv gehalten habe, als Parabel für diese drei Etappen eine berühmte Wordsworth-Passage zu lesen, will ich das hier auch tun, und zwar in direkter Beziehung zum Werdegang von Sylvia Plath. Die fragliche Passage ist die, in der Wordsworth über seine eigene Jugend schreibt, in der er durch die Finger pfiff, um die Eulen dazu zu bringen, ihm mit ihren Rufen zu antworten; aber insbesondere erinnert sie an bestimmte Momente, in denen er sich tief beeindruckt fühlte von der Macht des ganzen Universums der Natur:

> Da war ein Junge; ihr kanntet ihn, ihr Kliffs
> Und Inseln von Winander! – Manch eine Zeit,
> Zu abend, wenn die frühsten Sterne
> Auf den Hügelkämmen reisten,
> Im Aufgang oder Untergehn, stand er allein
> Unter den Bäumen oder am flimmernden See;
> Und dort, mit überkreuzten Fingern, die Hände beide
> Flach an flach gedrückt und hochgehoben an den Mund,
> So blies er, wie mit einem Instrument,
> Mimisch Geheule für die stummen Eulen aus,
> Daß sie ihm Antwort geben sollten. – Dann riefen sie

Quer durch das feuchte Tal und riefen wieder
Als Antwort auf sein Locken, – mit bebendem Geschall
Und längeren Hallos und Schrein und Echos laut
Vermehrfacht und vermehrfacht; Zusammenlauf und
                                                wilder
Heitrer Lärm! Und wenn dann eine Pause ward,
Verschlug die Stille ihm der Hände Werk:
Dann, manches Mal, in jener Stille, wenn er lauschend
Stand, trug tief ein sanfter Schlag der Überraschung
Die Stimme in sein Herz hinein von
Strömen im Gebirg; oder, versehentlich, ging ein
Die Szenerie ganz sichtbar ihm in seinen Sinn
Mit all den weihevollen Bildern, ihren Felsen,
Ihren Wäldern und jenem ungewissen Himmel, der
                                          aufgenommen
Ward im Busen jenes immergleichen Sees.

Die erste Aufgabe des Dichters oder der Dichterin – um mit
meiner Allegorisierung dieser erinnernswerten Passage fortzufahren – besteht darin, zu lernen, wie man die Hände ineinan-
derfügen muß, um richtig pfeifen zu können. Das mag erscheinen wie eine nicht gerade erhebliche Leistung; aber jeder, der
sich noch an die eigenen Versuche erinnern kann, es richtig
hinzukriegen, wird sich auch noch an die Befriedigung und
Berechtigung dieser ersten Klangumsetzung des eigenen Da-
seins erinnern. Leute, die gelernt haben, auf ihren Fingern zu
pfeifen oder zwischen den gehöhlten Händen in den hinteren
Klassenreihen in der Schule und auf den hinteren Sitzen in
Bussen »Trompete« zu blasen, pflegten glücklich darüber zu
sein, diese Kunststücke nur um ihrer selbst willen zum besten zu
geben, viele Male, selbstvergessen und unermüdlich. Das war ein
originaler Schöpfungsakt, in der oral/auralen Sphäre das Äquivalent zu den Matschkuchen in der taktil/räumlichen Sphäre.
Und eines der vollendetsten Vergnügen im Leben ist es, so ist
hinlänglich festgestellt worden, wenn ich dir die Matschkuchen
zeige, die ich gemacht habe, und du mir die Matschkuchen
zeigst, die du gemacht hast. Und wenn man in diesem Bild bleibt,

dann kann eine kleine Literaturzeitschrift durchaus verstanden werden als ein Echo von Eulenpfiffen oder eine Galerie richtiger, echter Matschkuchen; und so mancher dichterische Werdegang beginnt und endet mit Gedichten, die nichts weiter tun, als in unschuldiger, ursprünglicher Freude auszurufen: »Seht her, ich kann's! Seht bloß mal, wie toll die geworden sind! Und ich kann sie *noch* mal! Hier!«

Sylvia Plaths erstes Buch enthält eine ganze Reihe solch schön abgestimmter, halbgereimter und assonierender Gedichte. In ihnen erscheinen ihre Finger handwerklich ganz bewußt ineinandergelegt und in einem behutsamen Winkel angehoben, und ihr poetischer Atem wird gleichmäßig und mit Bedacht ausgestoßen. Natürlich ist das nicht das einzige, das *The Colossus* ausmacht, aber es ist das, was ganz direkt sichtbar ist; auf jeder Seite legt eine Dichterin Zeugnis darüber ab, daß sie sich ihre Sporen verdient hat und ihr Handwerk beherrscht. Genießt es mit mir gemeinsam, deutet sie an; ist das nicht gut geworden? Und es ist wirklich ein Vergnügen, die dunkle, klatschende Musik des Meeres in einem Gedicht wie »Mussel Hunter at Rock Harbour« [Muscheljäger in Rock Harbour] zu schmecken:

Ich kam noch vor dem Wasser –
Maler kamen, um vom Kaplicht das Beste
Zu erhaschen, das Sandgrus in
Kristallnen Vierkant reibt und ledern
Färbt und glättet die stumpfen Hügel
Der drei gedeckten Fischerboote
Auf dem Uferstrand des Wegs

Zurück zum Fluß. Ich wollte gratis
Köder holen: Die blauen Muscheln
Wie Knollen geklumpt an den Graswurzel-
Rand der Gezeitentümpel.
Morgentide stand ganz tief. Ich roch
Schlammgeruch, Muschelinnereien, Möwenabfall;
Hörte ein sonderbares krustiges Kratzen

Verstummen, und ich näherte mich dem zum Schweigen
Gebrachten kraterigen Rand des Tümpelbetts.
Die Muscheln hingen trägblau und
Sehr deutlich, trotzdem schien es, als wären
Die Scharniere einer durchtriebnen Welt vor
Meiner Nase eingerastet. Alles hielt still.
Obwohl ich knappe Sekunden zählte,

Verstrichen genügend Zeitalter, daß mir das
Vertrauen guter Führung ins wachsame
Jenseits erwuchs, derweil es
Mich musterte. Gras legte Klauen aus;
Kleine Schlammknöpfe, von unten angestupst,
Entließen ihre Kuppeln wie winzige
Ritter, die ihre Helme ablegen. Die Krabben

Zentimeterten sich aus ihren Pygmäenlöchern
Und aus dem Schlamm des Grabens, alle
Getarnt in gesprenkeltem Harnisch
Aus Braun und aus Grün. Jede trug eine
Zum Schild geschwollne Klaue so groß wie
Sie selber – keinen Geigerarm, der
Durchs Handwerk gargantisch geworden,

Sondern grausam gewachsen und grausam
Getragen, zu einem Nutzen weit jenseits
Meiner Vorstellung. Zischende
Massenmotivierte Horden, so machten sie sich
Davon in einem Strom, der konvergiert
Zur Weihermündung hin . . .

Das ist ein Gedicht in Sonanten, mit sieben Silben pro (originale)
Zeile, sieben Zeilen pro Strophe; es bewegt sich zentimeterweise
voran, wie die Krabben es tun und Ted Hughes von ihren ersten
Gedichten gesagt hat, Einfall auf Einfall. Die Bewegung ist stetig,
vorangerichtet, zielbewußt, und doch werden wir in diesem
»Wellenjenseits« auch zum Verweilen ermutigt und dazu, das

grob vorgesponnene Gewebe von Zeilen wie »Die Muscheln hingen trägblau und / Sehr deutlich, trotzdem schien es, als wären / Die Scharniere einer durchtriebnen Welt vor / Meiner Nase eingerastet« anzunehmen. Wir werden dazu verführt, die Dichterin so leicht wie irgend möglich gewähren zu lassen, ihr zu gestatten, ihren Blick nur einen Bruchteil von der Augenhöhe der Krabben auf die von Helmen zu heben. Helm, ein ritterliches, pralles, metallisches Wort, lenkt unser Augenmerk für einen Milliaugenblick vom Objekt ab. Natürlich sind wir glücklich, so üppig abgelenkt zu werden, und das Gedicht ist ja auch nicht so fanatisch involviert in seine eigenen Belange, als daß es sich nicht die Freiheit nähme, uns am Ellbogen zu nehmen und den Reichtümern seines eigenen sprachlichen Vermögens zuzuwenden. Das Vergnügen seitens des Lesers kommt ja tatsächlich von genau diesem Gefühl her, auf einer linguistischen Fahrt zu sein, wo der Aspekt der Ausfahrt ebensoviel vom Vokabular der Führerin zu kosten hergibt wie das Anschauen dessen, über das die Rede geht.

So geht das Gedicht seiner Sache nach, die, wie die Sache der Krabben, kein »Spielkram« ist; aber ebensowenig ist es restlos formal streng durchgestaltet, jedenfalls nicht bis zu den letzten beiden Strophen. Die zweite Hälfte geht dann so:

Stand ausgeschlossen, ein für allemal,
Rätselte über diesen Auszug ihrer
Völlig fremden
Ordnung, so wie ich rätseln könnte
Über den hellen Schweif von Halleys

Komet, der meine Umlaufbahn
Kalt schneidet, bekannt gemacht
Durch einen Familiennamen, von dem
Er überhaupt nichts wußte. So gingen die
Krabben ihrer Sache nach, die
Kein Spielkram war, und ich füllte
Ein großes Taschentuch mit blauen

Muscheln. Aus Krabbenperspektive
Falls sie's sehen konnten, war ich nur
Ein zweibeiniger Muschelpflücker.
Hoch auf dem luftigen Reetdach
Der dichten Gräser fand ich
Den Panzer einer Winterkrabbe,
Noch heil, seltsam ausgelegt auf

Ihrer Welt aus Schlick – grüne Färbung
Und innen gebleicht und fortgeblasen
Irgendwohin, von viel Sonne und Wind;
Es ließ sich nicht sagen, ob sie gestorben
War an Einsamkeit oder an Selbstmord
Oder starrsinnigem Kolumbuskrebs.
Das Krabbenantlitz, flachgeschliffen und dort

Postiert, machte Grimassen wie Totenschädel: Es
Hatte etwas Orientalisches,
Die Totenmaske eines Samurai, erledigt
Auf einem Tigerzahn, kaum um
Der Kunst willn, eher Gottes. Weit fort vom Meer –
Wo rotgefleckte Krabbenrücken, Klauen
Und ganze Krabben, tot, die feuchten weichen

Bäuche bleich und dem Himmel zugewandt,
Ihre torkelnden Walzer aufführn
Auf dem zerfallnden Rückgeschwapp der Wellen,
Dann wiederkehren, um sich, Stück
Für Stück, aufzulösen in ihr freundliches
Element – dies Überbleibsel wahrte
Das Gesicht, angesichtig der Sonne nacktem Angesicht.

Da wird wirklich etwas lebendig, wenn wir zu der Panzerhülse
jenes Reisenden jenseits der Spur der Herde gelangen, dem
»starrsinnigen Kolumbuskrebs«. Eine Veränderung geschieht
mit der Begleitstimme des Gedichts, die bisher ein vom Wind
angeschlagenes, von Wellen daumengezupftes Beben im Hin-

tergrund gewesen war. Wir bewegen uns vom Pulsschlag zum Geisterflug, und die Festigkeit der Schale wird in Einklang gebracht mit einem Stabilerwerden und Aufhellen des Wetters im Gedicht. Die Konzentration hebt sich von Krebsgetier zu Himmelszelt, die Handlung legt an Tempo zu, die bis hierher in der Eigentümlichkeit ihrer Wirkungen gefangenen Zeilen sind plötzlich athletisch in Bewegung: »Es / Hatte etwas Orientalisches, / Die Totenmaske eines Samurai, erledigt / Auf einem Tigerzahn, kaum um / Der Kunst willn, eher Gottes …« Das hat mehr von freier Rede und von Erregtheit, als hätte das Gedicht mit seinem Kriechgang abgeschlossen und sei auf seinen Fund gestoßen. Betrachtet man die musikalische Kurve des Ganzen, so wird nun eine Auflösung zugelassen: Die Kadenzen dürfen sich, nach diesem lang erwarteten, wenn auch kurzen und seltsamen Auflodern, beruhigen. Betrachtet man die sinnlichen Instinkte, so wird des Gedichtes Bindung mit klebrigen, schlammigen, trägen Materialien nun gelöst durch die Aneignung einer fest im Griff bleibenden Gestalt, einer rigiden Form, die »wahrte / Das Gesicht, angesichtig der Sonne nacktem Angesicht«. Auch psychologisch ist ein Gleichgewicht erlangt. Ohne das Gedicht autobiographisch lesen zu müssen, bleibt es doch möglich, zu erkennen, daß das Jenseits der Küste – mit all den »massenmotivierten Horden« – Leben der Krabbenkarawane – für die Leser eine Art Limbo darstellt und sie ausgeschlossen hält, ungebunden und doch die ganze Zeit über voller Erwartung; so daß, als sie die Schale entdeckt und mit ihr als dem Emblem für einen Eremiten oder einen Selbstmord oder einen Entdecker eine Verbindung herstellt, dies steht für ein gewisses Erreichthaben von Identität und Sicherheit. Allerdings ist das natürlich eine komplexe Art von Sicherheit:

Das Krabbenantlitz, flachgeschliffen und dort

Postiert, machte Grimassen wie Totenschädel: Es
Hatte etwas Orientalisches,
Die Totenmaske eines Samurai, erledigt
Auf einem Tigerzahn, kaum um

Der Kunst willn, eher Gottes. Weit fort vom Meer –
Wo rotgefleckte Krabbenrücken, Klauen
Und ganze Krabben, tot, die feuchten weichen

Bäuche bleich dem Himmel zugewandt,
Ihre torkelnden Walzer aufführn
Auf dem zerfallnden Rückgeschwapp der Wellen,
Dann wiederkehren, um sich, Stück
Für Stück, aufzulösen in ihr freundliches
Element – dies Überbleibsel wahrte
Das Gesicht, angesichtig der Sonne nacktem Angesicht.

Das Bild des Schädels, die Totenmaske, die sind hier seltsam
lebens-wichtig. Was wirklich tückisch ist, das ist das Meer voller
»Klauen / Und ganze[r] Krabben, tot, die feuchten weichen /
Bäuche bleich dem Himmel zugewandt«, wie sie »Ihre torkelnden Walzer aufführn«. Man muß gar nichts von Sylvia Plaths
Selbstmordversuch von 1953 und ihrer ehrgeizigen Selbster-
neuerungs-Unternehmung wissen, um im Schluß dieses Gedichts ein Überlebensdrama aufzuspüren, die Erreichung eines
trockenen, unter Mühen gewonnenen Riffs jenseits des Gewoges
und der Schlüpfrigkeit lethischer Versuchungen. Das, in poetischer Hinsicht, Überzeugende ist, daß alles dies garantiert wird
durch eine Energie jenseits derer, die vom individuellen Willen
aufgebracht wurde. Es scheint bewerkstelligt »kaum um / Der
Kunst willn, eher Gottes«. Es ist, als ob mit dem Gehorsam
gegenüber den Diktaten der Phantasie und dem Sich-Festklam-
mern an einer toten Krabbe Plath sich selbst orientiert in Richtung der trockenen, harten Tonhöhe, die sie am Ende in Gedichten wie »Worte« annehmen wird. Die Krabbenhülse ist eine
Gestalt von Kunst und ein Talisman, etwas, das wir auf einem
tiefer greifenden Niveau annehmen als die wunderschön dar-
gebotenen »Muscheln / Wie Knollen geklumpt«. Diese letzteren waren literarische Eulenrufe durch vorsichtige Finger,
aber die Panzerhülse der toten Krabbe erweckt das Eulenleben
in uns, sie beantwortet den Ruf mit eigenem Ruf im Zwielicht
unserer Psyche und hebt so das Gedicht empor auf die zweite

Ebene des poetisch Erreichten, wie es in Wordsworth' Bericht impliziert ist.

Wenn das Tal sich füllt mit den wirklichen Rufen von Eulen als Antwort auf die Kunst des Jungen, dann haben wir damit ein Bild des klassisch befähigten Dichters, desjenigen, der über das reine Üben von Tonleitern hinausgelangt ist, desjenigen, der, wie Wordsworth in seiner Vorrede sagt, sich freut am Geist des Lebens, der in ihm wirkt und entzückt ist, über die gleichen Willensbekundungen und Leidenschaften nachzusinnen, wie sie sich in den Vorgängen des Universums manifestieren. Das meint dann die *poetry of relation*, die Verhältnis- oder Beziehungsdichtung des Kabbel-und-Wellen-Effekts auf das Publikum; an diesem Punkt hat die Kunst des Dichters zu Wegen gefunden, ausgesprochen persönliche Themen und emotionale Notwendigkeiten zum Besitz auch des Lesers werden zu lassen. Dies wäre, in klassisch-formellster Version, eine Angelegenheit des alten »was oft gedacht, doch nie so wohlgesprochen«-Themas. Am reichsten fällt das aus, wenn es kraft unterschiedlicher Sprachstränge zu einem Traum-Gewebe wird, das Psyche und Psyche vernetzt, um jene Wirkung zu erzielen, die Frost »eine Erhellung« genannt hat, »eine Stütze des Augenblicks gegen die Konfusion« – also genau jenes Augenblicks, der am Schluß von »Mussel Hunter at Rock Harbour« auftaucht.

Ted Hughes hat über Sylvia Plaths Durchbruch in ihr tieferes Selbst und ihr poetisches Schicksal geschrieben: Den kritischen Moment in ihrem Schreiben macht er in der Komposition des Gedichtes mit dem Titel »Stones« [Steine] aus. Dies ist auch das späteste der Gedichte (vom 4. November 1959) in *The Collossus* und dasjenige, das wir in der Rückschau erkennen können als ein Versprechen der epochemachenden *Ariel*-Gedichte, die im Oktober 1962 begonnen wurden. Zwischen diesen beiden Polen wurde die gravide Ernte an Gedichten eingefahren, die später in *Crossing The Water* [Über das Wasser] versammelt wurden, ebenso wie die folgenden, in *Ariel* gesammelten, aber schon vor dem großen Schub von Gedichten im Oktober 1962 komponierten: »Elm« [Ulme], »The Moon and the Yew Tree« [Der Mond und der Eibenbaum], »Tulips« [Tulpen] und »Morning Song«

[Morgenlied]. Diese gehören zusammen mit »The Bee Meeting« [Das Bienentreffen] und »The Arrival of the Bee Box« [Die Ankunft der Bienenkiste] und Gedichten aus *Crossing the Water* wie »Parliament Hill Fields«, wie »In Plaster« [In Gips], »Wuthering Heights«, »Blackberrying« [Brombeerenpflücken], wie »Finisterre«, »Last Words« [Letzte Worte], »Mirror« [Spiegel], »Crossing the Water«, »Among the Narcissi« [Unter den Narzissen] und »Pheasant« [Fasan] in eine Phase der Kunst von Sylvia Plath, welche die erkannten Vorgehensweisen dessen, was Eliot »die mythische Methode« genannt hat, und die entsetzlichen Belastungen ihrer eigenen psychologischen und häuslichen Wirklichkeit geschickt im Gleichgewicht hält. In diesem mittleren Abschnitt ihrer Reise praktiziert sie die Art von Gedicht, die Pound skizziert hat – zum Beispiel in *Canto I* –, in dem eine erste Stimme das Spektrum ihrer Rede durch Beschwörung klassischer oder sonstwie legendärer Parallelen verstärkt. Diese Gedichte zeugen gelassen von ihrer eigenen Zeit, indem nämlich die Konventionen des Modernismus und die Einsichten der Psychologie gemeinsam in ein intensiv persönliches Idiom verlegt werden, das gleichwohl vollkommen kommunikabel ist. Wenn wir beispielsweise die ersten Zeilen von »Ulme« lesen, fangen die Eulen in unserem Traumgeäst an, uns grüßend wiederzuerkennen:

Ich kenne den Erdengrund, sagt sie. Mit meiner großen
                                                    Pfahlwurzel
Kenne ich ihn. Er ist es, vor dem du bangst.
Ich war dort: ich habe vor ihm keine Angst.

In den von ihm herausgegebenen *Collected Poems* versieht Ted Hughes »Ulme« mit einer Anmerkung, und ein früherer Entwurf zu dieser von tiefer Unsicherheit getragenen Endfassung tauchte auf. Es geht noch einundzwanzig Arbeitsblätter weiter, so daß das folgende nur *pars pro toto* stehen kann für das, was Hughes »eine vorzeitige Kristallisation« nennt (Die Bergulme, die der Anlaß für die Gedichte war, wächst auf dem Vorsprung eines von einem Graben umgebenen prähistorischen Hügels in Sichtweite des Hauses, in dem Plath und Hughes lebten.):

Sie ist nicht einfach, sie ist nicht friedlich;
Sie pulst wie ein Herz auf meinem Berg.
Der Mond karriolt in ihrem verworrenen Nervensystem.
Es erregt mich, ihn da zu sehen.
Er ist wie etwas, das sie für mich eingefangen hat.

Die Nacht ist ein blauer Teich; sie ist ganz still.
Sie ist im Zentrum still, ganz still vor Weisheit.
Der Mond wird fortgelassen, wie etwas Totes.
Jetzt dunkelt sie selbst
In eine dunkle Welt, von der ich gar nichts sehe.

Der Kontrast zwischen dieser unentflammten, äußerlichen Stimme und der endgültigen Stimme in »I know the bottom, she says«, »Ich kenne den Erdengrund, sagt sie« ist erstaunlich. Der Entwurf ist analytisch und wenig inspiriert, der Fall eines Egos, das flüchtig auf der Oberfläche der Sprache hin- und herblickt. Was Plath hier tatsächlich tut, ist das Verpacken von Einsichten, zu denen sie schon in einem anderen ausgesprochenen Baumgedicht mit dem Titel »Der Mond und der Eibenbaum« gelangt war – ein Thema, das von Ted Hughes vorgegeben war, der in seinen »Anmerkungen zu der chronologischen Anordnung der Gedichte von Sylvia Plath« schreibt:

Eines frühen Morgens, es war noch dunkel, sah ich, wie der Vollmond über einer großen Eibe, die auf dem Kirchhof steht, untergehen wollte, und ich schlug ihr vor, ein Gedicht daraus zu machen. Um Mittag hatte sie es fertig. Es hat mich zutiefst deprimiert. Ich habe nun mal den Verdacht, daß kein Gedicht ein Gedicht sein kann, wenn es keine aus den unser Leben regierenden Mächten, dem letzten Leiden und der letzten Entscheidung in uns stammende Aussage darstellt.

»Ulme« kommt von einem solchen Ort, dem letzten Leid und der letzten Entscheidung in Sylvia Plath, nur konnte ein Zugang zu diesem Ort sich nicht auftun, bevor der angemessene Rhyth-

mus sich unter ihrer Sprache zu regen begann und die Satz-
klänge herauszurollen anfingen wie Schwungräder der poetischen Stimme. Die wirkungslosen Flügelschläge von »The night
is a blue pool; she is very still. / At the centre she is still, very still
with wisdom«, »Die Nacht ist ein blauer Teich; sie ist ganz still. /
Sie ist im Zentrum still, ganz still vor Weisheit« sind die des
Vogels Dichtung am Fensterglas der Intelligenz, der zwar sieht,
wohin er fliegen muß, aber unfähig ist, dorthin zu gelangen.
Wunderbarerweise aber wird das Fenster fortgezogen, und
tiefe, freie Stürze in den blauen Teich und in das Zentrum hinein
werden ausgeführt mit mühelosem Eindringungsvermögen, da
die neuen Zeilen erst einmal loszulaufen beginnen:

> Ist's das Meer, das du hörst in mir,
> Seine Unzufriedenheiten?
> Oder die Stimme des Nichts, die dein Wahnsinn war?

> Liebe ist ein Schatten.
> Wie du liegst und ihr nachweinst
> Horch: das sind ihre Hufe: auf und davon wie ein Pferd.

Auch hier haben wir die dramatische Gewißheit eines weiteren
Merkmals hoher Vollendung – die Verwebung imaginativer
Konstanten aus unterschiedlichen Teilen des *œuvre*. Diese Hufe
sind ebenso in Beziehung zu sehen zu den Hufen des fliehenden
Ariel, wie sie auch Vorechos der Phantom-Hufschläge von
»Worte« sind.

Die Ulme drückt ein ulmenhaftes Bewußtsein aus, sie kommu-
niziert in Baum-Sprech: »This is rain now, this big hush«, »Das
jetzt ist Regen, dieses große Stillwerden«. Aber die Ulme spricht
auch Dichterbewußtsein aus. Aufregend an diesem Gedicht zu
beobachten ist die stimmliche Mutation; von der sich ihres Verhaltens als »Double« für einen Baum bewußten, verhältnismäßig
kühlen literarischen Vorstellung wendet sie sich allmählich nach
innen und gewinnt so an Intensität. Von irgendwo in der Mitte,
zwischen einer Strophe wie:

Ich habe das Grauen der Sonnenuntergänge erlitten.
Versengt bis zur Wurzel brennen
Meine roten Staubfäden und starren als Handvoll Drähte.

– zwischen dieser immens wohltuenden Mimesis und dem bei
weitem verstörenderen Expressionismus von

Mich verschreckt dieses dunkle Ding,
Das in mir schläft; den ganzen Tag lang fühl ich
Seine weichen gefiederten Windungen, seine Bösartigkeit.

– zwischen diesen beiden Strophen hat das Gedicht sich – und
die Dichterin und den Leser – aus dem Reich des taktvoll-
schätzenswerten Schreibens hinübergetragen in das ungestü-
mere, weniger verordnete Reich des Un-Schätzbaren. Daher
auch ist es keine Überraschung, in Ted Hughes' Anmerkungen
von 1970 zu lesen, daß er »Ulme« als das Gedicht versteht, das
den Auftakt zur letzten Phase darstellt, jener Phase, deren
Gedichte ich vorher zu charakterisieren versucht habe als solche,
die auf Geheiß irgendeines unvorhergesehenen, jedoch vollkommen unwiderstehlichen Befehls zum Leben erweckt wurden.

Ich möchte jetzt noch einmal im Sinne der Wordsworth-
Passage zurückkommen auf die letzten Gedichte. Die dritte Art
Dichtung, die ich hier gestaltet finde, ist diejenige, in welcher des
Gedichtes absolutes Anliegen im unnachgiebigen Streben nach
poetischer Einsicht und poetischem Wissen besteht. Wir haben
die erste Etappe nachvollzogen, in der die dichterische Herstellung selbst ein Zweck und eine Besorgnis war; und wir haben die
zweite Etappe sozialer Beziehungen und emotionaler Überzeu-
gungskraft durchlaufen, in welcher der Eulenruf der Gedichte
im Publikum den Eulentraum als Antwort stimuliert und
»schlägt … als ein Erinnern«. Im Sinne der Wordsworth-Ge-
dichte sind wir nun an dem Punkt angelangt, wo der Junge mit
seinen Händen überhaupt kein Geräusch erzeugen kann:

Und wenn dann eine Pause kam,
Verschlug die Stille ihm der Hände Werk:
Dann, manches Mal, in jener Stille, wenn er lauschend
Stand, trug tief ein sanfter Schlag der Überraschung
Die Stimme in sein Herz hinein von
Strömen im Gebirg; oder, versehentlich, ging ein
Die Szenerie ganz sichtbar ihm in seinen Sinn
Mit all den weihevollen Bildern, ihren Felsen,
Ihren Wäldern und jenem ungewissen Himmel, der
                                  aufgenommen
Ward im Busen jenes immergleichen Sees.

Hier wird des Jungen – oder: der Dichterin – Geschick verspottet; Geschicklichkeit ist zu nichts mehr nütze; aber in die plötzlich durchbrochene Stille gerät etwas viel Wunderbareres als Eulenschreie. Wie er so dasteht, ganz Auge oder ganz Ohr, prägen sich ihm alle Melodien und alle Hieroglyphen dieser Welt ein; die Handlungen des tätigen Universums, um einen anderen Satz aus *The Prelude* zu benutzen, finden tief in ihm ihren Widerhall. Womit dieser Teil der Geschichte jenes Maß imaginativen Zugangs nahelegt, der das Gedicht fühlbar werden läßt als ein Geschenk, das die Kontrolle durch die Dichterin über- oder unterschreitet, der es möglich macht, direkten Kontakt mit dem Bilder-Keller herzustellen, der Traum-Bank, dem Wörterhort, der Wahrheitshöhle – mit welchem Ort auch immer, von dem ein Gedicht wie Yeats' »Langbeinige Fliege« ausgeht. Was Sylvia Plath in jenen Tagen somnambuler poetischer Gewißheit schrieb, gehört zu dieser *Art* von Dichtung. Es ist etwas Absolutes um die Tonlage und ein unvermitteltes Am-rechten-Platz-Sein der Wörter und alles dessen, wofür sie stehen, wie in dem Gedicht »Edge« [Rand]. Dies ist vielleicht das letzte, das sie schrieb, vielleicht das vorletzte, jedenfalls eines von zweien, die sie am 5. Februar 1963 fertigstellte – sechs Tage vor ihrem Freitod:

Die Frau ist vollendet,
Ihr toter

Körper trägt das Lächeln des Erreichten.
Der Anschein einer griechischen Notwendigkeit

Fließt in den Schnörkeln ihrer Toga,
Ihre bloßen

Füße scheinen zu sagen: Wir kamen bis
Hierher, es ist vorbei.

Jedes tote Kind eingerollt, eine weiße Schlange,
Eines um jeden kleinen

Milchkrug, nun leer.
Sie hat sie gefaltet

Zurück in ihren Körper, wie Blätter einer
Rose sich schließen wenn der Garten

Erstarrt und Düfte bluten
Aus den süßen tiefen Schlünden der Nachtblume.

Der Mond starrt aus seiner Knochenkapuze.
Er hat keinen Grund zur Trauer.

Er ist dergleichen gewohnt.
Seine schwarzen Hüllen knistern und schlurfen.

Hier herrscht eine Objektivität, eine perfektionierte Ökonomie
in der Zeilung, ein rasches, mit sicherer Hand markiertes Gefüge
von Zeit und Raum, das sich gleichsam aufgespart hat für dieses
Gedicht. »Kühnheit im Angesicht des leeren Blattes«, was Pasternak als eines der Attribute für Talent erklärt hat, war niemals
offenbarer. Die sicher gewordene Musik im Schreiben, ihre
unerbittlich hinweisende Stimmung reflektiert die Unwiderruflichkeit des Todes dieser Frau. Auch da noch, wo tröstliche
Bilder würdevoller Güter und wie Blütenblätter eingerollte
Kinder pflichtschuldige Aufnahme finden, ist die vorherr-

schende Temperatur die einer Morgue. Der eine Knochen-
haube tragende Mond und die bloßen Füße teilen eine eisige Art
faktischer Ruhelast. Nie zuvor wurden die Forderungen von
Archibald MacLeishs »Ars Poetica« auf so vollkommene Weise
erfüllt:

Ein Gedicht sollte stumm und betastbar sein
Wie eine runde Frucht

Stumpf
Wie alte Medaillen dem Daumen

Ein Gedicht sollte gleich sein
Nicht gleichen

Ein Gedicht sollte sein
Nicht meinen

Es ist sprachloses, fühlbares, angemessenes »Sein« in »Rand«,
das darauf beharrt, daß wir es lesen als etwas sich selbst Genü-
gendes, was es gewiß auch ist. Aber es ist ebensowohl auf problematische Weise etwas anderes. Eine Selbstmordnotiz, um es
überdeutlich zu sagen. Ein Akt der Katharsis und Verteidigung
vielleicht, oder womöglich ein Akt der Vorbereitung. Das »Sein«
dieser Dichtung wird, anders ausgedrückt, ständig durch Sinn-
inhalte unter Druck gesetzt, die in dem Moment einschießen, in
dem Sylvia Plath von eigener Hand stirbt. Sogar ein Bild wie das
der toten, starrsinnig unter ihresgleichen verirrten Krabbe wird
im Retrospekt noch dazu angeworben, dem Plot des suizidalen
Gangs dienlich zu sein. Ich ziehe es vor, das Krabbenbild so zu
lesen, wie es das Gedicht von uns erwartet: als einen Rest an
gewahrtem Gesicht, einen Talisman, welcher der Protagonistin
half, sich »der Sonne nacktem Angesicht« Auge in Auge zu
stellen, ein Unterpfand für den künstlerisch durchaus heilsa-
men Widerstand gegen das torkelnde Zerren des Todeswun-
sches. Außerdem möchte ich behaupten, daß der wertvollste Teil
im *œuvre* der späten Plath derjenige ist, in dem die Verbitterung

und die Umarmung des Vergessens niedergerungen worden sind in eine Art von Unterwerfung oder doch zumindest durch die im wesentlichen befriedigende Kraft des poetischen Antriebs selbst in einem zeitweiligen Gleichgewicht gehalten wurden. Ein Gedicht wie »Daddy« [Papi] mag zwar anerkannt werden als eine brillante *tour de force,* und seine Gewalttätigkeit und Rachsucht mögen im Lichte der elterlichen und ehelichen Verhältnisse der Dichterin verstanden oder entschuldigt werden; es bleibt dennoch so sehr verheddert in biographischen Umständen und wütet so selbstnachgiebig in der Geschichte der Sorgen anderer Leute umher, daß es ganz einfach gegenüber unserer Sympathie seine Rechte überstrapaziert.

Erwägungen dieser Art erinnern an eine von der MacLeishschen ganz unterschiedliche »Ars Poetica«, eine, die nicht nur der Erörterung der Dichtung Sylvia Plaths dienlich ist, sondern auch auf die allgemeine Thematik dieser Vorlesungen paßt, so unterdrückt das Thema größtenteils auch erscheinen mag. In welchem Maße sollte die Sprache der Kontrolle des noblen Ritters von sozial verantwortlichem Intellekt, Ethik und Moral unterliegen? Ich habe mich, alles in allem, für die Freiheit der Sprache stark gemacht und von dem Gedicht Elizabeth Bishops gesagt, daß es am überragendsten dann war, wenn es über seine Bescheidenheit und seinen Gehorsam hinausging, wenn es also über die Stränge schlug, indem es unter die Oberfläche langte; und indem ich Mandelstam dafür gelobt habe, in Dante ein Beispiel uneingeschränkter Freiheit gefunden zu haben; und indem ich im frühen Auden eine phonetische Andersheit entdeckt habe, die diese früheste Dichtung etablieren konnte als einen Maßstab gegen sein späteres Werk, das, so schön und human es auch sein mag, konventioneller und weniger bewältigt schien. Im Falle Lowells habe ich zu argumentieren versucht, daß er seine moralische Identität mit Akten politischen Protests versöhnt hat und sich seine poetischen Rechte durch den Wehrdienst in der unpolitischen Welt des Gefängnisses erwarb, und ich ging weiter, indem ich sagte, daß die Gedichte, in denen seine Konstrukte am wenigsten interferieren mit der Methode, schließlich und endlich die eindrucksvollsten sind.

In der Tat ist es so, daß ich nicht sehe, wie Dichtung als eine Kategorie humanen Bewußtseins überleben soll, wenn sie poetologische Erwägungen nicht auch an erste Stelle setzt – das heißt Erwägungen, die ausdrücklich auf ihren eigenen Entstehungsgesetzen basieren, die ihrerseits im Augenblick der lyrischen Konzeption wirksam werden. Gleichwohl ist es möglich, all dies zu empfinden und dennoch der Autokratie solch romantischer Annahme die Berechtigung der Czeslaw Miloszschen Zurückweisung zuzubilligen. Seine Einwände hat er kürzlich skizziert in seinem Buch *The Estate of Poetry* [Das Zeugnis der Poesie]. »Ars Poetica?« aber konzentriert den Fall in einem einzigen Gedicht:

Ich habe stets getrachtet nach einer umfassenderen Form
die frei sei von den Ansprüchen von Dichtung oder Prosa
und uns gegenseitiges Verständnis schenken würde, ohne
den Autor oder Leser sublimen Agonien auszuliefern.

Im Innersten der Dichtung gibt es etwas Ungehöriges:
Etwas wird gehoben, von dessen Existenz in unserm Innern
wir nichts wußten,

also blinzeln wir mit den Augen, als wäre ein Tiger
hervorgesprungen
Und stünde im Licht, mit peitschendem Schweif.

Darum heißt es von Dichtung zu Recht, sie sei befohln von
einem *daimonion,*
obwohl es übertrieben zu behaupten ist, das müsse ein
Engel sein.
Es ist schwer zu verstehn, woher dieser Satz der Poeten
kommt,
Zumal sie oft in die Schande gebracht sind durch die
Offenbarung ihrer Fehlbarkeit.

Welcher vernunftbegabte Mensch wäre gern eine Stadt von
Dämonen,

die sich aufführen, als wären sie zu Hause, in vielen Zungen
reden
und die, noch nicht zufrieden mit dem Diebstahl seiner
Lippen, Hände,
darangehn und sein Schicksal ändern nach Belieben?

Es stimmt schon, daß Morbides heutzutage hoch im Kurs
steht,
und darum mögt ihr glauben, ich würde nur scherzen
oder daß nur ein neues Mittel ich mir ausgedacht,
die Kunst zu preisen mit der Hilfe der Ironie.

Es gab die Zeiten der ausschließlichen Lektüre weiser
Bücher
die helfen sollten, unsern Schmerz und Kummer zu
ertragen.
Das ist auch letztlich nicht dasselbe
als tausend Werke frisch aus psychiatrischen Hospitälern
durchzublättern.

Und dennoch ist die Welt ganz anders als sie scheint
und wir sind anders als wir uns sehn in unserm Wahn.
Aus diesem Grund bewahren Leute sich Integrität der
stillen Art
und sammeln so Respekt von Nachbarn und Verwandten.

Der Sinn von Dichtung ist uns zu erinnern
wie schwer es ist, nur eine einzige Person zu bleiben,
denn unser Haus steht offen, den Türen fehln die
Schlüssel,
und unsichtbare Gäste gehn und kommen, wann sie wolln.

Was ich hier reden will ist nicht, ich pflichte bei, der
Dichtung Wort,
zumal Gedichte selten und mit Widerstand geschrieben
seien,

unter unerträglichen Härten und nur von der Hoffnung
erfüllt,
daß gute Geister und nicht böse uns auserwählten als ihr
Instrument.

Da steht vieles, was auf den Extremfall Sylvia Plath paßt. Ihre
letzten Gedichte präsentieren sich wahrhaftig mit der ganzen
Sprungkraft und Unwiderlegbarkeit eines Tigers, der seinen
Schwanz peitschen läßt. Sie wurden unter unerträglichem Druck
verfaßt, und sie *hoffen*, das Werkzeug guter Geister zu sein.
Gewiß erfassen sie die Schwierigkeit, der sie darin begegnete,
eine Person zu bleiben, und ein Gedicht wie »Lady Lazarus«
[Madame Lazarus] konzentriert eine Identität in einem einzigen
Aufschwung der Erneuerung, wogegen »Papi« sie in einem
einzigen Schlag der Ausleerung in alle Winde zerstreut. Und da
sind andere morbide Gedichte neben »Papi«. Und doch: Wenn
wir so späte Lyrik lesen wie »Balloons« [Ballons], »Kindness«
[Milde], »Child« [Kind], »Sheep in Fog« [Schaf im Nebel], »The
Night Dances« [Die Nachttänze], »Nick and the Candlestick«
[Nick und der Kerzenleuchter] und sogar noch so eines wie das
jeglicher menschlicher Tröstung beraubte »Lyonesse« [Löwin],
dann lesen wir zweifellos jemandes Arbeiten, der mit der Hoffnung zu Werke ging, daß gute Geister ihn zu ihrem Werkzeug
erkoren haben.

Es gibt keine *poetischen* Brüche in Plaths Werk. Was es am Ende
eingrenzt, ist seine dominierende Thematik von Selbstentdek-
kung und Selbstdefinition, auch wenn dieses Anliegen verstanden werden sollte als eine heldenhaft unermüdliche Kampagne
gegen das Schwarze Loch von Depression und Suizid. Ich
möchte nicht behaupten, daß das Selbst nicht die angemessene
Arena für Dichtung wäre. Ich glaube aber, daß das größte Werk
sich erst dann auftut, wenn eine gewisse Selbstvergessenheit
erlangt ist – oder doch wenigstens eine Fülle an Selbstbeherr-
schung, die Sylvia Plath freilich verschlossen bleiben mußte. Ihr
Einsatz von Mythologie beispielsweise hat die Tendenz, die
breitesten Vorstellungen der Vorlage einzugrenzen in spezifische Anwendbarkeiten in ihrem Leben. Das trifft offenkundig

auf den Beginn ihres Werdegangs mehr zu, aber nicht auf so »mythische« Anlässe aus erster Hand wie »Ulme«. Nichtsdestotrotz hörte ihre beseelte literarische Intelligenz nie gänzlich auf, den vorgegebenen emotionalen und biographischen Stoff auf seine Übertragbarkeit in Parallelen in Literatur und Legende abzuklopfen. In einem Gedicht wie »Ariel« ist der Lohn evident: Die ursprüngliche Allusion absorbiert den autobiographischen Anlaß und wird zugleich von diesem absorbiert, und so kann nirgends der Eindruck entstehen, als unterwerfe ein Element das andere. In »Madame Lazarus« indessen wird die kulturelle Resonanz der Originalgeschichte vor den Karren eines eminent selbstrechtfertigenden Anliegens gespannt, so daß die suprapersönlichen Dimensionen des Erkennens – für das der Mythos typischerweise Zugang bietet – zugunsten der intensiven persönlichen Bedürfnisse der Dichterin hintangestellt werden.

Aber auch dann noch, wenn man nach einer Ausdrucksmöglichkeit für das sucht, was man als Begrenztheit empfindet, erinnert man sich der Jugend dieser Dichterin, und man erinnert sich zugleich daran, daß es ja gerade diese »intensiven persönlichen Bedürfnisse« waren, die ihrem Werk ihre beispiellose Tonlage und Verletztheit verliehen haben. Ihre Gedichte sind bereits Bestand der Tradition, aber sie sind das nicht nur, weil sie die poetischen Forderungen erfüllen, die ich zu Anfang umrissen habe – die Überlegungen zu Tonfall, Redeweise und Dramaturgie –, sondern weil sie eben auch ganz klar Akte des Seins sind, Wörter, denen, mit Buber, wirksame Kraft entströmt. Sie demonstrieren die Wahrheit der wunderbaren Wordsworthschen Formulierung in seiner Vorrede zu den *Lyrical Ballads* von 1802 über die Art und Weise, in der poetisches Wissen in Ausdruck umgesetzt wird. Wordsworths Interpretation ist die edelste, die mir zum Thema der problematischen Beziehung zwischen künstlerischer Vortrefflichkeit und Wahrheit, zwischen Ariel und Prospero, zwischen Dichtung als Impuls und Dichtung als Lebenskritik bekannt ist. Das folgende Zitat enthält einen vielleicht schon mehr als vertrauten Satz und mag eine gewisse syntaktische Angestrengtheit demonstrieren; aber es deckt einen wesentlichen Grundlagenbereich ab:

Nicht, daß ich sagen möchte, daß ich immer mit einer formal vorgefertigten, deutlichen Vorstellung zu schreiben begänne; aber ich glaube, daß meine Gewohnheiten der Meditation meine Gefühle so geformt haben, daß meine Beschreibung solcher Objekte jene Gefühle erregt, die dann erkennbar mit sich eine *Absicht* bringen. Sollte ich mit dieser Ansicht fehlgehen, dann verbleibt mir wenig Recht, mich einen Dichter zu nennen. Denn alle gute Poesie ist ein spontaner Überfluß machtvoller Gefühle: Doch gleichwohl dies wahr ist, sind doch Gedichte, welchen irgendein Wert zugesprochen werden darf, hervorgebracht worden, um kein anderes Thema als das eines Menschen, welcher, besessen von mehr als der gewöhnlichen Sensibilität, ebensowohl lang und tief nachgedacht hat. Denn unser fortgesetzter Zufluß an Gefühlen wird verändert und gelenkt vermittels unserer Gedanken, welche in der Tat die Repräsentanten all unserer vergangenen Gefühle sind; und wie wir durch die Kontemplation der Beziehung dieser allgemeinen Repräsentanten untereinander entdecken, was für den Menschen wahrhaft wichtig ist, so werden unsere Gefühle, durch die Wiederholung und Fortdauer dieses Aktes, verbunden werden mit wichtigen Themen. Sofern wir von tiefer Sensibilität besessen sind, werden, auf lange Sicht, solche Gewohnheiten des Geistes hervorgebracht werden, daß wir, indem wir den Antrieben solcher Gewohnheiten blind und mechanisch gehorchen, Objekte beschreiben und Gefühle äußern werden von ebendieser Natur und in jener Verbindung zueinander, daß das Verstehen jenes Seins, dem wir uns geben, so dies geschieht in einem gesunden Stande der Assoziation, notwendig in bestimmtem Maße erleuchtet und verbessert werden muß.

Im Kern erklärt Wordsworth, daß das, was zählt, die Qualität, Intensität und Breite der Anliegen des Dichters zwischen den Augenblicken des Schreibens, der Ernst und die Reinheit der Gelüste und Eiferungen des Geistes zwischen Augenblicken der Inspiration sind. Das ist es, was den höchsten humanen Wert des poetischen Aktes determiniert. Der Akt bleibt frei, sich selbständig regierend, selbst-süchtig, der Wert der Ausbeute aber, die er mit zurückbringt von seinem Angriff auf das Unartikulierte, wird stets abhängen vom emotionalen Vermögen, von den intellektuellen Mitteln und der allgemeinen Kultiviertheit, die der über die Sprache verfügende Dichter zwischen den Angriffen aufrecht erhält.

Anhang

Nachwort des Übersetzers

Seamus Heaney wird am 13. April 1939 als Sohn eines Bauern und Viehhändlers und als das älteste von neun Kindern auf der Mossbawn-Farm im Kreis Tamniarn in der Grafschaft Derry in Nordirland geboren. Von 1945 bis 1951 besucht er die örtliche Anahorish School, eine für nordirische Verhältnisse ausgesprochen tolerante Schule mit gemischt katholisch-protestantischer Schüler- und Lehrerschaft aus vornehmlich landwirtschaftlich orientiertem Milieu, in dem wirtschaftlicher Erfolg wichtiger ist als das jeweilige Gebetbuch. Das spezifisch Katholische offenbart sich dem Jungen zunächst in den Beerdigungsritualen für »zwei meiner Großeltern und einer Menge Großonkel und -tanten«. »Ich war der Älteste«, erinnert er sich in »The Poet as a Christian« (Oktober 1978), »also mußte ich bei einigen Beerdigungen die Familie vertreten, und so wurden der Anblick von Toten und das ganze Ritual drumherum für mich eine ganz gewohnte Angelegenheit.«

1951 kommt er, bis 1957, in das Internat St. Columb's College in Derry, und als er 14 ist, zieht die Familie um nach The Wood, dem Haus und Bauernhof, wo Seamus' Vater aufgewachsen war und die dieser mittlerweile geerbt hatte. Der Tod von Seamus' Bruder Christopher (erinnert in dem Gedicht »Mid-Term Break«) nach einem Verkehrsunfall mag durchaus einer der Beweggründe für die Übersiedlung weg von Mossbawn gewesen sein; stärker jedoch als die Eindrücke um die Todesfälle ist die heimische Geborgenheit, die der Junge vor allem der in der Familie lebenden Tante Mary verdankt. »Wir fühlten uns in diesem Universum keine Sekunde lang allein«, schreibt er und entsinnt sich des Kontrastes zwischen der intimen Wärme und Zuneigung im Innern der Familie und allem Trennenden außerhalb, das er zum Teil in der Topographie des neuen Zuhauses ausmacht: »Ich besuchte die Anahorish School und mußte deshalb den Armagh-Katechismus lernen; aber durch Geburt und Taufe gehörte ich der Bellaghy-Gemeinde an ... Und als

ich in Bellaghy konfirmiert wurde, mußte der Bischof uns all
diese rituellen Fragen stellen, aber ich kannte doch den Katechismus von Derry gar nicht … Als ich vierzehn war und wir ans
andere Ende der Gemeinde umzogen, spielte ich immer noch
für Castledawson Fußball, obwohl ich im Bezirk des Teams von
Bellaghy wohnte …« (Corcoran, 13), wobei Heaneys »Fußball«
eine gälische Variante meint, die ausschließlich von der katholischen Minderheit gespielt wird – ein weiterer Stein im Mosaik
seiner konfessionellen Bewußtwerdung, gefolgt, vor allem auch
durch die Lektüre irisch-nationalistischer Veröffentlichungen
wie des *Wolfe Tone Annual,* von der bedrückenden Einsicht, daß
in Nordirland katholisch zu sein »fast ein rassistischer Terminus
ist, ein Sammelbegriff für eine ganze Reihe kultureller Vermu-
tungen« (*The Guardian,* 2. 11. 1974).

1947 ermöglicht der Education Act endlich der ländlichen
kleinbäuerlichen Klasse, der Heaney entstammt, wie auch der
unterdrückten Arbeiterklasse in den Städten den Zugang zur
höheren Schule, der, wie der Heaney-Biograph Neil Corcoran
vermutet, eine ganz wesentliche Voraussetzung für die »Freisetzung politischer Energie in den sechziger Jahren« darstellte.
1957 schreibt der 18jährige sich an der Queen's University in
Belfast im Hauptfach Englische Sprache und Literatur ein. Er
liest Shakespeare und Wilde und wirkt aktiv mit in der Bellaghy
Dramatic Society, beschäftigt sich intensiv mit dem allgemeinen
Verlust des Glaubens an die Viktorianische Literatur und entdeckt durch die Lektüre von Joyce und von Daniel Corkerys
einst revolutionärer Studie gälischer Lyrik des 18. Jahrhunderts,
The Hidden Ireland von 1924, für sich Möglichkeiten, die »Kluft
zwischen Kirche und Akademie« (Corcoran) zu überbrücken.
Und er liest englische Literatur, zumal »Dichtung mit erregen-
der physischer Textur«, wie er sagt – Keats, Webster, Hopkins.
In Queen's reift seine Loyalität gegenüber der nordirischen *home
culture*; hier auch veröffentlicht er erste Gedichte in den Uni-
Magazinen *Q* und *Gorgon* unter dem bezeichnenden Pseudonym
»Incertus«.

Zu jener Zeit plant Heaney noch den Einstieg in den Lehrerbe-
ruf. Auf Queen's folgt ein Referendarsjahr am St. Joseph's

College in Andersontown, Belfast. Er schreibt seine Diplomarbeit über literarische Magazine in Nordirland seit 1900, eine folgenreiche Unternehmung: Durch die Lektüre für diese Arbeit – Robert Skeltons *Six Irish Poets* beispielsweise, John Hewitt, die Bestände der Linen Hall Library in Belfast, aber auch Lyriker aus der irischen Republik wie Robert Kinsella, Richard Murphy oder John Montague – entdeckt er Autoren, »die mehr harmonierten mit den wirklichen Stimmen meiner ersten eigenen Welt als die Ironien und die Eleganz von MacNeice oder Eliot das je hätten tun können« (*Poems and a Memoir*, New York 1982). Und er liest Ted Hughes ...

1962 bekommt er eine Lehrerstelle an der Sr. Thomas Intermediate School in Ballymurphy, Belfast, und findet in seinem (Kurzgeschichten schreibenden) Schulleiter Michael McLaverty einen bedeutenden Förderer und Anreger, durch den er mit der Dichtung Patrick J. Kavanaghs enge Bekanntschaft macht, mit einer Lyrik, deren ländliche Szenerien, angesiedelt im County Monaghan, sich so sehr mit den entsprechenden Erfahrungen Heaneys decken, daß Kavanagh stets ein weiterer und ganz wesentlicher, wenn auch nicht kritiklos hingenommener Bezugspunkt bleiben wird. Im selben Jahr veröffentlicht Heaney sein erstes »offizielles« Gedicht, im *Belfast Telegraph*, dem schon kurz darauf eine ganze Reihe anderer in verschiedenen Zeitschriften folgt. 1963 erscheint das Gedicht »Mid-Term Break« im *Kilkenny Magazine*, ein Gedicht, »das ich eines Abends Anfang Februar kurz vor Christophers Todestag sehr schnell heruntergeschrieben habe. Ich schickte es hin, und sie haben es fast postwendend angenommen. Das war ein unglaubliches Gefühl der Bestätigung« (Corcoran, 21).

Seit seinen Weggang von Queen's hält Heaney Kontakt zu Alan Gabbey, der heute Dozent am Historischen Seminar von Queen's ist und Anfang der sechziger Jahre das Magazin *Interest* herausgibt, in dem Heaney 1962/63 weitere Gedichte plazieren kann. Gabbey bringt Heaney zu einem Kollegen am Englischen Seminar, dem Lyriker, Ex-Studenten des berühmten F. R. Leavis und Bewunderer von Ted Hughes (dessen Frau, die Lyrikerin Sylvia Plath, sich 1963 in den USA das Leben nimmt), Philip

Hobsbaum. In den fünfziger Jahren hatte Hobsbaum in London Lese- und Diskussionsabende mit jenen Dichtern veranstaltet, die damals als »The Group« firmierten. Durch Hobsbaum angeregt, beginnt Heaney im Herbst 1963 in Belfast etwas ähnliches aufzuziehen. Ungefähr zu dieser Zeit verläßt er den Schuldienst und kehrt, nun als Englischdozent, ans St. Joseph's College zurück. Die *sessions* der Belfast-Group finden noch bis 1966 in Hobsbaums Wohnung statt, und als der nach Glasgow umsiedelt, werden diese Sitzungen, denen unregelmäßig Michael Longley, James Simmons, Derek Mahon und Stewart Parker beiwohnen, in Heaneys Haus bis 1970 fortgesetzt. 1965 treten diese Autoren beim Belfast Festival auf, und als Folge seines öffentlichen Lesedebüts erscheint Heaneys erstes Bändchen, *Eleven Poems.* Schon 1964 hatte der *New Statesman* drei seiner Poeme (»Digging«, »Storm on the Island« und »Scaffolding«) angenommen, 1966 schreibt Heaney in der Kolumne »Out of London über Ian Paisley, die immer unübersichtlicher werdende Situation daheim und insgesamt unzweideutig couragiert für die katholische Position. Im Jahr zuvor hat er Marie Devlin aus Ardboe, County Tyrone, die er seit 1962 kennt, geheiratet; 1966 wird der Sohn Michael geboren, dem 1968 Christopher und 1973 Catherine Ann folgen werden.

1966 bringt dann der Verlag Faber & Faber Heaneys erste große Gedichtsammlung heraus, *Death of a Naturalist,* ein Buch, das durchweg gute Kritiken erhält, und zwar sowohl in England als auch daheim in Irland, und ihm drei Preise einbringt, den Gregory Award, den Somerset Maugham Award und den Geoffrey Faber Prize, denen bis 1976 ein halbes Dutzend weiterer Auszeichnungen folgen wird – Ermutigung für ihn selbst, aber auch für die Queen's University, ihn 1966 als Englischdozent Hobsbaums Nachfolge antreten zu lassen. Daneben rezensiert er pädagogische Bücher für den *Statesman,* schreibt im *Listener* über diverse kulturelle und politische Themen. Die BBC läßt ihn in Funk und Fernsehen kulturpolitische Themen kommentieren, und Ende der sechziger, Anfang der siebziger Jahre hat Heaney sich als »wohlbekannter Kommunikator sowohl zu kulturellen als auch politischen Belangen« landauf landab einen Namen gemacht. Neil Corcoran diagnostiziert diesen Medien-Einsatz als »Übersetzung der Laufbahn als Pädagoge in andere Bereiche«. Das Unterrichten verliert er nie aus den Augen, es liegt ihm noch am Herzen, als er längst ein hoch geachteter Dichter ist. Seine Dichtung, so schrieb John Bayley zu Heaneys 50. Geburtstag 1989, »hat eine eigentümliche Zartheit, aber auch Demut, indem sie zu verstehen gibt, daß Dichtung heutzutage über Dinge geschrieben werden muß – wie Patriotismus, Zuneigung, den Glauben selbst –, über die es in Wahrheit überhaupt nichts mehr zu sagen gibt« (*Agenda* 27/1, 34).

Der 5. Oktober 1968 wird für Heaney zum Schlüsseldatum. An diesem Tag erreicht der schier endlose Kampf zwischen der katholischen Bürgerrechtsbewegung und den protestantischen Loyalisten in Nordirland einen neuen, tragischen Höhepunkt, der besonders die Stadt Derry mit ihrer wirtschaftlichen Notlage trifft: Von 2000 Bürgerrechtlern, die gegen die manipulatorische Veränderung der Wahlkreise und die äußerst diskriminierende Wohnungspolitik Londons demonstrieren, werden 88 von Polizisten schwer verletzt. Die Folge sind neue bürgerkriegsähnliche Zustände in Derrys katholischer »Bogside«, gefolgt von einem studentischen Protestmarsch durch Belfasts Innenstadt und ständiger Gewalt überall in Nordirland, die am 12. August 1969 in Derrys blutiger »Battle of the Bogside« gipfelt. Am 14. August marschiert die British Army ein; im Januar 1970 formiert sich offiziell die Provisorische IRA in Dublin. Heaney reagiert auf diese Ereignisse mit dem Text »Craig's Dragoons« zur Melodie des Loyalistenliedes »Dolly's Brae«. Zwei Jahre später schreibt er dann sein zweites und bislang letztes politisches Lied, eine *lamentation* für die dreizehn zivilen Toten vom 30. Januar 1972, Derrys »Blutsonntag«.

Im Juni 1969 erscheint der zweite Gedichtband, *Door into the Dark,* in dem mehrere Kritiker eine Art Ruhe vor der »größeren Geste« vermuten. Heaney reagiert darauf in seinem Aufsatz »Vom Fühlen in die Wörter« aus *Preoccupations* (1980):

Von jenem Moment an bewegten sich die Probleme der Dichtung von dem einfachen Bestreben nach Erlangung des befriedigenden Sprachbildes zur Suche nach Bildern und Symbolen, die unserer mißlichen Lage adäquat sein sollten ... Ich meine ... daß ich es als unumgänglich empfand, mir ein Kraftfeld zu entdecken, innerhalb dessen es, ohne verzichten zu müssen auf die Treue gegenüber den Prozessen und der Erfahrung der Dichtung, wie ich sie skizziert habe, möglich sein sollte, sowohl die Perspektiven menschlicher Vernunft einzuschließen als auch der religiösen Intensität der Gewalt ihre erbärmliche Authentizität und Komplexität zuzugestehen.

1970/71 verbringt Heaney ein akademisches Jahr in den USA an der Berkeley-Universität in Kalifornien, wo er sich sehr intensiv mit der Lyrik von William Carlos Williams, Robert Bly, Robert Duncan und Gary Snyder auseinandersetzt, in dessen stark ostasiatisch und von Pound und Williams beeinflußten Versen er beeindruckende »Anzeichen dieser Befreiung, des kalifornischen Geistes« entdeckt. Daheim erscheint *Wintering Out*, Gedichte, in deren Vierzeilern sich die amerikanischen »Befreiungen« bereits niederzuschlagen beginnen. Kritiker zu Hause vermissen in ihnen allerdings den ersehnten, unmittelbaren politischen Biß; Heaney aber formuliert James Randall gegenüber die in der Beobachtung des amerikanischen Engagements gegen den Vietnamkrieg gemachte Erfahrung eines neuen »Bewußtseins«, daß Dichtung »eine Kraft, fast eine Modalität von Macht, gewiß aber eine des Widerstandes« sei. Und von Kalifornien aus schreibt er im *Listener*: »Berkeley brüllt, aber Belfast brennt.«

In den USA lernt er Tom Flanagan kennen, den Autor von *The Irish Novelists 1800–1850* (1959), dem er in *Wintering Out* das Gedicht »Traditions« widmet, und über ihn lernt er den gerade für ein Jahr in Amerika lehrenden Conor Cruise O'Brien kennen. Heaney beginnt, noch in Kalifornien, mit einer Serie von Prosagedichten, an der er nicht mehr weiterarbeitet, als 1971 in England Geoffrey Hills vielbeachtete *Mercian Hymns* erscheinen.

Im September 1971 kehrt Heaney nach Nordirland zurück. Dort hat sich mittlerweile die politische Situation mehr und mehr verschärft, nicht zuletzt aufgrund der Einführung des *internment without trial,* das zur Inhaftierung ohne Verhandlung berechtigt und der Willkür Tür und Tor zu öffnen droht. »Man hat das zwar nicht Kriegsrecht genannt«, kommentiert Heaney, der sich im November zu einem seltsam anmutenden Schritt entschließt, »aber genau das scheint es zu sein.« Diesen entscheidenden Schritt können bis heute auch zahlreiche seiner Anhänger nicht verstehen: Er siedelt über in die Republik Irland, in ein Cottage in Glanmore, County Wicklow, und fordert damit nicht nur hysterische Schmähungen in Ian Paisleys *Protestant Telegraph* heraus. »Ich würde frei sein, und ich wollte, daß Aufgaben mein Leben ausfüllen sollten. Zum ersten Mal sah ich mich selber als professioneller Schriftsteller«, sagt er dazu (Corcoran, 32) und ergänzt später: »Ich habe dermaßen viel Aufmerksamkeit auf mich gezogen, daß mein innerer Antrieb eher darauf zielt, mich zurückzuziehen als … so weiterzumachen. Ich weiß selbst nicht, ob das unverantwortlich ist oder ein heilsames Stück Überleben. Ich weiß es einfach nicht; das sind Fragen, über die ich mir selber noch nicht sonderlich klar bin« (Corcoran, 41). In Glanmore macht er sich an die Arbeit an dem mittelalterlichen irischen Langgedicht *Buile Suibhne* (etwa: »Die Verrücktheit des Sweeney«), das im April 1973 abgeschlossen ist, aber sieben Jahre in der Schublade bleibt. Als er 1979 als einer der zeitweiligen Nachfolger des von ihm hochverehrten Robert Lowell sein Lehrsemester mit einem Poetry Workshop in Harvard antritt, holt er es wieder hervor und publiziert es vier Jahre später als *Sweeney Astray.*

Im Juni 1975 erscheint *North,* eine Sammlung, die sich hauptsächlich mit dem nordirischen Sektierertum auseinandersetzt, aber auch zwei Gedichte enthält, die sich der glücklichen Kindheit im Moosbawn der Tante Mary erinnern. Im selben Jahr legt Ted Hughes' Schwester Olwyn in ihrer Rainbow Press in limitierter Auflage die von ihrem Bruder hochgelobten *Bog Poems* auf, Heaneys poetische Reaktionen auf die 1969er Lektüre von P. V. Globs *The Bog People* über rituelle Sühnetötungen im Jütland der Eisenzeit und die vom Moor *(bog)* einwandfrei konservierten Opfer, die im Museum im dänischen Aarhus 1973 von Heaney besichtigt worden waren. In der Ruhe von Glanmore studiert

Heaney nun vor allem Yeats, Osip Mandelstam und Dante; Conor Cruise O'Brien rezensiert die *North*-Gedichte im *Listener*: »Ich habe bei der Lektüre dieser Gedichte das unheimliche Gefühl gehabt, der Sache selbst zu lauschen, der tatsächlichen Substanz historischer Agonie und Auflösung, der Tragödie eines Volkes an einem Ort: der Katholiken in Nordirland.« Dort allerdings nimmt man die Texte nicht gar so positiv auf, und Ciaran Carson nennt Heaney in *The Honest Ulsterman* denn auch »den Hofdichter der Gewalt – einen Mythenbossler, einen Anthropologen des Ritualmords.« Im *Observer* nennt kein Geringerer als Robert Lowell *North* »eine neue Art politischer Dichtung von dem besten irischen Lyriker seit W. B. Yeats« (Corcoran, 36). Lowell stirbt 1977, Heaneys Elegie auf Lowell erscheint wenig später in der Sammlung *Field Work*.

Bis zu diesem Jahr ist Heaney – seit 1973 – regelmäßig Gastgeber in einer Sendung auf Radio Eireann, ein »Geldjob«, wie er sich verteidigt. Aber er begreift schnell, daß sein Traum vom eigenen Haus in Dublin nur mit Hilfe eines Ganztagsjobs realisiert werden kann. So nimmt er 1975 die Stelle eines Ausbilders für Englischlehrer in Carysfort, Dublin, an. 1976 zieht die Familie in ein Haus aus der Zeit König Edwards in Sandymount, Dublin, wo sie noch heute lebt. Im selben Jahr leitet er bereits, bis 1981, das Englische Seminar in Carysfort. *Field Work,* sein fünfter Gedichtband, erscheint 1979 und zehrt wesentlich von den gesammelten Erfahrungen auf dem Lande – eine Reverenz an die Glanmore-Jahre. Ende 1980 bietet Harvard ihm einen Fünf-Jahres-Vertrag für ein Semester à vier Monate pro Jahr, und im Januar 1982 reist er nach Boston, wo er fortan pro Semester je zwei Poetry Workshops leitet. 1984 wählt die noble Universität ihn auf den Boylston-Lehrstuhl of Rhetoric and Oratory, dessen Begründer einst John Quincy Adams gewesen war und der ausschließlich für Schriftsteller reserviert bleibt, in diesem Falle allerdings für einen Dichter, dessen Engagement für amerikanische Lyrik nicht unbedingt den patriotischen Vorstellungen seiner Gastgeber entspricht: »Meine Ungeduld mit vielem in der amerikanischen Lyrik kommt daher, daß das die *einzige* Möglichkeit für sie ist, zu leben«, womit er die Neigung der Amerikaner meint, Gedichte zuallererst auf »die Textur und die innere Dynamik« abzuklopfen. »In gewisser Weise ist das natürlich auch schon alles, was da ist: Es gibt nur eine Form, und es gibt eine Form, die eine Reihe von Harmonien und Gleichgewichten beherbergt. Aber ich glaube, daß in der Kultur und der Situation, aus der ich komme, man die Form strafen will mit irgendeiner Bezugnahme zum Wirklichen.« Dennoch gibt es auch amerikanische Kollegen, die er achtet, wenn nicht bewundert – Robert Pinsky etwa, Frank Bidart, vor allem aber drei Fremde: den Polen Czesław Milosz, den Russen Joseph Brodsky und den aus der Karibik stammenden Derek Walcott.

Im Oktober 1980 erscheinen dann zugleich seine *Selected Poems 1965–1975* und die literarischen Essays *Preoccupations,* aus denen für diese deutsche Ausgabe fünf Essays übertragen worden sind. 1982 gibt Heaney gemeinsam mit Ted Hughes eine Anthologie für größere Kinder heraus, *The Rattle Bag,* und im selben Jahr verleiht Queen's ihm die Ehrendoktorwürde. 1983 erscheint dann *Sweeney Astray,* erst in Irland, ein Jahr später zusammen mit den Gedichten in *Station Island* auch in England, und ebenfalls 1984 wird er Ehrendoktor der Open University. Der »Dichter, glückliche[r] Dichter«, wie er sich in einem der Texte aus *Station Island* nennen läßt, ist in der Tat »ein enorm populärer Dichter (die meisten seiner Bände weisen hohe fünfstellige Auflagen auf, schwindelerregende Höhen für einen zeitgenössischen Lyriker)«, schreibt Corcoran (41). Es folgen dann der Gedichtband *The Haw Lantern,* der 1990 auf Deutsch erschien (»Die Hagebuttenlaterne«), und in *The Government of the Tongue* (»Die Herrschaft der Sprache«) zusammengefaßte poetologische Aufsätze, Rezensionen und die T. S. Eliot Memorial Lectures von 1986, die der Dichter am Eliot College, University of Kent, in Gegenwart der Witwe Eliots gehalten hat – Vorlesungen über Auden, Lowell und Sylvia Plath.

In seinem 1982 erschienenen Buch über Heaney hat Blake Morrison diesen Dichter, »der immer die Spannung zwischen Kunst und Politik erkannt hat«, in eine Reihe mit Borges und Ashbery gestellt (*Agenda* 27/1, 72). »Auf schmerzhafte Weise besessen von schwierigen politischen Konflikten« sei *The Govern-*

ment of the Tongue, so William Bedford, der dann Heaney selbst zitiert: »Daß irische Themen relativ wenig vertreten sind in dieser Auswahl, bedeutet nun keinen Mangel an dem, was in der Dichtkunst an der Heimatfront geschieht oder was daraus gemacht wird« (*Agenda,* 27/1, 77), sondern die Erkenntnis, daß sich die irische Debatte, geführt von Dichtern, Romanciers und Bühnenautoren, »hindurchmüht durch vieles, was schon am Anfang *déjà entendu* war.« John Bailey hat in dem bereits zitierten Geburtstagsaufsatz Heaneys Dichtung »einen Ton der Apologie« zugeschrieben, »einen Ton des Rückzugs, der wahrhaften Demut, die den Schreibenden hinter der Dichtung, die er schreibt, für null und nichtig erklärt.« Anders als Yeats und, auf gewiß völlig unterschiedliche Weise, Sylvia Plath, die sich kraft ihres Willens ins Zentrum ihrer Dichtung befördert haben; anders auch als solche anderen Dichter(innen) wie A. E. Housman, Philip Larkin, Emily Dickinson oder auch Marianne Moore, die »scheinbar mühelos in [diesem Zentrum] existieren, wie in ihrer natürlichen Umgebung«, ist Heaneys Lyrik charakterisiert durch »den Modus der Annäherung und den Modus der Ungewißheit«. Und dies »ist der grundsätzliche Unterschied ... zwischen dem Romantizismus – dem spontanen Überfluß machtvoller Gefühle – und der breiteren, dauerhafteren Auffassung von Dichtung als dem *Sprachgefühl* der Zivilisation, dem Zentrum von Intelligenz, Begreifen, Persönlichkeit, in seiner höchsten linguistischen Form« (*Agenda,* 17/1, 35).

Und ganz anders als in den Eliot-Lectures in Kent von 1986 widmete Seamus Heaney sich aus Anlaß des hundertsten Geburtstages T. S. Eliots in einer Harvard-Vorlesung im Frühjahr 1988 ganz und gar dem Verhältnis zu dem englischen Nobelpreisträger. »Was man von Eliot lernen muß«, sagt er da, »ist die zweischneidige Natur dichterischer Realität: Anfangs angetroffen als eine fremdartige Tatsache der Kultur, wird sie über die Jahre verinnerlicht, bis sie, wie man sagt, zur zweiten Natur wird.«

A. S.

Bibliographie

Agenda, »Seamus Heaney Fiftieth Birthday Issue«, 27/1, London 1989

Agenda, »The State of Poetry«, 27/3, London 1989

Auden, W. H., *Gedichte – Poems.* Übers.: div., Wien 1973

Corcoran, Neil, *Seamus Heaney.* London 1986

Eliot, T. S., *Gesammelte Gedichte.* Hg. von Eva Hesse, Frankfurt 1972/1988

Heaney, Seamus, *Preoccupations – Selected Prose 1968–1978.* London 1980

Heaney, Seamus, *The Government of the Tongue.* London 1988

Longenbach, James, *Stone Cottage – Pound, Yeats & Modernism.* New York/ Oxford 1988, spez. pp. 22 f.

Lowell, Robert, *Gedichte.* Übers. von Manfred Pfister, Stuttgart 1982, spez. pp. 135, 173, 11 f., 85, 57

Milosz, Czeslaw, *Gedichte.* Übers. u. hg. von Karl Dedecius, Frankfurt 1982, spez. pp. 160, 57

Plath, Sylvia, *Ariel.* Übers. von Erich Fried, Frankfurt 1974, spez. pp. 175, 39, 41

Pound, Ezra, *Lesebuch.* Übers. u. hg. von Eva Hesse, München 1985, spez. p. 25

Urbanek, Walter (Hg.), *Gespräch über Lyrik.* Bamberg 1961, p. 191 (Mac Leish)

Yeats, W. B., *Werke I – Ausgewählte Gedichte.* Hg. von Werner Vordtriede, Neuwied/Berlin 1970, spez. pp. 256, 281

Edition Akzente

Giorgio Agamben: Idee der Prosa
John Ashbery: Eine Welle. *Gedichte*

Gaston Bachelard: Psychoanalyse des Feuers
Gaston Bachelard: Die Flamme einer Kerze
Georges Bataille: Das Unmögliche
Reinhard Baumgart: Glücksgott und Jammerseele. *Über Leben und Schreiben, Vernunft und Literatur*
Reinhard Baumgart: Auferstehung und Tod des Joseph Roth. *Drei Ansichten*
John Berger: Und unsere Gesichter, mein Herz, vergänglich wie Fotos
Nella Bielski: »Wer, wenn ich schriee, hörte mich denn . . .« *Ein Versuch über Rilke*
Horst Bienek: Das allmähliche Ersticken von Schreien. *Sprache und Exil heute. Münchner Poetik-Vorlesungen*
Maurice Blanchot: Das Unzerstörbare. *Ein unendliches Gespräch über Sprache, Literatur und Existenz*
Bettina Blumenberg: Vor Spiegeln. *Erzählung*
Karl Heinz Bohrer: Nach der Natur. *Über Politik und Ästhetik*
Jorge Luis Borges: Geschichte der Nacht. *Neue Gedichte. Zweisprachige Ausgabe*
Joseph Brodsky: Römische Elegien und andere Gedichte
Joseph Brodsky: Erinnerungen an Petersburg
Joseph Brodsky: Marmor. *Ein Stück*

Roger Caillois: Steine
Roger Caillois: Der Krake. *Versuch über die Logik des Imaginativen*
Italo Calvino: Kybernetik und Gespenster. *Überlegungen zu Literatur und Gesellschaft*
Elias Canetti: Der andere Prozeß. *Kafkas Briefe an Felice*
René Char: Rückkehr stromauf. *Gedichte. Zweisprachige Ausgabe*
Gerrit Confurius: Sabbioneta – oder die schöne Kunst der Stadtgründung

Kritischer Materialismus. *Zur Diskussion eines Materialismus der Praxis. Herausgegeben von Matthias Lutz-Bachmann und Gunzelin Schmid Noerr*

Milan Kundera: Die Kunst des Romans. *Essay*

Günter Kunert: Vor der Sintflut. *Das Gedicht als Arche Noah. Frankfurter Vorlesungen*

Wolf Lepenies: Autoren und Wissenschaftler im 18. Jahrhundert. *Buffon, Winckelmann, Linné, Georg Forster, Erasmus Darwin*

Emmanuel Lévinas: Eigennamen. *Meditationen über Sprache und Literatur*

Emmanuel Lévinas: Außer sich. *Meditationen über Religion und Philosophie*

Jakov Lind: Eine Seele aus Holz. *Erzählungen*

Bernhard Lypp: Die Erschütterung des Alltäglichen. *Kunstphilosophische Studien*

Claudio Magris: Mußmaßungen über einen Säbel

Ossip Mandelstam: Das zweite Leben. *Späte Gedichte und Notizen*

Jürgen Manthey: Wenn Blicke zeugen könnten. *Eine psychohistorische Studie über das Sehen in Literatur und Philosophie*

Christoph Meckel: Erinnerung an Johannes Bobrowski

Henri Michaux: Momente. *Durchquerungen der Zeit*

Henri Michaux: Unseliges Wunder. *Das Meskalin*

Norbert Miller: Strawberry Hill. *Horace Walpole und die Ästhetik der schönen Unregelmäßigkeit*

Czesław Miłosz: Das Zeugnis der Poesie

Yukio Mishima: Zu einer Ethik der Tat. *Einführung in das »Hagakure«, die große Samurai-Lehre des 18. Jahrhunderts*

Libuše Moníková: Schloß, Aleph, Wunschtorte. *Essays*

Eugenio Montale: Gedichte 1920–1954. *Zweisprachige Ausgabe*

Ivan Nagel: Autonomie und Gnade. *Über Mozarts Opern*

Ivan Nagel: Gedankengänge als Lebensläufe. *Versuche über das 18. Jahrhundert*

Ivan Nagel: Kortner-Zadek-Stein